『旅行満洲』解説・総目次・索引

不二出版

目次

Ⅰ　解説

満洲国時代の旅行文化の一断面――『旅行満洲』を読む……高媛　5
『旅行満洲』に見る満洲美術界……田島奈都子　47
『旅行満洲』に見る都市・鉄道・帝国の食文化
――「満洲料理」「満洲食」の創成をめぐって……岩間一弘　67

Ⅱ　総目次……85

Ⅲ　索引……(1)

I

解説

満洲国時代の旅行文化の一断面──『旅行満洲』を読む

高　媛

はじめに

『旅行満洲』と題する日本語の旅行雑誌が誕生したのは、一九三四（昭和九）年六月一一日のことで、満洲事変勃発からちょうど二年九ヶ月、満洲国建国から約二年三ヶ月が経過した頃である。その後、『旅行満洲』は一九三八年四月号より『観光東亜』、一九四三年七月号に至って『旅行雑誌』と二度に亘り誌名を改めた。創刊号（一九三四年七月号、発行日六月一一日）から現時点で確認できる最終号（一九四四年九月号、発行日一九四四年九月一日）まで、『旅行満洲』（後続誌を含む）の発行期間は一〇年三ヶ月を数え、満洲国の存続期間（一九三二年三月〜一九四五年八月）の多くと重なる。

『旅行満洲』をめぐる研究は、一五年前に、原山煌が日本国内の所蔵号を調査し、総目次の書誌データを整理したことが嚆矢である。[1] また、二〇一七年に西原和海が一九四四年に刊行された紀行文集『満洲の印象』を復刻する際に、初出の掲載誌である『観光東亜』の概要をまとめている。[2] 本稿では、現時点で確認できている全一〇七冊の誌面[3]をもとに、発行者であるジヤパン・ツーリスト・ビユーロー（以下「ＪＴＢ」）大連支部と南満洲鉄道株式会社（以下「満鉄」）との関係をはじめ、編集陣の顔ぶれ、誌面構成の特徴、誌面内容の展開、在満日本人読者の反応などを中心に、『旅行満洲』および後続誌の全容に迫る。そこからは、満洲国時代の旅行文化の一断面が窺えるはずである。

一　ＪＴＢ大連支部と満鉄

ＪＴＢとは、一九一二年三月に日本の鉄道院内に創設された外国人観光客を誘致するための半官半民の機関であり、本部は東京に置かれている。ＪＴＢは同年一一月に大連支部、一二月に台北支部および朝鮮支部と、矢継ぎ早に海外支部の開設に着手したが、『旅行満洲』を発行する大連支部は、ＪＴＢ初の海外支部にあたる。[4] ＪＴＢは当初、大連支部に独立した事務所も専属の事務員も設けず、その業務を同じく半官半民の国策会社である満鉄に委嘱した。初代支部長には当時の満鉄総裁・中村是公を戴き、満鉄運輸課長が一切の事務を統括する形で発足したのである。[5]

満鉄は日露戦争終結の翌年（一九〇六年）一一月に東京で設立され、一九〇七年四月に大連に本社を移転し営業を開始した。満洲における日本の植民地経営を担う橋頭堡的な存在として、満鉄は大連・長春間などの鉄道運輸はもちろん、鉄道附属地経営から炭鉱開発、観光誘致に至るまで手広く事業を展開していた。観光事業に関していえば、満鉄は旅客輸送や宿泊施設の充実だけにとどまらず、一九二〇年代に入ってから、「満蒙宣伝隊」の日本派遣、旅行雑誌『平原』の発行、文化人の招待旅行など、積極的な観光誘致活動に乗り出している。[6] 一九二六年五月、日満間とシベリア経由の旅客の増加を見込んだ満鉄は、大連支部拡充というＪＴＢ本部からの提議に対し、逆に大連支部のＪＴＢ本部からの独立経営等を支援の条件として提案し、ＪＴＢ本部から了承を得た。その結果、満鉄は二〇万円の寄付金をＪＴＢ大連支部に交付し、支部の事務所開設をはじめとする、独立経営の基盤を後押しすることになる。ここに至って初めてＪＴＢ大連支部は「独自の旅行斡旋機関として呱々の声を挙げたのであつた」。[7]

こうした発足や独立の経緯からもわかるように、ＪＴＢ大連支部はＪＴＢ本部との関係よりも、満鉄とのつながりの方が緊密であったといえる。まず人事面においては、ＪＴＢ大連支部は発足当初から満鉄への依存度が高く、一九二六年五月までは、ＪＴＢ大連支部専属の社員は一人もなく、支部長から事務員まで全員満鉄社員が務めていた。また、一九二六年五月からの一年間は、段階的な措置として「満鉄社員が嘱託として満鉄会社の特別補助を貰つてそこに専門学校出の人を専属に置く様になつた」[8]。一九二七年五月に至り、JTB大連支部は従来満鉄に委嘱していた業務を満鉄から切り離し、その事務委嘱にあたった満鉄社員を、大連支部の従業員として改めて正式に任命した。社史『東亜旅行社満洲支部十五年誌』（以下『十五年誌』）には、これで「本部［JTB本部――引用者注、以下同］から分離した支部は、人事上に於ては満鉄の援助より離れて、茲に完全な独立機関となった」と書かれているが[9]、実際はそれ以降も相変わらず、大連支部の支部長のポストは満鉄の上層部が兼任していた[10]。

次に、事業面においてもJTB大連支部は満鉄とは「不可分の関係にある」[11]。切符代売、斡旋案内と宣伝事業というJTB大連支部の事業の三本柱は、いずれも満鉄の意向を汲み、満鉄と協力提携しながら進められている。切符代売に関しては、一九二六年五月の独立当初、支部長を務める宇佐美寛爾の指揮のもと、切符代売に重点を置く経営方針が確立された。また、満鉄が自ら行っていた斡旋案内の業務については、一九二七年七月以降「一箇所の案内一日に付金五円の割で案内料を支部に支給」する形で、JTB大連支部に委託することになった[12]。宣伝事業としては、一九二八年頃からJTB大連支部は満鉄と連携しながら、内地文化人の満洲招待旅行を積極的に企画・実施するようになった。招待客の中には、田山花袋や志賀直哉などの作家に加え、有島生馬や小杉放庵といった画家も含まれている[13]。一九三六年一〇月、前年に北満鉄道（ソ連管轄下の旧東清鉄道）の接収に成功した満鉄は、全満洲鉄道の一元的経営を図るべく、大連本社にあった中枢部門を奉天に新設した「鉄道総局」に移転する。これを機に、JTB大連支部（一九三六年一〇月に「JTB満洲支部」と改称）も、同年一二月一三日に満鉄を追うような形で事務所を大連から奉天へと移転した[14]。

このように、満鉄運輸課内に胎生し、満鉄の支援下に独立経営を始めたJTB大連支部は、JTB本部の延長というよりも、満鉄と緊密な連携を図りながら、鉄道旅客輸送の周辺業務を補助分担する、いわば満鉄の別働隊的な存在となっていく。

一九二六年の独立当初、四八名の従事員、三案内所の代売網と二斡旋案内所、代売総額も百八万余円に過ぎなかったJTB大連支部は、一九四〇年度末には、「従事員は一千二百余名、案内所、出張所数七十七箇所、代売額六千六百余万円、斡旋客数九千百余件、四十万名」へと発展を遂げている。一九二六年と比べて「案内所数に於ては十五倍強、従事員数は二十五倍、代売額に於ては実に六十二倍[15]」と驚くべき躍進ぶりを見せているが、その道程は必ずしも順風満帆ではなかった。一九三〇～三一年頃には、日中間の軍事的緊張の高まりと世界的不況が相俟って、『十五年誌』に「生死彷徨時代」と形容されるほど、JTB大連支部は極度の業績不振に陥っていた[16]。その後、満洲事変（一九三一年九月）とそれに続く満洲国の建国（一九三二年三月）を契機に、JTB大連支部は「飛躍の口火を切つて」発展を遂げ始める。まさにこの時期に、『旅行満洲』が創刊されたのである[17]。

創刊初年度（一九三四年）には隔月に毎号平均三、五〇〇部、翌一九三五年には毎号平均三、〇〇〇部近く発行していたが、一九三六年三月号（第三巻第二号）より月刊に改め、記事内容やグラフ頁を漸次に充実させ、さらに同年五月号（第三巻第四号）より毎号平均五、〇〇〇部に増刷する。一九三七年からは「固定読者の増加、販路の拡張に伴ひ」毎号の発行部数を平均六、五〇〇部に伸ばした。一九三九年には最高の毎号平均六、七〇〇部に達し、「内容外観共に一流雑誌としての実を挙げるに至つた」。また、隔月刊から月刊に変わった一九三六年頃から、従来寄贈用・事務用が大半であった同誌は、販売部数が発行部数全体の八割を占めることとなり、ついに一機関誌の域を脱し、商業雑誌としての成功を収めるようになった[18]（**表1**）。

『旅行満洲』は、一九三七年から始まる日中戦争と一九四一年から始まる太平洋戦争のそれぞれの開戦後に、『観光東亜』、『旅行雑誌』と二度の誌名変更を行った。まず、日中戦争が始まった翌年、『旅行満洲』は「日本の大陸政策進展に伴ひ資料を満洲のみに極限せず、広く東亜観光の指導に当り以て平和建設に協力せんがため[19]」、一九三八年四月号から『観光東亜』と名を改めた。続いて太平洋戦争開戦後の情勢に即し、同誌は一九四三年七月号に「東亜大陸に在つて旅行本来の面目に還り」と、『旅行雑誌』へと二度目の改題を表明した[20]（**表2**）。さらに一九四四年九月号には、「輸送戦協力雑誌として新発足」したことにともない、誌名を新たに懸賞募集するとの告知文が掲載された。

表１　年間発行回数、年間発行部数および年間販売部数（1934 ～ 1942 年）

年度	年間発行回数	年間発行部数（毎号平均発行部数）	うち年間販売部数（年間発行部数に占める割合）
1934 年	3 回	10,500（3,500）	2,630（25.05%）
1935 年	6 回	17,500（2,917）	6,689（38.22%）
1936 年	11 回	62,500（5,682）	50,512（80.82%）
1937 年	12 回	77,300（6,442）	62,545（80.91%）
1938 年	12 回	71,100（5,925）	53,193（74.81%）
1939 年	12 回	80,500（6,708）	58,947（73.23%）
1940 年	12 回	75,200（6,267）	52,482（69.79%）
1941 年	12 回	71,500（5,958）	
1942 年	12 回	50,000（4,167）	

注：清水好雄編『東亜旅行社満洲支部十五年誌』東亜旅行社奉天支社、1943 年、67 頁、334 頁に基づいて筆者作成。空欄はデータなし。

表２　誌名と発行所表記の変遷

<table>
<tr><th>誌名（発行期間）</th><th>発行所表記（発行期間）</th></tr>
<tr><td rowspan="4">『旅行満洲』
（1934 年 6 月～ 1938 年 3 月）</td><td>ジヤパンツーリストビユーロー大連支部
（1934 年 6 月～ 1934 年 11 月）</td></tr>
<tr><td>社団法人日本国際観光局《ジヤパン・ツーリスト・ビユーロー》大連支部
（1935 年 1 月～ 1935 年 9 月）</td></tr>
<tr><td>日本国際観光局《ジヤパン・ツーリスト・ビユーロー》大連支部
（1935 年 11 月～ 1936 年 10 月）</td></tr>
<tr><td rowspan="2">日本国際観光局《ジヤパン・ツーリスト・ビユーロー》満洲支部
（1936 年 11 月～ 1941 年 8 月）</td></tr>
<tr><td rowspan="3">『観光東亜』
（1938 年 4 月～ 1943 年 6 月）</td></tr>
<tr><td>社団法人東亜旅行社満洲支部
（1941 年 9 月～ 1942 年 12 月）</td></tr>
<tr><td rowspan="2">財団法人東亜旅行社奉天支社
（1943 年 1 月～ 1943 年 12 月）</td></tr>
<tr><td rowspan="2">『旅行雑誌』
（1943 年 7 月～ 1944 年 9 月？）</td></tr>
<tr><td>財団法人東亜交通公社満洲支社
（1944 年 1 月～ 1944 年 9 月？）</td></tr>
</table>

注：終刊の時期が不明であるため、該当期間の表記は「？」とした。「日本国際観光局」はJTB が満洲や中国本土で用いた漢字の表記である。

新誌名は同年「十二月号本誌及び奉天、新京発行満洲日報紙上（十一月末）」に発表予定と書かれているが、[21]一九四四年一〇月号以降は確認できていないため、三度目となる誌名変更の詳細や終刊の時期は不明である。

二　編集陣の顔ぶれ

ＪＴＢ大連支部と満鉄との密接な結びつきは、『旅行満洲』の編集体制にも反映されている。**表3**は『旅行満洲』の奥付に掲載された歴代「編輯人」と「発行人」の一覧である。なかでも林重生がひときわ目立つ存在である。彼は一九三四年六月の創刊から一九三五年七月まで、及び一九三八年二月から一九四二年八月までと通算五年七ヶ月間に亘って「編輯人」を、さらに一九四二年九月以降は「発行人」を務めていた。一九三八年から林の部下となった三宅豊子が後年次のように回想している。「『観光東亜』は面白くない、固すぎるなど社内でも色々言われ乍ら『観光東亜』と林重生氏とは切り離せない感じで、時々の異動にも林編集長だけは変ることがなかった」。[22]この証言からも、編集部における「不動の重鎮」としての林の立場が窺える。

林は一八九六年三重県生まれ、一九一五年三重県立第三中学校卒業。渡満の時期は不明であるが、一九二一～二二年の時点ではすでに満洲で定期刊行物の編集に携わっていたようである。[23]一九二九年四月にＪＴＢ大連支部に入社する直前まで、林は中日文化協会に勤務していた。[24]中日文化協会は、一九二〇年七月に関東庁と満鉄の後援のもと、満蒙文化の開発を図る目的で設立された宣伝調査機関「満蒙文化協会」の後身で、中日文化協会に名を改めたのは一九二六年一〇月のことで、さらに一九三二年三月には「満洲文化協会」と改称した。事業内容は機関誌『満蒙之文化』（のちに『満蒙』と改題）や『満蒙年鑑』の発行、満洲旅行の誘致案内、満洲に関する研究会・講演会の開催、中華女子手芸学校（一九三二年に「大同女子技芸学校」と改称）の経営など多岐に亘る。林は中日文化協会時代に協会主催の「吉会線踏査金剛山廻遊旅行」の引率を務めた経験があり、[25]続いてＪＴＢ大連支部に転じた八ヶ月後の一九

表3　「編輯人」と「発行人」一覧

巻号	発行期間	編輯人	発行人
第1巻第1号～第2巻第4号	1934年6月～1935年7月	林重生	齋藤喜八
第2巻第5号～第3巻第3号？	1935年9月～1936年4月？	西田龜万夫	齋藤喜八
第3巻第4号？～第5巻第1号	1936年5月？～1938年1月	羽室長靖	西田龜万夫
第5巻第2号～第7巻第5号	1938年2月～1940年5月	林重生	西田龜万夫
第7巻第6号～第9巻第8号	1940年6月～1942年8月	林重生	北條保平
第9巻第9号～第11巻第9号	1942年9月～1944年9月	澤田道信	林重生

注：第3巻第1号から第3号までの雑誌が未確認のため、該当期間の表記は「？」とした。

二九年一二月には、満鉄の招待で満洲旅行にやってきた志賀直哉と里見弴の二人の案内役にも抜擢された[26]。このように、『旅行満洲』の編集人として白羽の矢が立つ以前から、林は雑誌編集と旅行案内の両方の経験を培っていたのである。ところが、『旅行満洲』の編集人の在任期間が長い割には、誌面に林の名前が出たのは同席した座談会の七回だけで、編集後記にすら林の署名文章は見当たらない。林はあくまでも編集者として黒子に徹していたように見受けられる。

表3に示された林以外の編集人や発行人にも少し触れておく。齋藤喜八はJTB本部が置かれた鉄道院（一九二〇年「鉄道省」に昇格）の出身で、一九三一年から一九三五年にかけてJTB大連支部の主幹、幹事を歴任する[27]。西田龜万夫（一八九六～？）と羽室長靖（一九〇二～？）はともに満鉄からの移籍組で、西田は短歌や戯曲、映画、野球を好み、羽室は洋画と短歌を趣味としている[28]。北條保平（一八九八～？）は早稲田大学法学部英法科を卒業した翌一九二六年にJTB大連支部に入社したのに対して、澤田道信は「実家はお寺で駒沢大学出だがジャアナリストが憧れ」の人で、林に気に入られて一九三九年頃に入社した[29]。

一方、奥付の「編輯人」欄に名前こそ出ていないが、『旅行満洲』の編集に深く関与した注目すべき人物がいる。その名は加藤郁哉である。一八九八年に東京市で生まれた加藤は、東京外国語学校ロシア語科卒業後、一九二一年六月に満鉄に入社する。配属先は長春駅を振り出しに、大連本社にある鉄道部経理課や哈爾濱満鉄事務所などを転々とした。その間、加藤は東京の雑誌『日本詩人』（一九二五年二月）に詩が入選するほか、満鉄の旅行雑誌『平原』に随筆や俳句、ロシア語の詩の翻訳を寄稿したりするなど、文学的才能が徐々に認められていく[30]。内地や満洲の諸雑誌への寄稿が契機となったか、加藤は一九二七年一月に『平原』の発行元である満鉄鉄道部営業課旅客係の所属に転じ、「満蒙紹介旅客誘致」の仕事に携わるようになった[31]。その後、一九二七年七月に満鉄社員会機関誌『協和』のコラム「詩壇」の選者に抜擢され、続いて一九二九年に東京の素人社書屋より『詩集逃水』を出版するに至り、「満洲詩壇の先覚」として知れ渡るようになっていく[32]。満鉄による内地文化人の招待旅行の際にも、一九二三年には田山花袋、一九二七年には鳥瞰図絵師吉田初三郎、一九二八年には與謝野鉄幹・晶子夫妻などの案内役を務めている[33]。

満洲国建国前の一九三二年二月頃、すでに満鉄鉄道部営業課宣伝係主任を任せられていた加藤は、一九三六年九月に満鉄鉄道総局営業局旅客課副参事へと順調に昇進する[34]。加えて、一九三六年一一月から一九三九年五月まではJTB満洲支部の幹事、さらに一九三七年三月には満洲国に新設された観光事業の統制指導機関・満洲観光聯盟の幹事と評議員を同時に引き受け、一時期は三機関で四職を兼務（満洲観光聯盟では二役）するなど、一九三〇年代の満洲観光界で八面六臂の活躍を見せている[35]。

『旅行満洲』への加藤の関与については、遅くとも一九三六年一月には改題をめぐる議論に参加していた。満鉄の機関紙『満洲日日新聞』一九三六年一月二三日付の記事によると、『旅行満洲』は隔月刊から月刊に変わる時期に合わせて雑誌名も改めたらどうか、との議論が起きる。「ビユロー」［JTB大連支部］側では折角売込んだ名前だから改題したくない。背景の満鉄では旅客主任の今枝折夫こと加藤郁哉氏など『旅行は満洲に限られたものではない。シベリアに通じ、支那に通じ、世界に通ずる』」と改題を強く主張していたという[36]。実際、『観光東亜』への改題は日中戦争開戦翌年の一九三八年四月号からであるが、すでにその二年も前から「背景の満鉄」を代表する加藤から改題が提案されていたことがわかる。

また、一九三六年五月号と六月号の「編輯後記」に「加藤」と署名された文章が掲載されたことにも裏付けられる通り、この頃すでに加藤は編集陣に加わっていた。「会社［満鉄］帰りに旅行満洲の編輯でビューローに詰めかけ、帰りは毎夜十一時、十二時にもなる」との逸話が残るほど、加藤は本業ではない『旅行満洲』の編集に熱心であった。(37)さらに、加藤は一九三七年一一月一日から一九三八年三月一五日までの間、ＪＴＢ満洲支部の「編輯係主任」も兼任し、『旅行満洲』の編集を直接に指導する立場となった。(38)

編集に加え、加藤は文筆家としての本領を発揮すべく、『旅行満洲』に健筆を揮い続けている。一九三五年五月号から一九四〇年九月号にかけて、本名（「加藤郁哉」或は「加藤」）とペンネーム（「今枝折夫」）は合わせて計二七回も登場している。そのうち、本名で登場したのは、「編輯後記」のほかに、座談会、葉書回答、「旅行雑談」の連載など計一六回である。とりわけ、一九三五年五月号に掲載された日本内地客向けの日満中継放送原稿「満洲の旅行に就て」からは、観光誘致の責任者としての加藤の一面を窺い知ることができる。(39)一方、紀行文や満洲事変前の思い出話を綴ったり、「旅の民謡」の選者として登場したりする場合はペンネーム「今枝折夫」が使用され、その回数は一一回を数える。なかでも特に注目すべき記事は一九三五年一一月号に掲載された「雑談五龍背温泉」という雑文で、二人の旅行者が交わす軽妙洒脱な会話から構成されるスタイルは、同じ時期に今枝折夫の名で出版された異色の満洲案内書である『満洲異聞』の筆致を彷彿とさせる。(40)『満洲異聞』は加藤が大衆誌『月刊満洲』（月刊満洲社）に連載した「満洲特殊風致区案内」を補筆訂正して新稿を加えた単行本で、「型破り」の満洲案内書として好評を博し、一九三五年一一月の初版からわずか一年七ヶ月で計一一版を重ねたヒット作となった。(41)『満洲異聞』の刊行から四年後、加藤は『旅行満洲』や『協和』（満鉄社員会）、『満蒙』（中日文化協会）、『海』（大阪商船株式会社）および『月刊満洲』などに発表された随筆を再録し、単著『満洲こよみ』を上梓した。『満洲こよみ』には「随所に観光観念の普及、その他紹介誘致等の意図が顔を出して」おり、満洲観光界の中心人物である加藤の幅広い活動の一端を垣間見ることができる。(42)『満洲こよみ』が世に出た一九三九年五月、満鉄参事となった加藤は、満鉄鉄道総局営業局旅客課を去り、錦県鉄道局総務課副課長に転じた。(43)

加藤ほどではないが、『旅行満洲』とは並々ならぬ縁を持つ人物がいる。満鉄鉄道総局営業局旅客課時代、加藤の部下であった佐藤眞美である。佐藤は一九〇六年大分県生まれ、一九二一年に満洲へ渡り、その後しばらくして満鉄見習夜学校（のちの「満鉄育成学校」）に入学する。一九二九年、哈爾濱にある日露協会学校（のちの「哈爾濱学院」）を卒業後、満鉄鉄道部に入社する。(44)佐藤と加藤は渡満の時期やロシア語が堪能であることなど共通点が多く、ともに満鉄社員会機関誌『協和』の「編輯部員」や満洲観光聯盟の幹事を務めるなど、佐藤は加藤の後継者として期待されていたと推測される。(45)一九三七年から、満鉄鉄道総局営業局旅客課は満洲観光聯盟の機関誌『満洲観光聯盟報』を発行することになったが、佐藤はこの雑誌の編集人を務めていた。(46)『協和』や『満洲観光聯盟報』での編集経験も買われたのか、一九四二年一二月に加藤が満鉄からＪＴＢの後身にあたる「東亜旅行社」東京本社の旅行部長に就任する時期と同じ頃、佐藤も東亜旅行社満洲支部業務部長に収まり、職務上『観光東亜』の編集を統括する立場になった。(47)三宅豊子の回想によると、「ビューロー時代は編集は幹事直属の別格であったが交通公社［東亜旅行社］となってからは文化事業部［業務部］編集課となって部長には満鉄から佐藤眞美氏が廻って来た。新社屋の編集室に続いた部長室で月々編集会議がありその時は満鉄弘報課［旅客課］から山田健二、前田昇両氏が出席する慣わしであった」という。(48)満鉄出身の佐藤に加え、満鉄旅客課から二名が参加する『観光東亜』の編集会議の人員構成を考えると、同誌の編集に満鉄の強い関与があったことが推察できる。また、東亜旅行社満洲支部業務部長になる以前から、佐藤は『旅行満洲』に度々寄稿している。加藤ほど誌面を飾る回数は多くないが、佐藤は一九三六年一〇月号から一九四二年一二月号にかけて計一二回登場していた。内容は座談会や葉書回答を除き、シベリア出兵に関するロシア語文献の翻訳や満洲戦跡の紹介、興安嶺の旅行記および満洲国人の訪日団体に同行した感想など多岐に亘っている。

林、加藤と佐藤の三人は『旅行満洲』の編集陣の中心人物である。林が『旅行満洲』の表の編集責任者であるならば、加藤と佐藤はいわば、『旅行満洲』を支える裏の立役者といえよう。最も長く編集人を務めた林は、満鉄の支援のもとで設立された中日文化協会の出身である。加藤と佐藤の二人はともにＪＴＢの後身である東亜旅行社に入社する前は満鉄に勤務していた。三人の経歴からも、『旅行満洲』は満鉄の影響が大きかった雑誌であることがわかる。(49)

三　誌面構成の特徴

(一)「実用と趣味と娯楽を兼ねた旅行趣味の月刊誌」

『旅行満洲』の創刊号（一九三四年七月号）は四六倍判（横188㎜×縦254㎜）、口絵四頁を含む正味四三頁、定価一五銭である。目次を拾い読みすると、「満洲の夏の旅――どんな用意が必要か」という実用的な旅行情報から始まり、「宿の女中さんは曰く」、「あんないやく」、「大連埠頭視察者の質問いろ〳〵」などと旅行業従事者の体験談が並び、趣味の旅を紹介する「満洲の郷土玩具」や、「上海の歓楽場――カーニドロムに競犬を観る」、「旅に抄ふ」と題される紀行文が続く。このほか、「七月のうた」、「川柳満洲繁昌誌」、「満洲句帖」といった、短歌、川柳、俳句のジャンルも設けられている。全体的に「満洲の夏の旅」、「七月の満洲」、「沙崗海水浴場」、「はるぴんの初夏」、「北満洲の避暑地」、「新京初夏は戯れる」、「夏家河子の新設備」などと、「初夏の旅行シーズン」を意識した誌面構成が目に付く。記事の多くは二頁以内の短篇もので、各頁には小さなカットの写真やイラストが添えられている。「創刊の辞」や巻頭言らしき文章はなかった。

その後、一九三四年九月号からは「満洲主要列車時刻表」、一九三五年三月号からは満洲旅行界の動向を伝える「ニュース」欄（のちに「ツーリストレポルタージュ」、「旅行報知」、「観光報知」、「旅行報道」、「告知板」などと欄名が変更）、一九三六年一一月号からは「旅行相談」欄などが相次いで新設され、新鮮かつ実用的な旅行情報を充実させるようになった。一方、一九三五年五月号からは口絵写真が一二頁へと創刊号の三倍に膨らみ、一九三五年九月号からは漫画・漫文を独立させた「カラーセクシヨン」が設けられ、読みやすさを意図した工夫も凝らされている。

また、奥付に時折掲載されている「原稿募集」からは、編集者側が目指す雑誌像の一端が窺える点で興味深い。創刊号の同欄を眺めると、「満洲を取材したもの」、「隠くれた景勝・旧跡」という三項目が挙げられている[50]。その後、一九三四年一一月号からは「旅で拾つた話」、「未知の景勝地紹介」、「満洲の民族的な歌謡・俗歌の翻訳」の三項目に整理され、原稿の分量や好ましい内容についても「四百字詰原稿で二三枚、長くて五枚程度のものかなり、センセイシヨナルなものは、それ以上でも結構です」と詳細に指定されている[51]。一九三六年九月号からは「満洲の民族的な歌謡・俗歌の翻訳」は消え、新たに「都市の消息」と銘打つ項目が加えられ、この号より新設された「街の体温」欄へ「満洲、北鮮、支那の諸都市に関し旅行者の魅力となる諸記事」の投稿が呼びかけられている[52]。さらに、一九三八年二月号に至っては「漫画」と「俳句、川柳、写真」の二項目が新設され、旧来の「旅で拾つた話」（この号からは項目名が「シヨオト・ストーリー」に変更）、「未知の景勝地紹介」、「都市の消息」と合わせて計五項目となった[53]。

また、『旅行満洲』の誌面づくりを語るうえで無視できないのは、定期的に組まれる特集や別冊付録、多様な人物が登場する座談会や葉書回答といった精彩に富む企画の存在である。**表4**は特集、別冊付録、座談会と葉書回答を抜き出したものである。タイトルを眺めるだけでも、テーマの多彩さとスケールの大きさが伝わってくる。

なかでも、『旅行満洲』の魅力を存分に発揮した特筆すべき一冊は、一九三七年四月号の特集「満洲旅行」である。創刊から三年弱が経過した頃に発行された同号は、総頁数一九二頁と創刊号の四倍余りに達し、全一〇七冊のなかで最も分厚い一冊である。前号の予告文には「躍進！内容充実！期待を乞ふ！」とあり[54]、また同号の編集後記には「本号は発行部数二万を超えた。鉄道総局に依つて一部は内地主要団体へ配布せられる」と書かれていることから[55]、春の旅行シーズンを控える日本内地からの観光客に向けて満を持して編纂されたものとみられる。

表4　特集、別冊付録、座談会、葉書回答一覧

巻(号)発行年.月	特集	別冊付録	座談会	葉書回答
1(2)1934.9			土産物座談会	
2(1)1935.1	新春			作家たちに訊く／あなたは満洲の何処を何をご覧になりたいか？
2(5)1935.9	あじあ			
2(6)1935.11	温泉満洲			想出の酒とたべもの
3(5)1936.6				葉書回答［注1］
3(8)1936.9			南満を見た蒙古人の座談会	
3(9)1936.10	満洲の狩猟		満洲の狩猟を語る座談会	
3(10)1936.11	熱河		訪日満人視察団に就て	
4(1)1937.1	北平			
4(4)1937.4	満洲旅行			内地の人に満洲の何処を見せたいか
4(6)1937.6	新大連駅			
5(1)1938.1				北支の観光地は？
5(2)1938.2				北支の観光地は？
5(5)1938.5			秘境熱河座談会	
5(8)1938.8			大興安嶺探勝踏査座談会	
5(12)1938.12	蒙疆			
6(1)1939.1			回教徒に聴く会	
6(3)1939.3				大陸の花嫁にはどんな型を選ぶか
6(5)1939.5	北支紹介	北支蒙疆鉄道沿線図絵		感嘆した名勝と美味／北支・蒙疆

巻(号)発行年.月	特集	別冊付録	座談会	葉書回答
6(8)1939.8			北京土産物を語る座談会	
6(9)1939.9			大陸さまざまを語る座談会 食堂車ボーイとコック座談会	
6(10)1939.10	満洲鉄道一万粁	体位向上徒歩旅行		高粱稈を如何に利用したら
6(11)1939.11			印度教育家を囲む座談会	
6(12)1939.12			満洲土産もの改善座談会	
7(1)1940.1		満洲風物集		奉天城壁の趾を如何に利用するか
7(2)1940.2			満員列車を語る座談会 満洲の温泉と療養を語る座談会	
7(4)1940.4				満洲観光文化資源
7(5)1940.5	山西			満洲観光文化資源
7(6)1940.6			大陸都市早廻り競争座談会	
7(8)1940.8			荷崩れ・荷抜き防止座談会	訪日旅行時所憎悪者為何? [注2]
7(9)1940.9	北満			北満——読み物・食べ物・見る物
7(11)1940.11			奉天草分人ばかりの座談会	
8(1)1941.1	中支那	中支那沿線案内		中支那で/(1)最も胸をつかれた戦跡/(2)長く滞在したいと思つた景勝地/(3)珍味・美味
8(4)1941.4		ハイキング・コース	非常時の旅行さまざまを語る座談会	
8(5)1941.5	大陸の宗教		大陸の宗教を語る座談会	

巻(号)発行年.月	特集	別冊付録	座談会	葉書回答
8(7)1941.7			ツーリストビユーロー満洲支部十五年を語る座談会	
8(8)1941.8				我が駅はかくして浄化される
8(11)1941.11			観光と保健を語る座談会	
9(1)1942.1	満洲の城壁			満洲の城壁で／一、是非残したい城壁／二、残すとすれば何の部分を
9(3)1942.3			旅と防犯座談会	
9(5)1942.5	山東			山東に於ける／一、名勝／二、旧蹟／三、名産物／四、支那事変戦蹟
9(9)1942.9	建国拾年満洲			
9(10)1942.10			訪日外人引率者に聞く座談会	
10(1)1943.1	白系露人の生活		サモワールを囲んで／白系露人に旅行・喰べもの・服装・娯楽・を聴く	冬の戸外運動に何を実行されてゐますか 白系露人にきく
10(3)1943.3				旅行中のチップをどうするか
10(6)1943.6	北支の農業			
10(9)1943.9			開拓地に勤労奉仕隊を訪ねて	
10(12)1943.12			分郷開拓団への増産奉仕を終へて	
11(1)1944.1	長白山の相貌			決戦下の旅行は斯くありたい／(1)服装 (2)食事 (3)携帯品
11(8)1944.8			戦時旅行を語る芸能人座談会	
11(9)1944.9				旅行中親切にされた話

注1　日本国内の女優に、満洲に対する考えを聞く。
注2　日本語訳：「日本旅行の時にいやだったことは何か？」

同号の頁を開いてまず興趣をそそられるのは、これまでにない豪華な特集グラフである。全部で計一七頁分を数え、創刊号の四頁分の約四倍余りとなる。そのうち、巻頭には満鉄の特急列車「あじあ号」や「国都新京」、蒙古情緒豊かな喇嘛の仮面踊り、大連の忠霊塔などの写真が飾られ、雑誌の中ほどには桜や梨花の下で楽しむ日本人と中国人の花見風景が挿入されている。巻頭と中ほどの両方にグラフ頁を割いたのは、全一〇七冊のなかでも珍しい贅沢な構成で、視覚的に満洲を伝えようとした意図が垣間見える。記事の方に目を移すと、旅行関係の誌面は主に案内篇と趣味篇の二つの部分から構成されていることが確認できる。案内篇にあたる文章は、「満洲旅行の手引」、「満洲みやげもの案内」、「満洲たべもの案内」、「満洲桜の案内」などで、趣味篇にあたる文章は「戦蹟巡り」、「郷土玩具蒐集の旅」、「釣の旅」、「猟の旅」などが挙げられる。また、「満洲の古都所々」、「満洲に著しき自然現象の話」、「熱河宝物館について」、「支那の古地図」といった満洲の歴史や地理に関するやや真面目な読み物がある一方、「漫画　驚く満洲」と題する一三篇の漫画・漫文も程よく添えられている。読みやすいデザインと硬軟取り混ぜた多彩な内容で、疲れずに最後まで読み切ってもらえる誌面づくりとなっており、「最も新鮮な生きた旅行資料を満載・実用と趣味と娯楽を兼ねた旅行趣味の月刊誌[56]」という広告文に謳われたとおり、同誌は肩の力を抜いて楽しめる大衆向けの読み物として自らを位置付けていることがわかる。

(二) 文芸誌としての『旅行満洲』

一九三七年前半から、在満日本人の文学活動が盛んになるにつれて、満洲文壇はこれまでにない活況を見せ始めた。「今まで余り文芸に関心を持つてゐなかつたかに見られてゐた在満諸月刊雑誌も文芸欄を特設したり、拡張したり、文壇人を文芸欄顧問にしたりして文学に対し多大のスペースを割愛するやうになつた[57]」。そうしたなか、一九三七年五月号を皮切りに、『旅行満洲』も積極的に小説や翻訳などを掲載し、徐々に文芸誌的な色彩を帯びるようになった。一九三七年五月号に掲載された記念すべき小説は、三宅豊子作『雪消』である。三宅（一九〇四〜一九八二）は東京市生まれ、東洋家政女学校普通科卒業後、第一製薬株式会社で包装員（のちに事務員）として働く。その間、満鉄から派遣されてきた日本人薬剤師と知り合い、関東大震災後の一九二三年一一月に結婚するために渡満する。一九二八年頃から『協和』に詩や短歌を発表し、一九三四年より純文芸誌『作文』の同人となり、一九三六年には『満洲日日新聞』で長篇小説「羽音」を連載するなど、満洲文壇での地歩を確実に築き上げていく。[58] その後、夫と別居し二人の幼児を抱えて一家の生計を背負うことになった三宅は、同じく『作文』同人の小杉茂樹（詩人としては加藤郁哉の後輩）の計らいで、一九三八年夏頃から編集者として『観光東亜』で働き始めた。[59] ここに至って『観光東亜』と『作文』の二誌が接点を持ち得たのである。

一九三二年一〇月に大連で創刊された純文芸誌『作文』は、満洲文壇での影響力が大きく、近代詩の同人誌『鵲』とともに「満洲に於ける文学の開拓者として功あり、今日では最も粒の揃った作品を見せてゐる」と評されている。[60] ほかの在満日本人作家と同様、『作文』同人も文学だけで生計を立てる職業作家は一人もなく、満鉄社員をはじめ、新聞記者、図書館員、満洲国官吏、商人、主婦など種々雑多の本職を持っている。また、当時の満洲文壇では執筆者が固定化する傾向があり、諸新聞雑誌では「同じ顔触れが堂々めぐりしてゐる奇現象」が起きている。[61]『作文』同人も寄稿家として引っ張りだこであるが、なかでも『旅行満洲』における『作文』同人の活躍は目立つものがある。

戦前における『作文』同人数は、筆者が確認したかぎりにおいて三八名、そのうち約四分の三を占める二九名が『旅行満洲』および後続誌に登場したことがある。[62] 全一〇七冊のなかで、本名もしくはよく知られるペンネームでの登場回数は延べ一三八回に及んでいる。それをジャンル別で見ると、小説が三九、随筆が三一、「文芸」時評が一八、葉書回答が一〇、詩が七などとなっている。また、時期で見ると、三宅が『観光東亜』に就職した一九三八年夏以降における『作文』同人の登場回数は一〇九回に上り、全体の約七九％を占める。登場回数の最も多い人物は『作文』の創刊メンバーの一人で、三宅を同人に薦めた青木實である。[63] 青木の証言によると、執筆は三宅からの依頼によるものが多く、「文芸［文芸時評欄］に度々私なども頼まれたが、執筆者が都合が悪いと、三宅さんから電話で、匿名でも何回か書いた」という。[64]『旅行満洲』における『作文』同人の活躍は、編集にあたる三宅の働きかけ抜きでは語ることができないと考えられる。

『作文』は一九四二年一二月に休刊となったが、それ以降にも同人は『観光東亜』と後続誌『旅行雑誌』を舞台に文学活動を続けている。戦前に発行された『作文』全五五輯の大半は散逸してしまったため、雑誌の全容がつかめないままとなっている。現在、その意味で、『旅行満洲』には『作文』の中期から休刊後に至る同人の活動の軌跡が記されているとともに、知られざる在満日本人文学史の貴重な一コマが刻まれているといえる。

一方、在満日本人作家の作品だけでなく、『観光東亜』は「来満作家短篇集」（一九四〇年一月号）や「北満紀行」（一九四〇年九月号）などを企画し、来満日本人作家の小説や紀行文も意欲的に掲載してきた。そのうち、一九三八年一一月号から一九四三年七月号までの間に掲載された来満日本人作家の紀行文など計四一篇は、単行本『満洲の印象』として一九四四年八月に奉天で刊行されている。[65]

翻訳作品として、満洲国内に住む「満系」（当時満洲に住む中国人に対する呼び方）作家のものは、爵青（劉爵青）の小説「官員」と「遺書」、沫南（関沫南）の小説「二人の船頭」および秋螢（王秋螢）の文芸評論「満洲文芸史話」など数作品が掲載されている。爵青（満日文化協会）と秋螢（『盛京時報』）は、それぞれ新京の文芸雑誌『芸文志』と奉天の文芸雑誌『文選』の同人であり、沫南は哈爾濱在住の作家である。[66]『旅行満洲』は満系文壇内の流派や地域性などのバランスを考慮して作品を選んだと考えられる。また、林語堂の評論や齊雀海、沉桜、張天翼、王魯彦の小説など、中国語やエスペラント（人工国際語）で書かれた中国本土の作家による既発表作品も多数翻訳されている。これらの作品はいずれも中国の各社会層の現実を題材とするもので、日本或は日本人に関する描写は一切出てこない構成に特色がある。一方、満洲在住の白系ロシア人作家の翻訳作品としては、一九四〇年八月号に掲載されたバイコフの小説「みすてられし人」がある。バイコフは、満洲における代表的な白系ロシア人作家として知られている。「みすてられし人」の発表前後、つまり、同年六月二五日から一〇月三日にかけては、バイコフの小説「虎」（「偉大なる王」改題）が『満洲日日新聞』に連載され好評を博している最中である。バイコフのほかでは、一九四三年一月号の特集「白系露人の生活」において、女性一人を含む白系ロシア人作家三人の短篇小説も掲載されている。満系や中国本土の作家および白系ロシア人作家の作品は時々誌面を飾るのとは対照的に、『旅行満洲』には朝鮮人や蒙古人作家の作品は収録されていない。

なお、注目すべき翻訳者の一人に、「満鉄にその人ありと知られたるエスペランティスト」、「支那通」、「隠れたる篤学者」などと評される大谷正一が挙げられる。(67) 大谷（一九〇六～一九四四）は京都生まれ、満鉄北鮮鉄道管理局や満鉄鉄道総局営業局旅客課を経て、一九三七年にＪＴＢ満洲支部に移る。大谷は清津エスペラント会を結成したり、大連エスペラント会の事務を担当したり、奉天放送局で「エスペラントの話」を放送するなど、転勤する先々でエスペラントの普及に尽力した。(68)『旅行満洲』では、中国本土の作家の小説をはじめ、欧米の探検者が書いた紀行文や詩のエスペラントからの翻訳を寄稿している。また、一九三七年七月、満鉄鉄道総局が「観光満洲の生きた姿を世界に紹介するため」に、写真入りのエスペラントの満洲国案内記計三万部を作成し、世界各国の鉄道や案内機関に配布することになったが、この案内記を手がけたのも大谷であった。(69)『旅行満洲』に残された大谷の足跡は、満洲におけるエスペラントと観光宣伝とのつながりを考えるうえで大きな示唆を与えてくれるものである。

四　誌面内容の展開

（一）南満洲から満洲全土へ

『旅行満洲』創刊号の編集後記には、満洲旅行界を取り巻く当時の状況について次のように記されている。

奥地旅行の不安が除かれて交通路が次第に延びるにつれて随所に景勝の地が発見され旧蹟が紹介されてゐる。北では鏡泊湖の雄大な景気、奉山線の興城温泉、熱河の承徳離宮など埋つてゐた宝物が掘り出されたようなもんだ。今後も続々現はれて来よう、満洲に観光地難を喞《かこ》つたのも昔話になる時期も遠くはあるまい。(70)

この短い記述からは、少なくとも三つのメッセージを読み取ることができる。第一に、冒頭の「奥地旅行の不安が除かれて」とあるように、旅行の条件となる治安状態は改善されているが、それを担保しているのは、関東軍による反満抗日運動に対する掃討戦が継続されていたことである。第二に、「交通路が次第に延びる」と述べられたとおり、一九三三年三月と一〇月、満鉄が満洲国の国有鉄道と朝鮮総督府の北鮮線を相次いで受託経営したことによって、満鉄管下の鉄道網が画期的に拡大したことである。第三に、「埋つてゐた宝物」として言及された「鏡泊湖」、「興城温泉」と「熱河の承徳離宮」はいずれも満鉄沿線から離れた場所にあり、満洲国建国前まではこれらの地域における日本人の観光活動は極めて困難であったことである。

すなわち、満洲国建国を契機に、日本の勢力は満鉄沿線を中心とする南満洲から満洲全土へと広がった。これにともない、満鉄管下の鉄道網が拡大され、日本人にとっての旅行安全性が確保され、それまで踏み入れることができなかった満洲の奥地においても、日本による観光開発の土台が出来つつあったのである。

こうした歴史的うねりを背景に、『旅行満洲』の記事内容が網羅する地理的範囲は、徐々に南満から満洲全土へと広がっていく。「熱河」(一九三六年一一月号)、「北満」(一九四〇年九月号)、「長白山の相貌」(一九四四年一月号)などの特集や、「秘境熱河座談会」(一九三八年五月号)や「大興安嶺探勝踏査座談会」(一九三八年八月号)などの座談会を通して、満洲西南部の熱河や北満の大興安嶺および東満の長白山といった「秘境」は、漸次に「観光地」として読者の視野に入るようになった。

なかでも、特集と座談会の両方を企画するほど、『旅行満洲』がひときわ宣伝に力を注いだ観光地は、満洲国時代に「掘り出され」、一躍脚光を浴びるようになった「熱河」である。創刊号の表紙写真「熱河離宮喇嘛塔」をはじめ、『旅行満洲』には、「熱河」や「承徳」（熱河省の省都、離宮と喇嘛寺の所在地）に関する記事が頻繁に登場している。「熱河」か「承徳」という文字がタイトルに含まれる紀行文や旅行情報、写真、挿絵などを拾い上げるだけで、その数は全一〇七冊のうち計八三タイトルに上る。一九三六年一一月号の特集「熱河」は、『旅行満洲』のなかでグラフ頁数が最も多い一八頁分の豪華な構成で、熱河の視覚的イメージを前面に押し出す意図が読み取れる。グラフ頁に加え、「熱河避暑山荘」、「承徳に於ける清朝の対蒙政策」、「承徳放浪記」、「承徳離宮七十二景を探る」、「承徳への旅は」といった、歴史、文化、観光の諸側面から興味を掻き立てる特集記事は計一三篇並び、分量は全九六頁の三分の一を超える三四頁に上る。

熱河はもともと一八世紀の清朝時代に建造された宏壮な離宮と喇嘛寺で知られている。清朝滅亡後の中華民国になってから歴史遺跡の荒廃が進み、さらに政情の不安定と交通の不便が相俟って、熱河は長い間「世界の秘境」と呼ばれ続けていた。満洲国建国の翌年（一九三三年）三月、日本軍の「熱河討伐」による勝利によって、熱河省は中国本土から切り離され、満洲国の版図に編入されることになった。これを契機に、熱河の観光開発は急速に進められ、鉄道、自動車道、航空路が開通する。また、承徳観光協会と承徳JTB案内所の開設も相次いで実現されていった。

では、なぜ『旅行満洲』はここまで積極的に熱河の観光宣伝を繰り広げたのであろうか。これには二つの理由が考えられる。一つ目は熱河の観光的価値から由来するもので、歴史的・芸術的価値の高い熱河の遺跡は、満洲国が唯一世界に誇れる観光資源と見なされていたからである。これは元JTB大連支部主任で満鉄鉄道総局営業局旅客課嘱託の平野博三と満鉄鉄道総局資料課職員の石原巖徹（石原秋朗）が発した次のような言葉からも裏付けられる(71)。一九三六年一一月号の「熱河」特集で、平野は「世界的の有力な観光地は秘境熱河たゞ一つといふことにならう」と語り(72)、石原は「いくら力んで見たところで、満洲で外客が見たいと思ふ処は承徳より外に無いのだから」と強調する(73)。二人とも熱河の観光価値、とりわけ国際観光における価値を高く評価している。

もう一つの理由は熱河の持つ政治的価値に力点が置かれたことである。「秘境」から「観光地」へと変身した熱河こそが、遺跡を荒廃させた旧東北軍閥の「悪政」に対し、保存環境を整備した日本軍や満洲国の「善政」を見せつける、政治的に意義のある場所と見なされていたからである。たとえば、一九三八年五月号に掲載された「秘境熱河座談会」において、満洲国国務院弘報処長の堀内一雄と満日文化協会主事の杉村勇造は、次のような会話を交わしている。堀内が「彼処の離宮の荒廃の姿を見れば如何に昔の軍閥が横暴を極めたが《ママ》判ります」と発言したことを受けて、杉村は「日本軍が行つて熱河のものは一木一草たりとも、皆保存しなければならぬといつて、秩序も大いに保たれ」ていると述べ、「かういふことは矢張り今迄の軍閥の歴史の最後と、新らしい政治をはつきり認識させることが出来るものだ」と付け加えた(74)。ここで興味深いところは、遺跡の荒廃を加速させた旧東北軍閥の「悪政」と、遺跡を保存する日本軍や満洲国の「善政」という二つを対照させることによって、熱河は「悪政」を駆逐した正義者としての日本と、文化の保護者としての満洲国を称揚する恰好な宣伝舞台に様変わりしたことである(75)。

(二) 満洲から中国全土、そして「共栄圏」へ

一九三七年七月七日、盧溝橋事件に端を発した日中戦争をきっかけに、ＪＴＢ満洲支部（一九三六年一〇月に「ＪＴＢ大連支部」から改称）はさらなる発展の機運を迎えた。日中戦争の進展にともない、ＪＴＢ満洲支部は「皇軍の進むところ」として、一九三九年八月には「華北出張所」、一九四〇年六月には「華中出張所」を相次いで開設し、着々と中国大陸に一大案内網を張りめぐらしていく。盧溝橋事件前まで、満洲以外の中国本土においてわずか北京、天津、上海、青島の四都市に六ヶ所しかなかった案内所・出張所は、四年後の一九四一年三月末に至って一九都市三五ヶ所にまで急増し(76)、ＪＴＢ満洲支部は文字通り「一大飛躍」を成し遂げていった。

『旅行満洲』の誌面にも盧溝橋事件の影響がはっきりと反映されている。たとえば、事件二ヶ月後の一九三七年九月号は、中国大陸に関する内容の割合が大幅に増え、一六頁に亘る特集グラフの約三分の二が中国本土の青島、北平、天津といった「北支」地域に割かれている。一方、記事に関しては、「上海所解説」、「北支とはどんな処か」、「交通

復旧する天津・北平」、「古都は永遠に平和なり」、「天津の忙しさ」、「北支旅行者への注意」と、「北支」関係の文章六篇が登場し、全記事の一割強にあたる一七頁を占めている。こうして盧溝橋事件を境に、『旅行満洲』は中国本土への関心が一層高まっていった。

翌一九三七年一〇月号には、編集部の一押しとして、満鉄鉄道総局営業局旅客課職員である山田源次が寄稿した「支那観光概観」が掲載されている。JTB大連支部詰大連汽船本社船客課駐在上海事務所主任を務めた経験を持つ山田は、(77)中国は豊富な観光資源を有しながらも国家的観光機関も設立されず、外客誘致に消極的であることを指摘したうえで、「今次支那事変の理想的解決は、支那観光の将来に輝しい光明を投ずるものであると言ふ事を繰返し度いと同時に、支那観光の発達は延いては日満両国観光の将来にも更に一段と光彩を添へるであらうと言ふことを附言したい」と締めくくり、日中戦争を、立ち遅れている中国観光を発展させる好機として捉えている。(78)

さらに驚くことに、日本軍による南京陥落からわずか一九日後に刊行された一九三八年一月号には、早くも六頁分に亘る文章「南京の名勝地」や、八頁分に亘る漫画「祝南京陥落／どうしてせめるのか／英雄豪傑の南京攻略戦」などが盛り込まれている。観光対象としての「古都」と攻略の標的としての「敵都」という、かけ離れた二つの南京のイメージを違和感なく重ね合わせながら、戦局の進展に素早く呼応した誌面づくりとなっている。

一九三八年四月に『観光東亜』に改題後、中国本土に関する記事はより一層誌面をにぎわすに至った。たとえば、それまでは満洲、北鮮以外の都市で青島の一ヶ所しか取り上げてこなかった「街の体温」欄は、天津、石家荘、済南、厚和、北京、大同、太原、漢口、杭州、朔州、開封など、「北支」、「中支」へとその範囲が広がった。また、特集では「蒙疆」（一九三八年一二月号）、「北支紹介」（一九三九年五月号）、「山西」（一九四〇年五月号）、「中支那」（一九四一年一月号）、「山東」（一九四二年五月号）、「北支の農業」（一九四三年六月号）が相次いで組まれるようになった。その内容は、もはや旅行雑誌の域を脱し、「内容を汎く満支蒙総合の事情に求め経済、産業、風土、文化等大陸民族のあらゆる生活部門を網羅して、名実共に総合雑誌としての面目を発揮するやうになった」。(79)

さらに、日独伊三国同盟締結（一九四〇年九月）後に強まる「南進論」の影響を受け、一九四〇年一二月号あたりから、「南方」「佛印」「東亜共栄圏」といった文字が躍るようになった。太平洋戦争開戦後の翌一九四二年七月、『観光東亜』は「拾年後の東亜共栄圏観光構想」と題する字数一万二千字程度の論文を公募し、三五篇の応募作を得た。選ばれた三篇の当選作は同年一一月号と一二月号に掲載され、一〇年後の東亜共栄圏に相応しい観光理念と観光資源について種々の角度から論じている。

たとえば当選作を執筆した中村信夫は、「娯楽」や「享楽」として考えられてきた従来の観光認識に代わり、「高度の倫理観」に基づく観光理念の構築を提唱する。「倫理的とは精神的方面に於て国体認識、祖国認識、教神《ママ》［敬神］崇祖、日本的性格の獲得、指導民族としての大らかな精神獲得、勤労愛、科学する心の昂揚、旅行道徳の発揚、国体訓練、国土防衛への関心、勤労能率の増加等があげられ、肉体的には身体の鍛錬、人口増加等がかゝげられるのである」。そのうえ、「大東亜共栄圏の観光地帯」の歴史的特色について中村は次のように力説する。「歴史的に見ると新世界転換の為の日本の努力の跡即ち日露戦争、満洲事変、支那事変、大東亜戦争の戦場は東亜民族の聖地として観光者は、先づ第一にこゝに詣でねばならない。又東亜民族は発祥の歴史古く日本を除いて民族の興亡も激しかつたので之等の遺跡も亦多く有力な観光地となるのである。北京、熱河の清朝遺跡、順化［ベトナム中部にある阮王朝の旧都］東埔塞《カンボジア》［東埔寨］の王宮陵墓、サルタンの王宮、日本人南進歴史上各地に於ける日本町、就中山田長政の地アユチア等である。これらのうちで日本人発展の地、各民族の欧米の羈絆から脱せんとした努力の史跡は特に顕彰しなければならない。北京圓明園等は物質文明の悪逆無道の好標本として我々東亜民族が銘記するはその一例である」(80)。ここでは、戦跡といった「日本の努力の跡」をはじめ、東亜民族の興亡の遺跡、「日本人発展の地」、「各民族の欧米の羈絆から脱せんとした努力の史跡」および「物質文明の悪逆無道」を示す史跡などは、いずれも新しい観光理念に即応した有意義な観光資源として挙げられている。

一九四三年七月になって、『観光東亜』はついに『旅行雑誌』に名を改められる。編集後記には「今や独善的な題目や象牙の塔的な専門学術的態度は許されない」、「新しく決戦下に適切緊要な問題を捉へて本来の使命を果したい」とそれまでの編集方針と決別するかのような強い口調で改題の意図が述べられている。[81] これを機に同誌の様相は一変した。総頁数は前号の一二〇頁から八四頁へ、口絵写真も前号の八頁から半分の四頁へと減った。より目立った変化は表紙のデザインに見られる。改題号から一九四三年一二月号までの六号は、それぞれ「旅にも生かせ隣組」、「旅にも必ず防空装備！」、「この際だ／捨てよ気儘な旅心」、「勝つためだ／旅行も戦時の民らしく」、「決戦交通／乱すな旅客」、「旅する身にも戦ふ心」といった標語が新たに銘記されている。戦争の激化にともなう旅行環境の悪化がひしひしと伝わってくる。続く一九四四年の一月号から三月号までの表紙からは標語が一時的に消えたが、四月号になって再び復活し、今度は「決戦へいまぞ一億総突撃」、「第三年も征くぞ今度はおれの番」、「つくれ、送れ、撃て」、「決戦へ全一億の体当り」、「決戦の年と誓はん今年こそ」というふうに、もはや「旅」という文字すら姿を消してしまった。内容も戦時旅行の心構えをはじめ、開拓団や勤労奉仕に関する記事が急増し、旅行雑誌としての原型はほとんど留めることができなくなった。

(三) 観光資源としての移民地

『旅行満洲』のなかに頻繁に登場した、一見して観光とは関係の薄い異色のテーマがある。それは日本人の満洲開拓移民に関する内容である。試みに全一〇七冊に掲載された日本人開拓団や、満蒙開拓青少年義勇軍、大陸の花嫁などに関する記事および写真を数えると、その数は計九六タイトルに上る。

初出は前述した特集「満洲旅行」（一九三七年四月号）である。これは前年の八月、日本政府が大規模な農業移民を満洲に送る「二十カ年百万戸送出計画」を発表したことに呼応するものと考えられる。まず冒頭に同特集の発刊の辞として、満鉄鉄道総局営業局旅客課長の宇佐美喬爾は「満洲旅行は国民に課せられたる必須義務課目である」と強調し、「此の意義深き満洲の地に足跡を印す可きは我等国民に課せられたる責任であり、義務であり、権利である。豊沃なる北満の地には既に国策移民の鍬は打ち下された。新しき土に嬉々として働く雄々しき人々の姿を来り観よ。産業に、文化に、政治に、放つ燦然たる陽光は祖国観光者の熱誠ある理解と支援の中からも生れ出づることを期待する」と訴える。(82)ここで「国策移民の姿」を見ることに満洲旅行の「国民の義務」としての存在意義が付与されているところが興味深い。

続く同号の本編には、満鉄弘報課勤務の金丸精哉と、満鉄鉄道警務局警務主任を務める山本登による二篇の随筆が掲載されている。金丸は日露戦争以来の日本人満洲移民の歴史を振り返ったうえ、締めくくりに「今後二十年百万戸五百万人移民計画が実現されたならば、満洲国総人口の一割五分は日本人によつて占められる訳である。汽車の窓から日章旗を掲げた日本農家が随所に見られる日を思つただけでも嬉しさがこみ上げて来るではないか」と、日本勢力の伸張が実感させられる旅行風景の出現に思いを馳せる。(83)また、山本は移民国策の遂行につれて、「旅行者の関心も自からこの異境の空に在りて困苦欠乏に堪へながら、大和民族発展の第一線に立ち、鋤と犁を持ちて自然と戦つてゐる雄々しき勇者に払はれなければならない」と、従来の名所旧跡から日本人の入植した移民地へと旅行者の関心を向けるよう促している。(84)

随筆に加え、同号には在満日本人の名士を対象とする「内地の人に満洲の何処を見せたいか」と題する葉書回答も掲載され、回答者二九名のうち六名は「移民地」を薦めている。六人中の一人、『満洲日日新聞』編集局長の米野豊實は回答に「農業移民地」を第一に挙げながら、「我民族大陸移植の試験地といふ意味に於て」とその理由を明記している。(85)

また、一九三七年九月号から一二月号にかけて、「移民地巡礼一千里」と題される現地リポートが四回に亘って連載され、千振村や弥栄村といった代表的な移民村の発展ぶりを印象づけた。連載の執筆者は満鉄鉄道総局営業局旅客課の山田健二である。この記事の執筆と同時期に、山田は満鉄からパンフレット『満洲移民地視察案内』作成の仕事を任せられ、移民地を取材していた。(86)実は『満洲移民地視察案内』に先立って、満鉄は一九三七年の三月にも「拓務省の移民農村を中心とする実情を紹介し、且つかうした視察団の便宜を図るため移民村視察コースを明記した〝移民地視察案内記〟」を数万部作成し、日本各地に設置された旅行案内機関・満鉄鮮満案内所を通じて広く配布することになった。(87) 移民地視察案内が相次いで編纂される背景には、満洲移民という国策の遂行にともない、移民地視察に対する日本人旅行者の需要が急速に高まったことが挙げられる。(88)

当初、移民地視察団は満洲移住協会や農村更生協会、大日本聯合青年団といった政府関連団体主催によるものが多かったが、漸次に「開拓地視察の全く必要のない者までが『どうせはるばる満洲迄来たのだから序《ついで》に……』といつた調子で只漫然と」視察する者も現れ、移民地視察は「一種の流行」となったのである。(89) 移民地視察団という存在は満洲開拓事業の一つの推進力として重宝される一方、物見遊山や観光気分で移民地に赴いた者の言動に、移民地から批判の声が上がっている。(90)

こうした「不真面目な或は行楽的な視察」の姿勢を補導すべく、一九三九年一月号の『観光東亜』には「移民地視察の心得」が掲載された。そこには、「全部の移民地を視察することが出来ない場合は、視察した移民地だけに就て語り、全移民地に対する推論的な言辞は避けなければならぬ」や、「又殊更にモダーンな服装をしてゆくことは、土まみれになつて働いてゐる人達に対して厳重に謹しむべきである」などと、言動から服装まで細かく注文している。(91)

また、一九四〇年九月号に掲載された長文「満洲開拓地視察案内」は、「視察の手続」、「視察の時期」、「服装と携帯品」、「宿屋と乗物」、「注意事項」、「視察者の心構へ」、「鉄道線別開拓地区」と項目を分けてきめ細かく解説している。とりわけ印象的なのは、「視察者の心構へ」のなかで述べられている「視察態度」について語られる次の箇所である。「内地の生々しい事実や無責任な好景気の話は、一つとして開拓民を慰め励ます性質のものではありませんから、結果を充分に想像して、不用意に話すことは避けて慾しいと思ひます」と、開拓者の人心の動揺を招きかねない言論を避け、開拓者を慰問・激励する大前提のもとで行動するようにと、「正しい」視察態度を教え諭しているのである。(92)

「開拓地が良き観光資源ではあつても、遊覧的観光地では無い」(93)——ある意味、移民地は日本が満洲に求めた繁栄の礎を最も示す観光資源の一つといえる。『旅行満洲』は読者に「望まれる視察者像」を提示するとともに、移民地という観光資源を全面的に押し出しているのである。

五　在満日本人読者の反応

『旅行満洲』の読者は一体どんな人たちなのであろうか。その手がかりとなるのは「旅行相談」、「読者だより」、「旅の俳句」、「旅の川柳」といった一般読者からの募集コーナーである。これらのコーナーを読むかぎり、投稿者のほとんどは在満日本人で、中国本土や日本内地に住む日本人からの投稿は相対的に少なく、日本人以外の民族からの投稿は皆無であることがわかる。また、「この雑誌をお読みになられましたら日本内地のお友達なり、お知合ひの方へ御送り下さい」[94]などと繰り返し促す編集者の言葉からも、読者層の主体は在満日本人と想定されていることが考えられる。

また、『十五年誌』によると、『旅行満洲』は一九三六年三月に隔月刊を月刊に改めてから「従来の宣伝用、寄贈用雑誌の域を脱して自営の地歩を固めんとし、力をツーリスト倶楽部員の増加及び満鉄社員購読者の獲得」に注いだことも奏功し、一九三七年から毎号の発行部数をそれまでの五千部から六千部に伸ばしたという[95]。ここでいう「ツーリスト倶楽部」とはＪＴＢ大連支部の傘下に置かれた旅行同好者の組織のことで、一九三二年一二月の大連ツーリスト倶楽部を皮切りに、満洲各地の大都市や青島、北京、天津などにも設立されていった。『旅行満洲』は一九三四年の創刊以来、ツーリスト倶楽部員に特典として頒布され、実質上ツーリスト倶楽部員は『旅行満洲』の固定読者となっている。ツーリスト倶楽部は一九三九年四月に「旅行倶楽部」へと改組されるが、一九四〇年末の時点で部員数は二千余名に上る[96]。ツーリスト倶楽部員や満鉄社員の購読者への頒布に加え、『旅行満洲』は満洲の書店の店頭でも販売されていた。これは一九三七年五月号に掲載された「旅行満洲本日売切レ」の漫画[97]や、一九三八年六月号から一九四〇年四月号までの奥付に記された「発売所　大阪屋号書店満洲卸売部」の文字にも見てとることができる。

さて、在満日本人読者に同誌はいかに受け止められていたのだろうか。その一例に、一九四〇年四月一九日付『満洲日日新聞』の学芸欄に掲載された『観光東亜』（同年四月号）についての短評がある。

者筆《ママ》［筆者］渡満まづ第一に手にしたこちらの雑誌は、この前身「旅行満洲」だつた。爾来六年間正直に言つて、金を出して読む満洲の雑誌といへばまあこれだけと言つてよかつた。勿論この雑誌から高邁な精神を感得しようとか、執筆者の厳めしい文学に触れようとかは決して思つてゐない。たゞたのしいのだ。旅行と言ふ事に恵まれない筆者なぞには、満洲といふところが、さうよい所ばかりではないと言ふ事は知つてゐながら、無条件にだまされてゐたくなる。「をんなの嘘を聞き飽かぬ」心理である。

「観光東亜」の満洲には決して悪辣な匪賊は出没しない［。］巻頭、数枚の写真版［。］本号には千山が紹介されてゐるが、先づ陶然とさせられる。読者は、このロマンチツクな、毎号の写真に、満洲への魅力を培はされる。この行き方は「満洲グラフ」と大変よく似てゐる様だ。

内地からの有名旅行者を捕へる事が機敏で今月は春山行夫に「満洲の印象」を書かせてゐる。この人は煙草通らしい［。］支那では外国製品に自国名をつけ、日本では自国品に外国名を附ける―対外的意識の相違が此の点にも見られると言つてゐる。田村實造の「契丹の文化」では遼代の美術をよく解説してゐる。猪岡きく子の「開拓地女教師の手記」では楽しさうな事ばかりが書かれてあるので、あてがはづれた。随筆三篇中では牛島春子「壺」が好きだつた。読みながら同題のチヤールズ・ラムのエツセイを思ひ出した［。］

「北満随想」は三篇共雑誌式のもの［。］村井東輔の「満洲の森林から出来るパルプと紙」ではらくに掲題の知識が得られた。三つの読物中、上野凌峪の「自警村の人」は実話。自警村の消息を聞きながら、寝そべつてゐ

られるし、吉野治夫の「青い家」では、一軒のカフエに注がれた目から大連の移りを汲取ることが出来た。(98)

ここでは三つほど重要なメッセージを確認しておきたい。第一に、『旅行満洲』は満洲雑誌界のなかで「売れる雑誌」として強い存在感を持っていることである。当時の満洲において、大抵の日本人知識人は「何か一冊中央の総合雑誌を買ふのが常識」であって、「満洲の雑誌を『金を出して』まで読まうとする人は尠ない」といわれていた。(99)こうした現状をふまえて考えると、「金を出して読む唯一の満洲の雑誌」という評価は、『旅行満洲』に贈られた最大の賛辞であるとともに、同誌の商業雑誌としての成功を裏付けるものである。

第二に、お楽しみ要素を盛り込みながら硬軟自在な読み応えのある誌面構成は、しっかりと読者の心を捉えていることである。「たゞたのしいのだ」、「らくに掲題の知識が得られた」、「自警村の消息を聞きながら、寝そべつてゐられる」といった感想は、「実用と趣味と娯楽を兼ねた旅行趣味の月刊誌」を掲げる編集戦略がうまく的中したことを如実に示している。

第三に、これは最も興味深い点であるが、『旅行満洲』では、それまで「野蛮蒙昧」、「荒漠千里」、「匪賊跳梁」といわれてきた満洲を、「明朗」で「平和」な「観光楽土」へと見事に仕立て上げていることである。「満洲といふところが、さうよい所ばかりではないと言ふ事は知つてゐながら、無条件にだまされてゐたくなる」、「『観光東亜』の満洲には決して悪辣な匪賊は出没しない」といった言葉に象徴されるとおり、「匪賊の巣窟」であった千山を「陶然とさせられる」観光地のイメージに塗り替えるだけで、満洲国政権の安定をアピールし、「楽土」を作り上げた日本人の「善政」を正当化する恰好な宣伝材料となるわけである。その意味で『旅行満洲』は、観光という名に隠れた巧妙な満洲国の宣伝誌であった、と解することもできる。

おわりに

一九三四年にＪＴＢ大連支部の機関誌として出発し、約一〇年余りの長きに亘って発行され続けてきた『旅行満洲』。その充実した誌面には、満洲国における旅行文化の一端が如実に現れている。

『旅行満洲』を刊行するＪＴＢ大連支部は、一九一二年に満鉄運輸課内に胎生したＪＴＢ初の海外支部である。一九二六年、満鉄の支援のもとで東京にあるＪＴＢ本部からの独立経営を果たしたＪＴＢ大連支部は、満鉄の別働隊として切符代売、斡旋案内、宣伝事業を三本柱に事業を展開していく。その後、一九三一年までの不況時代を経て、ＪＴＢ大連支部は満洲事変とそれに続く満洲国建国を好機として、「発展に次ぐ発展」を遂げていった。『旅行満洲』はまさにＪＴＢ大連支部の発展時代に取り組まれた宣伝事業の一つとして発刊されたのである。

『旅行満洲』の編集陣の顔ぶれからは、ＪＴＢ大連支部とその背後にある満鉄との緊密な結びつきが窺える。最も長く編集人を務めた林重生は満鉄と深い関係を持つ中日文化協会の出身である。満鉄と東亜旅行社（ＪＴＢの後身）の両社で勤務経験のある加藤郁哉は満鉄時代から『旅行満洲』の編集に深く関わり、加藤の元部下で同じく満鉄と東亜旅行社で働いていた佐藤眞美も満鉄時代ははっきりと分からないものの、東亜旅行社満洲支部に転任したあとは『観光東亜』の編集を統括する立場にいた。『旅行満洲』はＪＴＢ大連支部および後身の会社の機関誌でありながら、満鉄の影響が大きかった雑誌でもある。

「実用と趣味と娯楽を兼ねた旅行趣味の月刊誌」という謳い文句のとおり、『旅行満洲』の誌面は特集、別冊付録、座談会、葉書回答といった多彩な企画を軸にしながら、グラフ頁や漫文・漫画などをふんだんに盛り込む大衆向け読物の構成となっている。一九三七年五月号頃からは、在満日本人作家の小説や翻訳作品の割合が増え、『旅行満洲』は文芸誌としての性格も次第に濃厚になった。とりわけ、一九三八年夏に『作文』同人の三宅豊子が『観光東亜』の編集部に加わってからは、同誌における『作文』同人の活躍が目立つようになった。

JTB大連支部の案内網の拡充にともない、『旅行満洲』の扱う範囲も、当初の南満中心から満洲全土へと広がり、日中戦争開戦後は中国本土を加え、さらに太平洋戦争開戦後には大東亜共栄圏の全域へと、戦局の進展に呼応した形で拡大していった。また、内容面では、満洲開拓移民が国策として推進されるなか、一九三七年頃から日本人移民に関する記事が誌面を飾るようになった。『旅行満洲』では、「国民の義務」としての満洲旅行の存在意義を効果的に訴えられる移民地視察を推進すると同時に、物見遊山的な視察態度を是正し、視察者の望ましき姿を提示しているのである。

一方、読者層の主体をなす在満日本人にとって、『旅行満洲』は肩が凝らぬ読み応えのある読物であるとともに、殺伐とした満洲の現実を一瞬でも忘れさせ、「満洲よいとこ」という一種の「陶酔感」を与える役割を果たしてくれている。

最後に『旅行満洲』の意義について考えてみたい。旅行会社の機関誌であるから、満洲国への旅行を促す内容になることはやむを得ず、その延長として日本人が満洲国という異文化を知るきっかけとなったことは確かであろう。結果としての旅行文化の向上は、日本の大陸進出、そして移民政策に一定の役割を果たした。と同時により着目したいのは、他の旅行雑誌にはあまり見られない、『旅行満洲』の文芸誌的側面である。在満日本人作家が自己の作品を『旅行満洲』という雑誌に発表する場を得られたということが、作家の力量の向上につながり、ひいては文学活動の発展につながっていった。歴史に埋もれてしまったかもしれない作家を『旅行満洲』という雑誌が世の中に送り出したのである。これは『旅行満洲』という雑誌が世の中から一定の評価を得ているから成し得ることであり、日本内地に比べ力量がやや劣ると見なされていた在満日本人作家にとっては飛躍のきっかけにもなりえた。時代の波に飲み込まれる形で『旅行満洲』は廃刊となってしまうが、旅行文化のみならず、満洲国全体の文化の底上げに果たした役割は、歴史的に見て大きな価値があったと考えられる。

［謝辞：本稿はJSPS科研費17K02125、17H02253、16K02003及び平成28年度駒澤大学特別研究助成金（個人研究）による研究成果の一部である］

（注）※『旅行満洲』および後続誌の発行所の表記については表2に明記しており、注釈では煩雑さを避けるため省略した。

1　原山煌『日本国内現存「観光東亜」総目次稿――「満洲国」時代を中心とする「満蒙」関係刊行物の研究』平成15年度科学研究費補助金特定領域研究（A）「東アジアの出版文化」研究成果報告書、二〇〇四年三月。

2　西原和海「解説」西原和海監修『満洲開拓文学選集』第一〇巻、ゆまに書房、二〇一七年、一～五頁。

3　今回復刻された『旅行満洲』および後続誌は計一〇五冊である。一九三五年一一月号（第二巻第六号）と一九四四年九月号（第一一巻第九号）の二冊は今回の復刻版には含まれていないが、それぞれ桃山学院大学附属図書館と北京大学図書館で所蔵が確認できている。

4　『ジャパンツーリストビユーロー大正六年度事業報告』一九一八年、八六頁、八八頁、八九頁。

5　清水好雄編『東亜旅行社満洲支部十五年誌』東亜旅行社奉天支社、一九四三年、四～五頁。同書には「大連支部が南満洲鉄道株式会社運輸部内に設置された」と書かれているが、一九一二年当時の満鉄の職制では「運輸部」ではなく、「運輸課」であるため訂正した。松本豊三編『南満洲鉄道株式会社三十年略史』南満洲鉄道株式会社、一九三七年、三七頁。

6　拙稿「一九二〇年代における満鉄の観光宣伝――嘱託画家・眞山孝治の活動を中心に」『Journal of Global Media Studies』第一七・一八合併号、駒澤大学グローバル・メディア・スタディーズ学部、二〇一六年三月、一七一～一八四頁。

7　清水好雄編（前掲）『東亜旅行社満洲支部十五年誌』、六～八頁。

8　「ツーリストビユーロー満洲支部十五年を語る座談会」『観光東亜』第八巻第七号、一九四一年七月、七九頁。

9　清水好雄編（前掲）『東亜旅行社満洲支部十五年誌』、九頁。

10　一九一二年から一九二六年にかけて計九代のJTB大連支部長はほぼ全員満鉄総裁（社長）が兼任していたが、第七代の島安次郎だけは満鉄社長事務取扱であった。第六代支部長の早川千吉郎（満鉄社長）が急逝したことで、島が後任の満鉄社長が就任するまでの一一日間だけJTB大連支部長を務めたのである。なお、第一〇代以降の歴代支部長就任時の満鉄での肩書は以下の通りである。第一〇代・宇佐美寛爾（満鉄鉄道部次長）、第一一代・村上義一（満鉄理事）、第一二代・

宇佐美寛爾（満鉄理事）、第一三代・伊澤道雄（満鉄理事）、第一四代・足立長三（満鉄理事）。清水好雄編（前掲）『東亜旅行社満洲支部十五年誌』、二六三頁。財団法人満鉄会編『満鉄四十年史』吉川弘文館、二〇〇七年、二三六～二三九頁。「満鉄社長事務取扱」一九二二年一〇月一六日『東京朝日新聞』夕刊一面。長岡源次兵衛『満鉄王国』大陸出版協会、一九二七年、三四一～三四三頁。「満鉄新理事素描／押と肚の人／宇佐美寛爾氏」『満洲日報』一九三四年七月二四日夕刊一面。『満支旅行年鑑　昭和十八年版』東亜交通公社満洲支部、一九四二年、四五四頁。

11　清水好雄編（前掲）『東亜旅行社満洲支部十五年誌』、一八頁。

12　清水好雄編（前掲）『東亜旅行社満洲支部十五年誌』、八頁、二八頁。

13　清水好雄編（前掲）『東亜旅行社満洲支部十五年誌』、七五頁。

14　清水好雄編（前掲）『東亜旅行社満洲支部十五年誌』、一八頁。

15　清水好雄編（前掲）『東亜旅行社満洲支部十五年誌』、二四頁、二七七頁。

16　清水好雄編（前掲）『東亜旅行社満洲支部十五年誌』、一三頁。

17　清水好雄編（前掲）『東亜旅行社満洲支部十五年誌』、二一頁。

18　清水好雄編（前掲）『東亜旅行社満洲支部十五年誌』、六五～六七頁。なお、この本の六六頁に『旅行満洲』が隔月刊から月刊に改められた時期は「昭和十一年四月」と書かれているが、同誌（一九三六年六月号）にある「本号が月刊四号目」という記述に従い、月刊に変わる時期を一九三六年三月号と訂正した。「編輯後記」『旅行満洲』第三巻第五号、一九三六年六月、七一頁。

19　清水好雄編（前掲）『東亜旅行社満洲支部十五年誌』、六六頁。

20　「改題の辞」『旅行雑誌』第一〇巻第七号、一九四三年七月、六八頁。

21　「本誌改題題名懸賞募集」『旅行満洲』第一一巻第九号、一九四四年九月、四三頁。

22　三宅豊子「『観光東亜』編集室（再録）」『彷書月刊』第一九巻第八号、弘隆社、二〇〇三年七月、一九頁。

23 中西利八編（前掲）『満洲紳士録　第四版』、満蒙資料協会、一九四三年、一一六四頁。林重生「印刷屋に泣かされる――弱き者よ、汝の名は定期物編輯者也」『月刊満洲』第一一巻第七号、月刊満洲社、一九三八年七月、九一頁。『月刊満洲』の文章には「大連の満日新聞社［満洲日日新聞社］がまだ大連図書館の西にあつた頃、私は初めて満洲の印刷と交渉をもつたので、年で云へばざつと十六七年も前のことだ」と書かれていることから、林が一九二一～二二年の時点ですでに渡満していることがわかる。林が手がけた刊行物名は明記されていないが、発行時期や印刷所（満洲日日新聞社）などの情報から、満蒙文化協会の機関誌『満蒙之文化』であった可能性が高いと推定される。

24 中溝新一「編輯私記」『満蒙』第一〇巻第五号、中日文化協会、一九二九年五月、一四七頁。

25「協会記事」『満蒙』第九巻第一一号、中日文化協会、一九二八年一一月、一三八頁。「金剛山から吉会線を廻りて」『満蒙』第九巻第一二号、中日文化協会、一九二八年一二月、一四〇頁。

26 里見弴『満支一見』春陽堂、一九三一年、一〇頁。志賀直哉『志賀直哉全集　第一三巻　日記（三）』岩波書店、二〇〇〇年、一六四頁。

27 青木槐三『人物国鉄百年』中央宣興株式会社出版局、一九六九年、一四六頁。「主幹」は「支部長並幹事ヲ補佐シ各部ノ事務ヲ総括」する責任者で、「幹事」は「支部長ヲ補佐シ一般業務ヲ計画及指揮監督」する責任者である。清水好雄編（前掲）『東亜旅行社満洲支部十五年誌』、一五二頁、二六八～二七〇頁。

28 西孟利『満洲芸術壇の人々』曠陽社出版部、一九二九年、「大連」一一頁、九六頁。中西利八編（前掲）『満洲紳士録　昭和十二年版』満蒙資料協会、一九三七年、四〇五頁。

29 早川録鋭編『北支在留邦人芳名録』北支在留邦人芳名録発行所、一九三六年、「北平之部」一七頁。三宅豊子（前掲）「『観光東亜』編集室（再録）」、一八頁。

30 加藤郁哉「貨車の屋根にて」「車掌車から」『日本詩人』第五巻第二号、新潮社、一九二五年二月、二一～二二頁。加藤郁哉訳「詩二篇」『平原』第五号、満鉄鉄道部旅客課平原編輯部、一九二三年一一月、四二～四三頁。加藤郁哉訳「詩二篇」『平原』

第六号、満鉄鉄道部旅客課平原編輯部、一九二四年四月、六四～六五頁。加藤郁哉「静光動影を求めて――釈王寺と元山と」、「平原の墓」『平原』第七号、満鉄鉄道部旅客課平原編輯部、一九二四年一〇月、一五一～一六二頁、一八六～一八七頁。『平原』は一九二三年一〇月から一九二五年一〇月にかけて、満鉄運輸部旅客課（のちの「満鉄鉄道部旅客課」）内に刊行された四六判サイズの季刊誌で、計八号まで発行が確認できている。拙稿（前掲）「一九二〇年代における満鉄の観光宣伝――嘱託画家・眞山孝治の活動を中心に」、一七五頁。

31 西孟利（前掲）『満洲芸術壇の人々』、「大連」一一〇頁。中西利八編（前掲）『満洲紳士録 昭和十二年版』、六〇八頁。

32 加藤郁哉「詩壇開設に就て」『協和』第一巻第四号、満鉄社員会、一九二七年七月、一四七頁。加藤郁哉『詩集逃水』素人社書屋、一九二九年。「協和文芸選者の言葉」『協和』第八七号、満鉄社員会、一九三一年一二月一日、三四頁。

33 今枝折夫「廃駅寛城子村の記」『観光東亜』第五巻第一〇号、一九三八年一〇月、三八頁。『観光』第二輯、観光社、一九二七年一〇月、六～七頁。與謝野寛、與謝野晶子『満蒙遊記』大阪屋号書店、一九三〇年、三四～三五頁。

34 「ひとり旅でも／心配はいらない／四洮、洮昂、吉長、吉敦、奉山線／視察から帰つた加藤氏談」『大連新聞』一九三二年二月一六日夕刊二面。中西利八編（前掲）『満洲紳士録 昭和十二年版』、六〇八頁。

35 清水好雄編（前掲）『東亜旅行社満洲支部十五年誌』、二七〇頁。「満洲観光聯盟／代表三十余名出席／創立総会開催さる」『満洲日日新聞』一九三七年三月二六日一版夕刊三面。

36 「旅行満洲改題余聞」『満洲日日新聞』一九三六年一月二三日五面。

37 『月刊満洲』第九巻第六号、月刊満洲社、一九三六年六月、一一一頁。

38 清水好雄編（前掲）『東亜旅行社満洲支部十五年誌』、二七三頁。

39 加藤郁哉「満洲の旅行に就て」『旅行満洲』第二巻第三号、一九三五年五月、二六～二九頁。

40 今枝折夫「雑談五龍背温泉」『旅行満洲』第二巻第六号、一九三五年一一月、一八～二一頁。

41 今枝折夫『満洲異聞』月刊満洲社、一九三五年一一月一〇日初版、一九三七年六月五日一一版。

42 加藤郁哉『満洲こよみ』満鉄社員会、一九三九年、「あとがき」一頁。
43 中西利八編『満洲紳士録　第三版』満蒙資料協会、一九四〇年一二月、七〇四頁。
44 「(故)佐藤眞美略歴」佐藤眞美『佐藤眞美遺稿集』満鉄若葉会、一九八五年、頁振りなし。
45 佐藤眞美「慰問班巡訪記〔第一班〕／恐怖の安奉線をゆく」『協和』第八二号、満鉄社員会、一九三二年九月一五日、三四～三九頁。加藤郁哉「遼西の鉄路を護る／〔第二班〕奉天以南社線・奉山線」『協和』第八四号、満鉄社員会、一九三二年一〇月一五日、三八～四七頁。「満洲観光聯盟／代表三十余名出席／創立総会開催さる」(前掲)『満洲日日新聞』一九三七年三月二六日一版夕刊三面。
46 佐藤眞美が一九四一年二月号(第五巻第二号)から一九四二年三月号(第六巻第三号)にかけて『満洲観光聯盟報』の編集人を務めていたことは判明できている。
47 中西利八編(前掲)『満洲紳士録　第四版』、七九三頁、九五五頁。
48 三宅豊子(前掲)「『観光東亜』編集室(再録)」、一九頁。
49 初期の『旅行満洲』の編集には、日本国内の「四大総合雑誌」の一つといわれる『経済往来』(『日本評論』の前身)の編集者であった「野田淺雄」という人物の「息が掛つてゐる」との情報があるが、詳細は不明である。西尾禮「春風を斬る――三月の満洲雑誌評」『満洲評論』第八巻第一四号、満洲評論社、一九三五年四月六日、三一頁。
50 「原稿募集」『旅行満洲』第一巻第一号、一九三四年六月、四二頁。
51 「原稿募集」『旅行満洲』第一巻第三号、一九三四年一一月、四二頁。
52 「原稿募集」、「編輯後記」『旅行満洲』第三巻第八号、一九三六年九月、九七頁。
53 「原稿募集」『旅行満洲』第五巻第二号、一九三八年二月、九四頁。
54 「四月号予告」『旅行満洲』第四巻第三号、一九三七年三月、五〇頁。
55 「編輯後記」『旅行満洲』第四巻第四号、一九三七年四月、一七六頁。

56 「四月号予告」『旅行満洲』第四巻第三号、一九三七年三月、五〇頁。「六月号予告」『旅行満洲』第四巻第五号、一九三七年五月、七八頁。

57 古川哲次郎「一九三七年満洲文壇の回顧　二」『満洲日日新聞』一九三七年一二月二日一版夕刊四面。

58 「三宅豊子　年譜」『作文』第一二三集、作文社、一九八二年一〇月、表紙裏。

59 三宅豊子「覚書あれこれ」『作文』第一二三集、作文社、一九八二年一〇月、三三頁。

60 吉野治夫「満洲文学の現状」『セルパン』第九九号、第一書房、一九三九年四月、五五頁。

61 紙魚「新顔をさぐれ／新聞・雑誌の執筆者」『満洲日日新聞』一九三九年七月一三日一版夕刊四面。

62 筆者が確認したかぎり、『作文』同人は途中退会した人も含め、以下の三八名を数える。大谷健夫、○加納三郎、高木恭造、竹内正一、富田壽、古川賢一郎、宮井一郎、三宅豊子、青木實、○安達義信、池淵鈴江、○落合郁郎、上野凌嵱、小杉茂樹、町原幸二、吉野治夫、秋原勝二、井上鄕、日下熈、中山美之、○日向伸夫、古屋重芳、松原一枝、麻生錬太郎、坂井艶司、島崎恭爾、城小碓、○大木一男、園冬彦、佐々木勝造、○植村敏夫、宮川靖、木崎龍、野川隆、○懸橋淺夫、○檍鋼子、滝口武士、○麻川透。なお、名前の前に○が付いている九名は『旅行満洲』および後続誌に登場した形跡はない。

63 青木實（一九〇九～一九九七）は東京市生まれ、一九三〇年一二月に満洲に渡り、満鉄大連図書館に一〇年近く勤めたあと、一九四〇年四月に奉天鉄道総局附業局愛路課に転勤する。『旅行満洲』および後続誌において青木は主として「文芸時評や小説、随筆を発表していた。全一〇七冊のうち、青木の登場回数は本名だけで計二九回を数える。「青木実略年譜」『作文』一六六集、作文社、一九九七年九月、二四～二五頁。なお、青木の文学活動について、岡田英樹「在満作家青木實――『満人もの』、そして戦後」（立命館大学法学会編『「立命館法学」別冊「ことばとそのひろがり（6）」――島津幸子教授追悼論集』立命館大学法学会、二〇一八年、一九五～二二六頁）で詳しく説明されているが、『旅行満洲』での発表作品については触れていない。

64 青木実「悔新たに」『作文』一二三集、作文社、一九八二年一〇月、二八頁。

65 風土研究会編『満洲の印象』吐風書房、一九四四年。西原和海（前掲）「解説」。

66 『芸文志』と『文選』という二つの文芸誌グループは、文学理論をめぐって激しい論争を繰り広げるなど、お互いに対抗意識があった。なお、『文選』同人と『作文』同人とは交流があった。岡田英樹『文学にみる「満洲国」の位相』研文出版、二〇〇〇年、五二〜五八頁。

67 北林透馬「奉天30時間」『旅行満洲』第五巻第一号、一九三八年一月、四五頁。

68 『社員録　昭和十二年九月一日現在』南満洲鉄道株式会社総裁室人事課、一九三七年一二月一〇日、三六頁。柴田巖、後藤斉編、峰芳隆監修『日本エスペラント運動人名事典』ひつじ書房、二〇一三年、九八頁。

69 「エスペラント語の／〝満洲国案内〟を作る」『満洲日日新聞』一九三七年七月一日一版夕刊三面。柴田巖、後藤斉編、峰芳隆監修（前掲）『日本エスペラント運動人名事典』、九八頁。

70 「編輯のあとに」『旅行満洲』第一巻第一号、一九三四年六月、四三頁。

71 清水好雄編（前掲）『東亜旅行社満洲支部十五年誌』、二六八頁。『社員録　昭和十二年九月一日現在』（前掲）、一九三七年一二月一〇日、三六頁。

72 平野博三「世界的ツーリストポイントとしての承徳」『旅行満洲』第三巻第一〇号、一九三六年一一月、二八頁。

73 石原巌徹「承徳随想」『旅行満洲』第三巻第一〇号、一九三六年一一月、三三頁。

74 「秘境熱河座談会」『観光東亜』第五巻第五号、一九三八年五月、五五〜五六頁。

75 『旅行満洲』だけでなく、一九三七年に公開された満鉄映画製作所の観光映画『内鮮満周遊の旅　満洲篇』においても、登場した一八ヶ所の観光地のうち、最も尺数を費やしたのは承徳であった。拙稿「満鉄の観光映画――『内鮮満周遊の旅満洲篇』（1937年）を中心に」『旅の文化研究所研究報告』第二八号、旅の文化研究所、二〇一八年一二月、五三〜五五頁。

76 清水好雄編（前掲）『東亜旅行社満洲支部十五年誌』、一八一頁、一八六頁、二八九〜二九四頁。

77 『社員録　昭和十二年九月一日現在』（前掲）、一九三七年一二月一〇日、三五頁。中西利八編（前掲）『満洲紳士録　第三版』、五六一頁。
78 山田源次「支那観光概観」『旅行満洲』第四巻第一〇号、一九三七年一〇月、五〇〜五六頁。
79 清水好雄編（前掲）『東亜旅行社満洲支部十五年誌』、二〇頁。
80 中村信夫「拾年後の東亜共栄圏観光構想」『観光東亜』第九巻第一一号、一九四二年一一月、一八〜一九頁。
81 「編輯後記」『旅行雑誌』第一〇巻第七号、一九四三年七月、六八頁。
82 宇佐美喬爾「観光満洲」『旅行満洲』第四巻第四号、一九三七年四月、一四〜一五頁。
83 金丸精哉「移民村の生立ち」『旅行満洲』第四巻第四号、一九三七年四月、五〇〜五三頁。
84 山本登「満洲移民偶感」『旅行満洲』第四巻第四号、一九三七年四月、五六頁。
85 「葉書回答」『旅行満洲』第四巻第四号、一九三七年四月、五八〜六〇頁。
86 「移民地案内に／力を注ぐ／総局で〝視察案内〟作成」『満洲日日新聞』一九三七年七月一四日一版夕刊三面。
87 「〝移民地案内記〟を／満鉄で数万部配布」『満洲日日新聞』一九三七年三月一五日五面。
88 吉良生「移民地視察者に望む（上）」『満洲日日新聞』一九三七年六月三日二版夕刊三面。
89 野崎金二「満洲開拓地視察心得」『新満洲』第三巻第六号、満洲移住協会、一九三九年六月、一四三頁。
90 吉良生（前掲）「移民地視察者に望む（上）」『満洲日日新聞』一九三七年六月三日二版夕刊三面。
91 「移民地視察の心得」『観光東亜』第六巻第一号、一九三九年一月、五六〜五七頁。
92 大島比左尚「満洲開拓地視察案内」『観光東亜』第七巻第九号、一九四〇年九月、一一四〜一一九頁。
93 足立長三「満洲国の特異性と観光宣伝」『満洲観光聯盟報』第四巻第四号、満洲観光聯盟、一九四〇年七月、二一〜三頁。
足立長三は一九四〇年当時、満鉄鉄道総局営業局長でＪＴＢ満洲支部副支部長を務めていた人物である。中西利八編（前掲）『満洲紳士録　第三版』、三三三頁。
94 たとえば、『観光東亜』第五巻第七号、一九三八年七月、一一二頁。

95　清水好雄編（前掲）『東亜旅行社満洲支部十五年誌』、六六頁。
96　清水好雄編（前掲）『東亜旅行社満洲支部十五年誌』、八八～九三頁。
97　柳川草八「緊急旅行」『旅行満洲』第四巻第五号、一九三七年五月、八八～八九頁。
98　「観光東亜（四月号）」『満洲日日新聞』一九四〇年四月一九日一版八面。
99　加納三郎「満洲雑誌論――現地主義の確立のために」満洲文話会編『康徳六年版　満洲文芸年鑑　Ⅲ』満洲文話会、一九三九年、一四〇頁。

『旅行満洲』に見る満洲美術界

田島奈都子

はじめに　旅行雑誌と美術の関係

一九三四年六月に隔月刊誌として創刊された『旅行満洲』は、「主として内地よりの人々に満洲への旅行趣味を与へ「満洲」を印象づけんとするに外ならない。さて又、満洲の人々に向かつては、灯台もと暗からざるやう、寸暇もあらば都邑を、勝地を、温泉を、訪ねて戴き度いといふ意味から」[1]世に出された、満洲観光に特化した純然たる旅行雑誌であった。このため、誌面には満洲国と呼ばれた中国東北部とその周辺の名所旧跡や祭礼、四季の自然に関する記事や写真が、毎号ふんだんに掲載され、それらは読者を満洲に誘い、遊ばせる重要な役割を果たした。

ところが、取り上げられた対象や内容はさまざまではあったものの、現存する『旅行満洲』から改題後の『観光東亜』と『旅行雑誌』を通して見てみると、それまでは何かあったときに取り上げられる美術記事が、結果的に『観光東亜』第六巻第四号（一九三九年四月発行）から「美術」欄として定番化し、『旅行雑誌』第一一巻第八号（一九四四年八月発行）まで続いていたことは、その一年前の『旅行雑誌』第一〇巻第八号（一九四三年八月発行）以降、実質的な分量が半減したとはいえ、内容を含めて注意を要すると思われる。なぜなら、当時の日本国内においては、出版統制によって美術雑誌は統廃合が相次いでおり、継続発行が可能となった一般紙誌においても、美術は恒常的に欄を設けるものではなくなっていたからである。

一方、『旅行満洲』の表紙は、現存する巻号では同誌第三巻第四号（一九三六年五月発行）以降、満洲国とその近隣の風景や風俗に依拠した〝絵画〟によって表されることが多く、それらを描いたのは、基本的に同国とその周辺在住の〝著名画家〟であり、彼らは実際にはかなりの〝力〟を持つ人物であった。しかし、満洲国の場合、美術界全体が日本と比べて低水準と見なされていたことに加え、戦後同地での活動が継続できなかったことから、現地においては〝大家〟として知られていた人物であっても、戦後の日本画壇で居場所を獲得できたのはごく少数に留まり、彼らにしても満洲時代については多くを語らない傾向にある。そのうえ、当時の作品に関しては、公の展覧会における入賞作でさえ、ほとんどが所在不明になっており、満洲国の美術界ついては全体的に不明な点が多い。

こうしたことを踏まえて、以下の本稿においては、『旅行満洲』とその継続後誌における美術、具体的には美術欄を中心とする言説と、各画家が手がけた表紙絵等を概観することによって、当時の満洲国の美術界の実態について考察を加えていくことにする。

一 「美術」欄の創設

(一) 執筆者の変遷とその特徴

『旅行満洲』における美術欄は、同誌が『観光東亜』へと改題し、さらに丸一年経った『観光東亜』第六巻第四号(一九三九年四月発行)から登場した。同欄の新設経緯については、同号とその前後を見ても詳しい情報がなく、詳細は不明である。ただし、叢丘水到による「音楽/舞踏」欄と木谷辰巳による「スポーツ」欄が、『観光東亜』第五巻第八号(一九三八年八月発行)から、また「文芸」欄が同誌第七巻第六号(一九四〇年六月発行)から始まったことを考慮すると、美術欄が改題後の誌面拡充策の一つとして実施されたことは確かである。

では、同欄を担った執筆者が誰だったであるが、初代の陽志郎とは奉天在住の洋画家・河南拓の筆名であり、河南は『観光東亜』第六巻第四号(一九三九年四月発行)~第七巻第四号(一九四〇年四月発行)までの一三号分を担当した。

河南の病没を受けて後を継いだ佐川治夫については、略歴・活動共に筆者は情報を持ち合わせていない。しかし、佐川は自らを「筆者等も氏の云ふ御用画家たるの端くれである」(2)と語っていることから、満洲国内で画家として活動していた人物と思われ、この氏名は陽がそうであったように、某画家の筆名かもしれない。佐川は第七巻第五号（一九四〇年五月発行）～第八号（一九四〇年八月発行）までの四号分を担当した。

続く第七巻第九号（一九四〇年九月発行）～第一二号（一九四〇年一二月発行）までの四号分は、当時ハルビンで活動していた洋画家・佐藤功が引き継いだ。佐藤は奉天で活動していた時期があり、初代の陽とは旧知であったと考えられる。ちなみに、この両人と佐藤の後任として第八巻第一号（一九四一年一月発行）～第一〇巻第一号（一九四三年一月発行）までを担当した、新京画壇の浅枝次朗（＝青甸）と池辺青季（＝貞喜）は、共に『旅行満洲』時代から同誌に作品を提供していた。

浅枝・池辺時代は時局との兼ね合いからか、美術欄は存在しない月が発生し始め、また、この期間に関しては、浅枝の仕事について言及する部分が存在した『観光東亜』第八巻第二号（一九四一年二月発行）については、林黄太が担当するといった、変則的な事態が時折発生した。そのうえ、浅枝がその任を第一〇巻第一号（一九四三年一月発行）をもって降りると、それから半年間、同欄は一端途絶えてしまった。

浅枝の退任や同欄の消滅については、当時の『観光東亜』誌上に特段の言及は見られず、従ってその詳細については不明である。しかし、浅枝・池辺時代の同誌の美術欄は、良くも悪しくも執筆者の個性が強く、彼らに代わる人材を見つけることは難しく、全く別の方向に転換する場合にも、ある程度の空白期間を必要としたことは容易に察せられる。また、当時の時代状況を考慮するならば、美術欄が休廃止されてもやむを得ず、読者にはそのように理解されたと思われる。

ところが、『観光東亜』が『旅行雑誌』第一〇巻第七号（一九四三年七月発行）に再度改題するに際して、美術欄は見事に復活し、その担当者には河津鳴節が就いた。残念ながら、河津についても略歴・活動等に関する情報を、筆者は持ち合わせていない。ただし、『旅行雑誌』とその継続前誌を見る限り、彼は誌上に〝絵画〟を残しておらず、画家ではなかった可能性が高い。けれども、河津は当時の満洲国における文化政策と美術については、それなりに言及していることから、それらの実態について知り得る立場にいた人物であったと推察される。こうして、河津は同誌第一一巻第八号（一九四四年八月発行）までの、おそらく一四号分の美術欄を担当した。(3)

（二）記事内容の変化

美術欄は多いときで一ページ、文字数にして二三〇〇字程度しかなく、写真もなかった。このため、担当者が代わろうと、特定のテーマについて深く掘り下げるものにはなり得ず、この欄の内容は、どうしても発行月より前に満洲国内とその周辺で開催された展覧会報告と、後に予定されている展覧会の進捗状況を含めた予告が主となりがちであった。もっとも、満洲国においては美術に関する専門誌が刊行されず、展覧会の開催実態さえ不明な点が多いことから、情報はどのようなものでも貴重である。

このように、紙幅の関係からも美術欄は、読み応えのある〝記事〟の域には、少なくとも佐藤が担当した『観光東亜』第七巻第一二号（一九四〇年一二月発行）までは到達しなかった。ところが、『観光東亜』第八巻第一号（一九四一年一月発行）から、浅枝と池辺が同欄を担当し始めると、展評は必然的に一定の割合を占めていたものの、執筆者の個性が鮮明に出てくるように変化した。特に、浅枝の論調と言説は、他媒体で彼が著したものと同様に、時局に即した政治色の強いものであったことから、現在の視点や価値観に照らし合わせて読むと、相当に違和感を覚える。しかし、当時の浅枝が新京画壇の中心人物であっただけではなく、満洲国内の文化行政の中枢に深く食い込んでいたことを考えると、彼の意見こそが当時の満洲国の美術分野に対する公式見解であり、同欄の担当者としての浅枝の抜擢は、文字通りそれを広く〝宣伝〟するためのものであった可能性が非常に高い。

（三）満洲国美術展覧会の開催と審査体制から見える同国の美術界

『観光東亜』第六巻第四号（一九三九年四月発行）から登場した美術欄を総覧すると、執筆者が誰になろうと、常に話題とされたり、繰り返し言及されることによって、結果的にその実態が垣間見えるものがいくつか存在した。その筆頭は、何といっても一九三八年五月に満洲国の国都・新京（現、長春）において第一回目が開催され、以降は一九四五年の第八回まで続けられた、満洲国美術展覧会（以下、満洲国展）[4]に関することであり、ここからは多くが画家であった同誌の美術欄筆執者の、この件に対する関心の高さが窺われる。

第一部（東洋画）、第二部（西洋画）、第三部（彫刻・美術工芸）、第四部（書法）の四部門を対象とする満洲国展は、同時代の日本における文部省美術展覧会（通称、新文展）に相当する、実質的に国家がその威信をかけて主催した美術展であり、それゆえ両展は比較されることが多い。また、近年は植民地であった朝鮮において一九二二～四四年まで毎年、全二三回開催された朝鮮美術展覧会（通称、鮮展）や、同じく台湾において一九二七～四三年までほぼ毎年、全一六回開催された台湾美術展覧会（通称、台展）を加えて、戦前・戦中期に開催された〝官展〟として語られることも多く、これらに対する調査研究は年々盛んになりつつある[5]。

さて、『観光東亜』誌上に美術欄が新設されたとき、既に記念すべき満洲国展の第一回目は終了していた。このため、陽志郎によって著された同誌における最初の美術欄には、来たる一九三九年八月に開催される、第二回展の出品要項がまとまったことが紹介された。ただし同時に、ここでは第一回展に関する、芳しくない実態が断片的に紹介されており[6]、そのためか、前年の『観光東亜』には同展に関する言及が全く見られず、この扱いは、実質的に満洲国展の初回と見なされることの多い、一九三七年五月に新京で開催された訪日宣詔紀念美術展覧会（以下、訪日宣詔展）が、雑報的な「旅行報知」内での短い紹介ではあったものの、『旅行満洲』第四巻第五号（一九三七年五月発行）に取り上げられたのとは、雲泥の差を呈している。

一九三七年の訪日宣詔展と、その翌年から一九四五年まで毎年開催された全八回の満洲国展に関しては、崔在爀氏による「満洲国美術展覧会研究」（『近代画説：明治美術学会誌』一六号、明治美術学会、二〇〇七年、六二―八〇頁）や、徳島県立近代美術館の江川佳秀氏による「満洲国展覧会をめぐって」（『昭和初期展覧会の研究　戦前篇』東京文化財研究所、美術公論美術出版、二〇〇九年、一八三―二一六頁）と、「満洲国美術展覧会を巡る二つの事情」（『官展にみる近代美術：東京・ソウル・台北・長春』（展覧会図録）福岡アジア美術館他、美術館連絡協議会、二〇一四年、一六二―一六五頁）が既往研究として存在することから、ここでは個別の展覧会については言及しない。ただし、これらの展覧会を一言で述べるならば、当初から問題を抱えた中で企画・実施され、本来的にはこの開催を最も喜び、その恩恵に預かるべき満洲国在住の画家たちが、最後まで何らかの不平や不満を感じる、満洲国最大・最重要な美術展、ということになるであろう。

では、彼らが何を問題視していたかであるが、彼らが異口同音に指摘したのは、満洲国展の開催に際して、日本から〝相談役〟や〝審査員〟として招聘される〝満洲を知らない内地の美術家〟たちが、同展の審査に直接・間接的に関わることと、彼らによる審査の前段階を担う、地元選出の〝美術委員〟のあり方についての二点であった。

まず、一点目の内地の美術家が満洲国展の審査に携わる件について、陽は『観光東亜』第六巻第五号（一九三九年五月発行）の中で「少くとも一独立国であるので、他国より審査員を委嘱すると云ふことは何んなものかと思はれる[7]」と述べ、佐藤功も同誌第七巻第九号（一九四〇年九月発行）において「内地から招聘する相談役は成程現今の日本画壇に於ける大先達又は中堅層であるかも知れない。然し乍ら之等の人達がどれ程満洲と云ふものに対する認識と理解を有せるか先づ第一に考へねばならないと思ふ。[8]」と苦言を呈している。そして、同誌第八巻第二号（一九四一年二月発行）に至っては、林黄太がはっきりと「（満洲）国展の日本依存を改める。（中略）今日は丁度その時期に来てゐるやうに思はるる。[9]」と、委嘱制度の変更を要求している。

「国家や民族の文化の水準を表示するためには大抵の場合美術が真先になる。[10]」現実があるならば、国家が主催する展覧会における入賞・入選作は、一定の水準を超えていなければならない。しかし、日本と比べて満洲国内の美術の水準は全般的に低く、そのことが満洲国政府に同国内の美術家だけでの官展審査を躊躇させた、最大の要因であったことは確かである。けれども、同国政府が画家たちの要望を聞き入れずに、頑なに日本からの美術家招聘を続けた理由はこれだけではなく、実際にはいろいろと複雑な要素が絡まっていた。

例えば、満洲国展の審査結果は、一九三二年の満洲国建国のスローガンである〝五族協和〟を体現化すべく、審査結果が常に〝調整〟されていた。具体的には、日本人以外の出品者に対して〝下駄〟が履かされ、日本人と〝満系〟と呼ばれた中国系作家の入選者数の均衡が図られていたのである。(11)

ところが、満洲国在住の日本人画家たちは、少なくとも『観光東亜』とその継続後誌上において、このことについて声高に不満を表明してはいない。おそらく、彼らにとって気にすべきは〝日本人画家〟であり、それ以外の画家は眼中になかったのである。では、彼らが何を気にしていたかであるが、ここで持ち出されるのが、二点目の美術委員のあり方とも重なる、彼らの活動地域に起因する諸問題であった。

満洲国は広大であり、建国間もないこの時期に政府が全国の地域情報、ましてや個々の美術家の動向や技量を把握することは不可能であった。このため、実質的な満洲国展の第一回目と目されることの多い、一九三七年の訪日宣詔展の開催に際しては、展覧会に先立って各地に作られた〝美術委員会〟から〝地方美術代表〟が互選され、彼らが日本から招かれた美術家が〝審査〟に入る前に、全出品作の〝監査〟を行った。(12)そしてこの役職と審査方法は、一九四一年の第四回展までは、美術委員等の名称で、実質的にほぼ毎回踏襲された。

各地域画壇の事情や画家に精通した、画家としても実力ある人物に事前審査させるこの方法は、一見すると非常に公平であり、理に適っているように思われる。しかし、美術委員に関しては、その選出方法や各地に割り振られた定員に対して、そもそも疑念が持たれていた。なぜなら、免税措置のある自由貿易港として開けたことによって、国際都市として発展し、日本人も早くから多く居住したことで、結果的に文化活動も盛んであった大連と、清朝時代に盛京として栄えた歴史を持つ奉天と、一九三二年の満洲国建国に際して国都には制定されたものの、それまでは一地方都市に過ぎなかった新興の新京とでは、文化的背景やその結果としての蓄積層が大きく異なっており、各地が包含する画家の数や技量、評価される画風にも明らかな違いがあったからである。特に、各作家の自由と個性を重んじ、シュルレアリスム等の国際的な美術の潮流に敏感であった大連画壇に対し、新京画壇は〝満洲国らしさ〟の表出に努め、その具体的な方法として、国情を体現化したような作品を発表していた点で、最も大きく価値観を異にしており、彼らはことあるごとに対立した。(13)

結果的に、満洲国展の審査結果にも影を落とした、満洲国内の画壇（＝地方）対立は、池辺青季が『観光東亜』第八巻第三号（一九四一年三月発行）に表明した「新京だけの美術家の意見が、満洲の大半の画家の意見のやうに思ふことは間違ひだ。政治の方でも地方行政と云ふ事を相当力説してゐるのだから、文化行政も地方に対して大いに良くして貰ひたい。その為には新京の画家だけに意見を聴かないで、地方の画家の立場も良く聴いて貰ふ必要がある。(14)」の言葉もむなしく、政治的な要因から新京に軍配が上がり、その他の同国内の文化活動も、国都とそこに集う人を中心に再編されることになった。そしてこの様子は、『観光東亜』とその継続後誌における、各美術欄執筆者が拠点とした活動地の変遷とも見事に重なっている。事実、美術欄の初代担当者となった陽とは、奉天在住の洋画家・河南拓であり、三代目の佐藤は元奉天、当時はハルビンで活動していた洋画家であったが、同誌において最も長期間この欄を担当した浅枝次朗と池辺は、新京画壇の中心人物であり、一九四一年八月に新京において満洲美術家協会が誕生すると、(15)彼らはその最高位の委員長に就任している。(16)

こうして、新京画壇は名実ともに満洲国の美術界で絶対的な存在となった。しかし、満洲国政府は満洲国展の審査に際して、彼らや彼らを中核とした満洲美術家協会に対して、審査の全権を与えることはせず、高名な日本の美術家を毎回招聘し続けた。要するに、満洲国が大日本帝国の傀儡国家であったのと同様に、所詮それらは、文化面でも統制を目指す同国政府にとって、美術分野を担う〝手先〟もしくは〝手駒〟でしかなかったのである。

一方、満洲国展の開催に際して、日本から招聘する美術家に対して、同国政府がどのように思っていたかであるが、彼らとしては公正中立な審査を行うことよりも、同展への〝箔付け〟となることを希望していたと思われ、あわよくば、満洲国内における画壇対立を押さえ込むための〝重石〟、もしくはそれらが一致団結する上で必要となる〝仮想の共通の敵〟となることも期待していた。

ちなみに、浅枝と池辺を筆頭とする新京画壇に属する画家たちは、官展に満洲国政府の意に沿った作品を発表し、ペンの立つこの二人は『観光東亜』とその継続後誌を含む各紙誌においては、同国政府が推し進める文化政策の代弁者となることで、大いにその役割を果たした。

二 『旅行満洲』と満洲国の美術家たち

(一) 表紙の変化

雑誌にとっての表紙とは、内容を体現化する存在であらねばならず、かつ書店においては来店客を購買へと導く最も大切な部分となる。従って、新たに雑誌を発行するに当たっては、全体の編集方針もさることながら、表紙をどのようにするかも重要な検討事項となる。

さて、今日『旅行満洲』を紹介する際の書影には、たいてい満洲国とその周辺の風景や事物を題材とした、画家の描いた〝絵画〟を用いた号の表紙が選ばれている。しかし、一九三四年六月に創刊された同誌の《表紙》は、同じような題材を撮影した〝写真〟によって表現されており、現在確認できる巻号の中での絵画の使用は、折田勉による《表紙 迷鎮山娘々祭》が採用された、『旅行満洲』第三巻第四号(一九三六年五月発行)が初出となる。

戦前期の日本において発行されていた雑誌を概観してみると、表紙には画家や図案家によって描かれた絵画を、カラー印刷して用いることが一般的であり、『旅行満洲』の初期表紙のように、写真を全面的に使用する例は少なかった。その理由は、当時の写真が基本的にモノクロであり、色彩豊かな絵画による表紙と比べた場合、前者が書店においてはどうしても見劣りしたためである。しかし、同時代の欧米に目を向けてみると、すでに写真はさまざまな雑誌の表紙を飾り始め、観光関係の書籍やパンフレットにおける写真の掲載数は年々増加し、その重要性は高まっていった。

こうした事情を踏まえ、観光事業者であるジャパン・ツーリスト・ビューロー（以下、ＪＴＢ）が出した結論が、新たに編集発行する雑誌の表紙については、写真によって表わすことであり、実際の『旅行満洲』の表紙を見てみると、一九三四年六月の創刊号から、現存している巻号としては同誌第二巻第六号（一九三五年一一月発行）までの表紙には、写真が用いられた。

けれども、モノクロ写真の表紙は、どうしてもフルカラーの絵画を用いた表紙よりも地味であり、「大陸にあこがれる人々の期待に反して満洲風物の印象は餘りにも殺風景な様に思はれます。広漠無辺、悪くいへば散漫な大陸の視覚風貌です。これは肉眼以上に、カメラの眼にとつても痛手です。[17]」は、同誌の巻頭を飾る「特輯グラフ」という名の、写真ページに対する意見ではあったが、これは写真を用いた表紙にも一部当てはまってしまった。

残念ながら、現時点においては一九三五年一二月〜一九三六年四月までの約半年間に発行された同誌が見つかっておらず、表紙が写真から絵画へ切り替わった正確な時期や経緯については不明である。しかし、大陸の広大な風景を被写体としたモノクロの写真が、広漠無辺さをより強調しがちであることも確かで、それでは観光客を誘致する役割を果たすことはできない。そしてそうであるならば、当初の方針とは異なるものの、従来から他誌で採用されている絵画を、フルカラーで表紙に用いた方が無難である、という判断がなされたとしても不思議ではない。

こうして『旅行満洲』の表紙は、おそらく同誌第三巻第二号（一九三六年三月発行か？）の月刊化に合わせて、満洲国在住の画家による作品をフルカラーで印刷したものに替わり、以降はこれが踏襲されて終号を迎えることになった。そして、同誌は彼らにとっては数少ない作品発表の場となり、現代のわれわれにとっては、誰がいつ、どのような作品を描いていたかを教えてくれる、貴重な資料となっている。

（二）作品発表の場としての『旅行満洲』の実態と画家たちの特徴

先にも触れたように、現存する『旅行満洲』の表紙には、同誌第三巻第四号（一九三六年五月発行）から、満洲国とその周辺で活動していた画家の作品が用いられるようになった。ただし、改めて同誌を見てみると、一九三四年六月の創刊号から一九四四年の九月の終刊まで、彼らは同誌の扉や目次、カット、挿絵等に彩管を揮っており、ここからは同誌が当初から、地元画家を積極的に起用することによって、〝満洲国らしさ〟を打ち出そうとした様子が窺われる。また、こうした実績があったからこそ、表紙の写真から絵画への転換も順調に進んだといえる。

ところで、『旅行満洲』とその継続後誌に起用された画家たちを概観してみると、いくつか特徴的なことがあることに気づくが、その第一に挙げられるのは、彼らが皆日本人の男性であったことである。このことは、一九三七年の訪日宣詔展とその翌年から始まる満洲国展においては、女性がしばしば上位入賞を果たしていること、および同時代の日本においては、女性画家の作品が雑誌の表紙や巻頭口絵を飾っていたことを考慮すると、非常に奇異に感じられる。ただし、前述したように、上記の展覧会の審査結果は常に調整されており、彼女たちが『旅行満洲』の要望に応えられるだけの、真の実力を有していたかは疑問なところもある。

なお、『観光東亜』第五巻第一二号（一九三八年一二月発行）の《表紙　城門》を手がけた劉栄楓は、明らかに中国名であるが、劉の父親は帰化して日本国籍を取得していたことから、劉本人も日本人となる。

第二に挙げられるのは、前章で取り上げた美術欄の執筆者のうち、画家であることが判明している人物が、佐川治夫を除いて皆、いずれも『旅行満洲』時代から、同誌に表紙や扉や挿絵を提供していたことである。

例えば、初代の美術欄担当者となった陽志郎こと河南拓は、『旅行満洲』第五巻第二号（一九三八年二月発行）の《表紙　元宵節の面》を、三代目の佐藤功は『旅行満洲』第四巻第六号（一九三七年六月発行）の《表紙》を担当しており、最も多くの原稿を寄せた浅枝次朗と池辺青季を見てみると、前者は『観光東亜』第七巻第八号（一九四〇年八月発行）に《表紙　戎克》を、後者は『旅行満洲』第四巻第一号（一九三七年一月発行）に《表紙　万寿山》を提供している。ちなみに、この中では池辺が最も多い三〇点を超える作品を、扉や挿絵として同誌のために描き下ろしており、文章と合わせてなかなかの活躍ぶりを見せている。

第三に挙げられるのは、全般的に満鉄関係者が多かったことである。事実、記念すべき『旅行満洲』第一巻第一号（一九三四年六月発行）に、「東部線散景（一）」と「東部線散景（二）」を寄せた伊藤順三は、同社の嘱託社員として前任の洋画家・真山孝治を引き継ぐかたちで、一九二〇年代初め～三七年までの間、主として同社のポスターやカレンダーを一手に引き受けていた人物であった。また、同号に「平康里の朝」を寄稿した甲斐巳八郎は、満鉄社員会報道部員として、機関紙『協和』の編集発行に長年携わった人物として知られており、甲斐が同誌で担当した全一八七回にわたる「満洲郷土画譜」の連載は、民俗調査報告といっても過言ではない、充実した内容を誇っている。

一九一三年に東京美術学校日本画科を卒業した伊藤と、一九二七年に京都市立絵画専門学校本科を卒業した甲斐は、満洲美術界においては、正統な美術教育を受けた数少ないエリートであり、官展については出品者や運営側として深く関わり、それ以外の場面でも中心的役割を担うことが多かった。けれども、この二人は同じ大連を本拠地とし、満洲を題材とした作品を発表し続けたものの、前者は国際性、後者は郷土色を追求したことから、その作風は大きく異なっている。

一方、『旅行満洲』第二巻第一号（一九三五年一月発行）の《表紙》の意匠を皮切りに、同誌に最多の五〇を超える作品を提供した樋口成敏は、満鉄総局旅客部に勤務する「印刷絵画に筆を染めて居る人」[18]であり、伊藤が病没する数年前からは、彼が担っていた業務を実質的に引き継いでいたようである。樋口の『旅行満洲』における活躍の特徴は、提供した作品数が誰よりも多かった点にあるが、ただ単に多いだけではなく、表紙、扉、目次、カット、挿絵といった具合に、担当する箇所が多岐にわたっており、かつ必要とされた場面に応じて、画風を変幻自在に変化させてもいる点も見逃せない。もっとも、だからこそ樋口は同じ巻号内で、いくつもの仕事をこなせたのであり、『旅行満洲』が『観光東亜』に改題し、再度『旅行雑誌』に改題する過程で編集方針が変わろうとも、重用され続けたともいえる。ちなみに、同誌における彼の最後の仕事は『旅行雑誌』第一一巻第三号（一九四四年三月発行）に掲載された加藤秀造の連載小説「遼陽　第二章」の《挿絵》であった。

このように、『旅行満洲』とその継続後誌の絵画に関しては、満鉄の現役社員が最初期から末期まで、かなりの部分を担っていたが、この背景には、同社が広告活動を強化する目的で、絵画制作に長けた優秀な人材を、社内に早くから豊富に抱えていたことに加え、同社と『旅行満洲』の編集発行元であるJTBが、満洲国とその周辺の観光開発を推進したい点で、利害が完全に一致していたことが、大きく関係している。

一九三二年の満洲事変を契機として、日本の一般市民の間においても満洲国に対する関心は急速に高まり、以降は翌年の建国や日本政府の移民政策の具体化が相まって、渡満者は年々増加し、航路も拡充の一途をたどった。こうした経緯の中、満洲国内で営業するJTB大連支部が、自ら満洲観光に特化した『旅行満洲』を一九三四年に創刊するという話は、満鉄にとっても喜ばしいものであり、水面下では全面的な支援や協力が、事前に約束されていたものと思われる。なぜなら、それを裏付けるように、同誌には満鉄の広告が最も目立つ裏表紙を始め、随所に存在しており、これらの広告掲載料は、同誌の継続発行を大いに支えたはずだからである。ただし、期待の創刊誌を魅力的なものとして読者に認知させるためには、広報活動の関する知識や経験、そして何よりもセンスが必要であり、それらに実績を有する満鉄が採った方法が、絵画を得意とする社員やその作品を、『旅行満洲』に提供することであったと思われる。そしてだからこそ、甲斐や伊藤、樋口といった満鉄の現役社員は長期間、同誌へ繰り返し関われたのであり、そのように考えると、彼らの参画は〝職務命令〟であった可能性が捨て切れない。

いずれにしても、『旅行満洲』が満鉄および同社社員の協力によって盛り立てられていた実態は、同社と観光事業者であるJTBの二者が、文字通り満洲観光を牽引する車の両輪として、同地で機能していたことを示すだけに興味深い。

第四に挙げられるのは、『旅行満洲』とその継続後誌に作品を提供していた画家たちのほとんどが、一九三七年の訪日宣詔展とその翌年から一九四五年まで、全八回を数えた満洲国展における入賞者、もしくは運営を担う、満洲美術界の精鋭たちであったことである。

例えば、本稿でこれまでに名前の挙がった画家たちが、上記の展覧会においてどのような立場にあったかを見てみると、河南、佐藤、浅枝、池辺、劉、伊藤、甲斐、樋口は、いずれもが訪日宣詔展の出品者であり、河南、浅枝、劉、伊藤は、同展において地方美術代表を、池辺は幹事を務めた。ちなみに、佐藤は同展で佳作を受賞しているが、同じく佳作には『観光東亜』第七巻第一二号（一九四〇年一二月発行）に《表紙　万寿山》を描いた、大連において満洲洋画研究所を主宰していた洋画家・二瓶等観や、『観光東亜』第六巻第七号（一九三九年七月発行）に《表紙　承徳・瑠璃塔》を提供した、同じく大連の洋画家であり、当時は現地の女学校に美術教師として勤務し、戦後は示現会創立に参加し、日本芸術院会員となった檣原健三、『旅行満洲』第四巻第六号（一九三七年六月発行）の《表紙》を担当した、満鉄社会課の嘱託社員時代は、沿線在住の同社社員のために絵画の巡回指導をしていた経験を持つ、新京の洋画家・三井良太郎といった、個性的な人物が居並び、最高賞である特選を獲得した新京の洋画家・今井一郎は、『旅行満洲』第二巻第四号（一九三五年七月発行）で《漫画コメデー　夏のプリズム（ユーモリストクラブ）》を担当して以降、同誌においては漫画家として活躍し、同じく特選の栄誉を得た大連の洋画家・福田義之助は、『観光東亜』第六巻第一二号（一九三九年一二月発行）に《表紙　吉林城内》を提供している。

一九三八年の第一回満洲国展においては、前述した画家の出品はあったものの、池辺が特選を獲得し、二瓶が佳作となった以外では、『旅行満洲』関係者は目立った活躍を見せていない。ところが、翌年の第二回満洲国展においては、前回展で実施が見送られた委員制度が復活したことから、浅枝、劉、甲斐、二瓶、池辺が改めて委員となり、前述した以外の同誌関係者を探してみると、『観光東亜』第五巻第六号（一九三八年六月発行）に《表紙　鉄嶺竜首山》を提供した奉天の洋画家・横山繁行、『旅行雑誌』第一〇巻第七号（一九四三年七月発行）の《表紙　千山》を担当した奉天の洋画家・鈴木道太、『旅行満洲』第五巻第三号（一九三八年三月発行）の《表紙》を描いた、洋画家・平島信が委員となり、無鑑査の扱いになっている。ちなみに、一九二四年に来満した平島は、同年に大連洋画研究所を開設し、終戦まで同地で後進の指導にも尽力した人物である。

続く一九三九年の第三回満洲国展においては、委員制度が継続されたことから、既出の画家では浅枝、劉、今井、楢原、福田が美術委員となり、『旅行満洲』関係者としては他に『旅行満洲』第四巻第六号（一九三七年六月発行）の《扉》を担当した新京の日本画家・馬場射地、『観光東亜』第七巻第四号（一九四〇年四月発行）の《表紙　撫順城》を描いた撫順の洋画家・三好正直、同誌第七巻第三号に《表紙　奉天北陵》を提供した安東の洋画家・宇野千里が美術委員になっている。なお、同展で浅枝と共に特選を獲得した新京の日本画家・赤羽末吉は、戦後は童画家として名を馳せた人物であり、彼が『観光東亜』第七巻第二号（一九四〇年二月発行）に寄せた、双魚をかたどった凧を手にした子供を主題とした《表紙》は、後の彼の活躍を予見させるものがある。

満洲国において開催された官展に関しては、一九三七年の訪日宣詔展とその翌年から始まった満洲国展のうち、第一～三回展までは『図録』が編まれたことから概要がわかるものの、以降はそれがないために不明な点が多い。このため、本稿においても『旅行満洲』に作品を提供していた画家と官展との照合は、第三回展までに留めることにするが、これまで見てきただけでも、同誌には満洲美術界の錚々たる顔ぶれが参加していたことがわかり、同地の美術史研究において、同誌が必見・必読の書であることは明らかである。

さて、最後の第五に挙げられるのは、『旅行満洲』に作品を提供していた画家の中には、満洲国の商業美術を担っていた人物が含まれていたことである。戦前期の日本の美術界においては、展覧会出品作品とそれ以外、つまり画家の創造性の発露としての作品と、何らかの目的を背負わされた作品は明確に区別され、前者を尊び後者を卑下する風潮が歴然と存在した。このため、後者の一種と見なされた雑誌の表紙や巻頭口絵、挿絵やポスターに関しては、一切手を染めない画家もおり、何らかの事情で関わらなければならない場合は、変名を用いることや匿名を条件とすることも少なくなかった。

ところが、『旅行満洲』関係者を見ていくと、伊藤や樋口のように、それを仕事としている人物のみならず、甲斐は《廟会》、二瓶は一九三七年の《大連汽船株式会社》、洋画家・野田信は一九四一年の《南満洲鉄道株式会社（あじあ号）》を手がけており、甲斐と今井は『満洲日日新聞』の、浅枝は『満洲新聞』の挿絵を担当していた。[19]

この背景には、文化政策の見直しによって、一九四二年の第五回満洲国展から部門が再編され、第三部の美術工芸に宣伝用ポスター、意匠図案、土産玩具の類が含まれるようになったこと、[20]および時局との兼ね合いから、各方面で職域奉公が議論され、満洲国内においても画家が宣伝や報道に携わり、その一翼を担うことを当然視する風潮が主流となったことが、大きく関係している。しかしそれと同時に、美術界自体がそれほど成熟しておらず、美術や美術家が社会に対して存在感を示せなかった満洲国においては、日本国内で見られた純粋美術と応用美術の分離や、前者を上として後者を下とする美術思想が、良くも悪しくも同じ水準で浸透していなかった面も否めない。要するに、満洲国の場合、画家が雑誌表紙やポスター等の〝賃仕事〟に進出することに対する抵抗感や拒否感は、少なくとも内地よりは稀薄であり、誰もが参入しやすかったのである。そしてその結果、同地においては画家と目されていた人々が、『旅行満洲』にも積極的に関わり、新聞挿絵を担い、ポスター用原画も描いたのである。

ちなみに、一九四三年の第六回満洲国展の工芸部の審査を担当した中西徹は、「印刷絵画に筆を染めて居る人[21]」の一人として名の挙がった、協和オフセット印刷株式会社に勤務する図案家であり、一九四〇年代の《満洲航空株式会社》のポスターを一手に引き受けていた。作品の特徴は、依頼主が航空会社という最先端を行く企業であったこともあるが、それまで満洲のヴィジュアル・イメージを担っていた伊藤順三よりも遙かに斬新かつ印象深く、大陸の雄大さや今後の成長を感じさせるものであった。

おわりに　『旅行満洲』とは果たして何か――美術資料としての一側面とその実態

これまで見てきたように、『旅行満洲』とその継続後誌においては、満洲国とその周辺で画家として活動していた人物が、ペンと絵筆の両方で大いに活躍しており、結果的に同誌は今日、一九三〇年代半ば以降の満洲国の美術界の様子を教えてくれる、美術史研究においても有効な資料となっている。事実、同誌に関わった画家を並べると、それはさながら当時の満洲美術界の『画家名鑑』のようになり、表紙を筆頭に作品を集めれば、立派な『満洲国美術大全集』となる。

もっとも、冒頭でも紹介したように、一九三四年六月に隔月刊誌として創刊された『旅行満洲』は、満洲観光に特化した〝旅行雑誌〟として編集発行されたものであり、この基本方針は確認できる最終号となる『旅行雑誌』第一一巻第九号（一九四四年九月発行）まで堅持された。ただしその一方、同誌の内容が年を経るに従って多様化し、比較的早い段階から、旅行雑誌の枠を超えた〝旅行を核とした満洲国における総合文化情報誌〟に実質的に変化していたことは見逃せず、同誌を分析するうえでは、そのような視点で捉えることも必要と思われる。

今回の復刻は、満洲国や戦前期の観光学について関心を持つ人々にとっては朗報であり、同誌を用いた研究の進展によって、当時の実態はより明らかになるであろう。加えて、実際に同誌を資料として有効活用できる、もしくはすべき分野は多岐にわたり、少なくとも前述した理由によって、美術欄と同様に、誌上に専用欄が設けられた映画、音楽・舞踏、スポーツ、文芸の研究者にとっても、同誌は興味深い存在になるはずである。

なお、日本と満洲国が世界的に孤立を深めて行った時代に、このような旅行に関する専門誌が、一九四四年九月まで満洲国内で編集発行され続けた理由については改めて考えるべき事項であり、それが何かと問われれば、同誌が政治的役割や機能を担っていたこと、具体的には〝旅行〟や〝観光〟が、当時の両国にとっては、残された数少ない他国とつながれる〝機会〟や〝窓口〟であったため、ということになるであろう。そしてそれゆえに、『旅行雑誌』の終刊は、一誌の終焉であると同時に、世界との断交を意味する象徴的な出来事となり、その後の歴史の流れを考えると、日本の満洲からの撤退の序章だったようにも感じられる。いずれにしても、『旅行満洲』とその継続後誌は、旅行雑誌としてはあまりある存在であり、今回の復刻を機に各分野における活用が進むことを祈念している。

（注）

1 「編輯のあとに」『旅行満洲』第一巻第一号、一九三四年六月、ジヤパン・ツーリスト・ビユーロー大連支部、四三頁

2 佐川治夫「美術」『観光東亜』第七巻第八号、ジヤパン・ツーリスト・ビユーロー満洲支部、一九四〇年八月、三一頁

3 現在、一九四四年六月に発行されたと思われる『旅行雑誌』第一一巻第六号は、所蔵が確認できていない。このため、河津が担当したことの明らかな「美術」欄は、正確には一三号分となる。

4 満洲国展の当時の通称は国展であったが、日本の美術史研究における国展とは、戦前から続く美術団体である国画会が主催する展覧会を指すことが一般的である。このため、それとの混同を避けるため、本稿においては満洲国美術展覧会を略す場合は、満洲国展と表記することにする。

5 この分野の成果としては『官展にみる近代美術：東京・ソウル・台北・長春』（展覧会図録福岡アジア美術館他、美術館連絡協議会、二〇一四年）が挙げられる。

6 陽志郎「美術」『観光東亜』第六巻第四号、ジヤパン・ツーリスト・ビユーロー大連支部、一九三九年四月、六九頁

7 陽志郎「美術」『観光東亜』第六巻第五号、ジヤパン・ツーリスト・ビユーロー大連支部、一九三九年五月、七五頁

8 佐藤功「美術」『観光東亜』第七巻第九号、ジヤパン・ツーリスト・ビユーロー満洲支部、一九四〇年九月、一一三頁

9 林黄太「美術」『観光東亜』第八巻第二号、ジヤパン・ツーリスト・ビユーロー満洲支部、一九四一年二月、九二頁

10 浅枝次朗「美術」『観光東亜』第八巻第一号、ジヤパン・ツーリスト・ビユーロー満洲支部、一九四一年一月、九七頁

11 野田九浦「満洲国美術展」『美之国』第一五巻第一〇号、美之国社、一九三九年一〇月、五一頁

12 江川佳秀「満洲国展覧会をめぐって」『昭和初期展覧会の研究　戦前篇』東京文化財研究所、美術公論美術出版、二〇〇九年、一八六頁

13 前掲、江川佳秀、一八九頁

14 池辺青季「美術」『観光東亜』第八巻第三号、ジヤパン・ツーリスト・ビユーロー満洲支部、一九四一年三月、六九頁

15　江川佳秀「芸文指導要綱と旧満州国における美術の統制」『鹿島美術研究年報』第二八号別冊、鹿島美術財団、二〇一一年、四三二―四三二頁
16　前掲、江川佳秀「芸文指導要綱と旧満州国における美術の統制」四三六―四三七頁
17　J・Y「編輯後記」『旅行満洲』第三巻第九号、ジヤパン・ツーリスト・ビユーロー大連支部、九六頁
18　佐藤功「美術」『観光東亜』第七巻第一〇号、ジヤパン・ツーリスト・ビユーロー満洲支部、一九四〇年一〇月、七二頁
19　前掲、林黄太
20　筒井新作「宣伝ポスター国展工芸部評（二）」『満洲新聞』一九四二年九月八日、朝刊四面
21　前掲、佐藤功「美術」『観光東亜』第七巻第一〇号

（参考文献）

『第一回訪日宣詔記念美術展覧会図録』満洲国通信社、一九三七年
『満洲国美術展覧会図録』満日文化協会、一九三八年
『満洲国美術展覧会図録』満日文化協会、一九三九年
『満洲国美術展覧会図録』満日文化協会、一九四〇年
『甲斐巳八郎展』（展覧会図録）福岡市美術館、一九八二年
谷口治達「平嶋信の人と作品　青木茂・坂本繁二郎の画友」『九州造形短期大学紀要』第一二巻、九州造形短期大学、一九九〇年、四八―五三頁
『ねりまの美術'96　楢原健三・鳥井文三展』（展覧会図録）練馬区立美術館、一九九六年

福井豊『満洲の洋画家・三井良太郎』（私家版）二〇〇四年
崔在爀「満州国美術展覧会研究」『近代画説：明治美術学会誌』一六号、明治美術学会、二〇〇七年、六二―八〇頁
江川佳秀「満洲国展覧会をめぐって」『昭和初期展覧会の研究　戦前篇』東京文化財研究所、美術公論美術出版、二〇〇九年、一八三―二一六頁
江川佳秀「芸文指導要綱と旧満洲国における美術の統制（「美術に関する調査研究の助成」研究報告）」『鹿島美術財団年報』第二八号別冊、鹿島美術財団、二〇一〇年、四二九―四三八頁
江川佳秀「旧関東州における展覧会制度」『豊田市美術館紀要』第三号、二〇一〇年、三三―五五頁
江川佳秀「満洲国美術展覧会を巡る二つの事情」『官展にみる近代美術：東京・ソウル・台北・長春』（展覧会図録）福岡アジア美術館他、美術館連絡協議会、二〇一四年、一六二―一六五頁
江川佳秀「年表」『官展にみる近代美術：東京・ソウル・台北・長春』（展覧会図録）福岡アジア美術館他、美術館連絡協議会、二〇一四年、三〇五―三一〇頁

『旅行満洲』に見る都市・鉄道・帝国の食文化

――「満洲料理」「満洲食」の創成をめぐって

岩間一弘

はじめに

満洲事変勃発から半年後の一九三二年三月に建国された「満洲国」（一九三四年三月に溥儀が皇帝に即位してからは「満洲帝国」とも呼ばれた。以下では括弧省略）において、満洲国独自の食文化が作り出されようとしていたことは、今ではあまり知られていない。それは、日露戦争後に日本国内で一時流行した「奉天汁」（はとの料理）や「旅順揚げ」（豆腐と牡蠣）などの「凱旋料理」とは異なって[1]、満洲国という新たな国家の「国民料理」「国民食」（国民国家の枠組みのなかで体系化・制度化された料理や食品）の創成を目指そうとしていたといえる。ただし、満洲国は日本の「傀儡政権」「植民地国家」という面があり、満洲食文化の創成も日本人の主導で進められることになり、とりわけ南満州鉄道株式会社（以下では「満鉄」と略す）が重要な役割を果たした。

満洲国の食文化および「満洲料理」に関しては、同時代の台湾や朝鮮の食文化に関する研究に比べるときわめて少なく、ジンギスカン料理や餃子に関する研究が僅かに存在するだけである[2]。また、近代日本人の中国大陸におけるフード・ツーリズム（美食観光）に関しても、参照できる先行研究は乏しい[3]。こうしたなかで、一九三四年七月にジャパン・ツーリスト・ビューロー（以下では「ＪＴＢ」と略す）大連支部（一九三六年一一月より満洲支部）が創刊した『旅行満洲』（一九三八年四月号より『観光東亜』、一九四三年七月号より『旅行雑誌』に改名）は、満洲国において体系化されつつあった食文化が、日本人観光客に対してどのように宣伝されていたのかを知りえる貴重な史料といえる。ここでは『旅行満洲』『観光東亜』の関連記事を中心に読み込んで、満洲国の都市や鉄道で創造され、情報発信されていた「満洲料理」「満(洲)食」の実情を見ていきたい。

一　都市の味覚

(一) 国際都市・大連とヤマトホテル

日本から海路での「満洲」(中国東北部に対する日本での呼称)への入り口にある遼東半島最南端の大連は、日露戦争後のポーツマス条約(一九〇五年)によってロシアから日本に租借権が譲渡された港湾都市であり、「関東州」の一部として日本が植民地経営を実施していた。大連には、満鉄が一九〇六年の設立当初から本社を置き、『旅行満洲』『観光東亜』『旅行雑誌』を刊行したJTBの支部(一九一二年開設)もできて、満洲における日本人旅行者の中心拠点、日本文化の発信地となった。そして大連の最高級レストランは、ヤマトホテルのグリルであり、そこには高給取りの重役たちが出入りしていた[4]。

ヤマトホテルは、「外国人旅客の宿泊に適する洋風旅館」として満鉄が直営する西洋式ホテルであり[5]、満鉄初代総裁・後藤新平の強い意向によって「満鉄ホテル」ではなく、日本の国名を反映した「ヤマトホテル」と命名されたという[6]。一九〇七年、ロシア租借地時代のダルニーホテルの跡地に、日本の軍政期には民政署であった二階建て一棟を修理してわずか一三の客室を造り、これに附属建物を新築・修繕して、大連のヤマトホテルが開業した。これ以降、一九〇八年に旅順、一〇年に星ヶ浦(大連)、奉天、長春(後の新京)[7]、三七年にハルビンなど[8]、満鉄沿線の主要ターミナルやリゾート地にヤマトホテルが開業した。周知のように、後に帝国ホテル社長などを務めた犬丸徹三(一八八七～一九八一年)が、日本を代表する名ホテルマンになるまでのキャリアをスタートさせたのは、開業から間もない長春ヤマトホテルである[9]。

ヤマトホテル・チェーンは、専ら外国人収容の任にあたり、例えば一九二二年度には計二万一九四九名(イギリス人が六一七九名、アメリカ人が五一八六名、ロシア人が四四九九名で多い）の外国人が宿泊したが、九万円以上の赤字となっている（ただし一九二〇～二一年度は黒字だった）[10]。国際社会に見せるヤマトホテルは、欧米のホテルに負けない豪華な設備と充実したサービスを維持して、帝国日本の国威を発揚する必要があった。満鉄が赤字を出しても経営を続けたヤマトホテルは、外国人客をもてなす迎賓館であると同時に、現地の上流階層の社交場としても利用された。そして全満洲のヤマトホテルのグリルが、満鉄食堂車とともに満洲国における西洋料理文化の中心地となった。例えば一九三五年までには、新京・奉天などのヤマトホテルは、特製の「ヤマトビフテキ」を出していたという[11]。

ヤマトホテルの西洋料理のほかにも、大連は国際都市として繁栄したので、多種多様な料理を味わうことができた。例えば、日本料理、中国料理、西洋料理、朝鮮料理が取りそろい、日本料理であれば関東料理、関西料理、さらには長崎の卓袱料理、下関のフク料理、中国料理であれば北京料理、広東料理、山東料理、西洋料理にしてもフランス料理、ロシア料理など、各国各地方それぞれの料理店があった[12]。百貨店の食堂も充実し、例えば、遼東百貨店の地下には日本人の女給がいる「ロシヤ食堂」、大連百貨店の三階には金城銀行の経理（支配人）のコックが開いた「新亜飯店」があった。また、明治製菓と森永製菓も喫茶店を開いていた[13]。

（二）国都の新京

満洲国の建国後、長春はその「国都」（首都）として新京に改名された。一九三二年の建国当時、約一四万人であった新京の人口は、建国一〇周年の祝賀行事が行われる頃にはおよそ四倍の約五五万人にまで増えて、国都・新京の人口増加率は満洲国の主要都市のなかで最高であった[14]。

一九四一年一二月の『観光東亜』に大野三平という人物が、新京の美食ガイドを記している。「食道楽」であったらしい大野によれば、新京の飲食店は、①長春時代から旧満鉄附属地の繁華街として賑わい、「新京銀座」ともいわれた吉野町から日本橋通り一帯、②国都建設に先駆けて計画的に造られたダイヤ街付近（大連の連鎖街に当たる）、③

国都建設の中心地として大通りの両側にビルが林立する特殊な会社街の大同大街、という三地区に多かった。しかし、大連・奉天と比べて新京の飲食店は、「少しも特長らしいものは見当らない。都会らしい所の何処にでも見当る味覚ルートの構成である」と酷評されている。[15]

新京には、日本料理屋、朝鮮料理屋、屋台おでん、[16]デパート食堂（三中井百貨店）、喫茶店など何でもできたが、「おでんやも喫茶店も一寸もパッとしない」という。[17]そのような新京で一番繁盛していたのは、国都建設と同時に進出した割烹料理屋であった。新京には新国家各官庁の官吏、軍人、視察者、それらに付随する利権屋（不動産屋など）、御用商人が集中しており、彼らが料理屋に金を落とした。[18]「新京は男やもめに花が咲き」「おでん屋で日系官吏候補飲み」[19]と川柳に詠われる満洲国の国都・新京の食文化は、官吏接待用の割烹料理屋の発達によって特徴づけられた。

ほかにも『観光東亜』は、中国人人口の多い奉天について、鹿鳴春（一九二九～九五年、二〇〇八年に再開）や公記飯店といった中国料理の名店を紹介している。くわえて、「日本人の好む焼ギョウザ」は天一坊が美味しいという記述もあり、[20]日本式餃子のルーツを探る上で参考になる。[21]

他方、ハルビンは、一九世紀末からロシアの植民都市として建設され、第一次世界大戦頃までに極東で上海に次ぐといわれる国際都市へと成長し、満洲国成立後には日本によって都市建設が進められた都市である。[22]ハルビンは、日本人旅行者がロシア料理とキャバレーのロシア人ダンサーを満喫する街ともなった。[23]

二　満鉄の食堂車

（一）食堂車の普及

満鉄の食堂車は、日本内地の官営鉄道より遅れること約七年、一九〇八年一一月に開始した。朝鮮線と直通の満鮮急行を運行開始するに当たって、満鉄が食堂車を連結したのである。食堂車の営業は、当初は大連ヤマトホテルに依託していたが、一九一一年八月から満鉄の旅館係が直接監督するようになった[24]。そして一九二〇年一二月までに、大連～新京（現・長春）間（当時は「本線」と称した）の旅客車全てに食堂車が連結された[25]。

一九三四年一一月、しばしば「世界に誇る」と形容された特急「あじあ」が、大連～新京間（翌年にハルビンまで延長）で運行を始めると、豪華な食堂車が連結された[26]。「一流ホテルのグリルをそのまま車に載せて引き出してる」といわれた食堂車には、列車ごとに異なる定食のほかに、多種類のワイン・カクテル・スープ・魚・肉の料理やカレーライスを取りそろえていた[27]。さらに一九三七年の改革（後述）の後、特急「あじあ」の列車食堂は、アラカルトのメニューも毎日更新したり、子供向けの料理をランチ式に廉価で提供したりした。子供向けのランチは、特急「あじあ」以外の主要列車や駅構内食堂でも販売された[28]。

また、一九三五年二月からは、大連～新京間（当時は「連京線」）の二列車で、日本人旅行者のための「和定食」が提供され始めた[29]。その後、北満洲の列車でさえも鮪の刺身を出すようになって、食堂車の和食の価値が保たれた[30]。とはいえ、満鉄の和食サービスは日本国内に比べれば見劣りし、乗客の不満は尽きなかった[31]。こうした食堂車の経営は、例えば一九三六年四月～一二月の期間で、和食が約一五万人前、洋定食が約八万二千人前、洋食一品料理が約一四〇万三千人前、お弁当が約一七万六千個もの売上げがあったが、それでも開業以来赤字が続いたという[32]。

（二）メニューの国際色と地方色

ところで、満洲国の成立後、満鉄以外の各路線の運営は満洲国鉄（一九三三年成立）に引き継がれ、満洲国鉄はその全路線を満鉄に運営委託した。それを受けて満鉄は、鉄道総局という運行統括部署を新設し、従来からの満鉄所属路線（連京線、安奉線）を「社線」、満洲国鉄からの受託路線を「国線」と区分した[33]。こうしたなかで食堂車は、満鉄の鉄道総局旅客課の下で運営され、その付帯事業として駅の構内食堂と売り子による車内販売が行われていた。直営の構内食堂は、社線では大連・奉天（現・瀋陽）・新京・開原、国線ではハルビン・吉林・図們・牡丹江・チチハル・錦県などの駅にあった。車内販売は、一九二六年一一月から満鉄が直営しており、一九三七年頃までにはその売上げが食堂車全体の約五分の一を占めた(34)。

一九三六年一一月、社線と国線の一元化に伴って、食堂車営業も社・国合併に至り、満洲全土の列車食堂と構内食堂が統一的に運営されるようになった。その後一年の調査期間を経て、一九三七年一二月に満鉄食堂車の「画期的大改正」が実施された。それまで列車食堂のメニューは、洋風アラカルトに丼およびライス物二～三種類を加えた単調なものであったが、改革後には列車ごとにメニューを作成するようになった。それによって、「この列車に乗れば和食、あの列車は洋食或は満洲料理、ロシア料理という様に国際色」（引用文は原文を現代漢字・仮名遣いに訳した。以下同様）や、さらには地方色の豊かな料理を出して、満洲の汽車旅行に「味覚の旅」の観を持たせたのである(35)。

まず、国際色について見ると、例えば、大連～新京間でも列車によっては洋食をやめて味噌汁、鮪の刺身、小鉢物の和食一品料理を看板にしたり、「満食一湯二菜」（中国料理のスープ一種類とおかず二種類）を呼び物にしたりした(36)。さらに、奉天～北京間の直通列車には北京料理を二～三種類添えて、まずは味覚から華北の雰囲気を味わってもらえるようにした(37)。

そもそも、満鉄の列車には中国人（「支那人」「満洲人」「満人」と称される）の乗客も多く(38)、たとえ中国人が特等の車両に乗車できなくても、食堂車は「日本人も満洲人も全部合同」であった(39)。それゆえ、長距離普通列車や中華民国への直通列車の一部は、中国料理を「満食」と呼んで提供した(40)。中国人は、日本料理の刺身・寿司・煮魚・酢の物・生卵などを好まず(41)、弁当も「鳥飯」を除いてあまり買わなかったという(42)。日本人にとっても、団体旅行の食事に中国料理は便利であったようだ(43)。このような列車食堂において、満洲および内蒙古の豊富な牛・豚・鶏・大豆・高粱《コウリャン》などの材料を取り入れた「満洲料理」（後述）を考案して提供すべきだという意見が、根強く存在していたのである(44)。

次に、地方色に関しては、「鉄道サービスに満洲のローカルカラーを出すこと」が、鉄道総局旅客課の成立当初からの基本方針であり、一九三七年一二月の改革前からすでに様々な試みがなされていた。例えば、一九三五年に鉄道総局旅客課は、特急「あじあ」の食堂車で一週間に一度くらい「満洲名物食べ物デー」を実施する計画を進めていた。[45]また同年から安東（現・丹東）名物である鴨緑江の鰻を使った鰻丼を安東駅で立ち売りしたが、[46]容器が高くついてあまりうまくいかなかったという。[47]他方、浜北線・呼蘭の鯉の飴煮の駅弁や、浜北線・拉浜線の食堂車で出した雉のすき焼きは成功例となった。[48]

(三) 食堂外交

満鉄の鉄道路線は、一九三二年の満洲国建国当時からの一〇年間で、運行距離がおよそ四千キロから一万五百キロへと約二・六倍、乗客数は年間およそ八百万人から八三六〇万人へと一〇倍以上に増えた。[49]この間に満鉄の食堂車は、満洲国において西洋料理を体験する場所として重要性を増し、さらに日本人向けに鮪の刺身を中心とする和食を提供したり、中国人および日本人向けに中国料理を「満食」として出したりするようになった。そればかりか、満洲の豊富な食材を用いた「満洲料理」を考案したり、満洲国各地方の名物を紹介したりすることも求められていた。こうして、満洲国の「国民料理」「国民食」が、食堂車から創られようとしていた。

さらに注目すべきことに、満鉄の食堂車は「食堂外交」を実践する場になることがあった。例えば、一九三七年一一月にイタリアが日独防共協定に加わると、翌年の一九三八年四月二五日、イタリアのファシスト親善使節団が日本から安東経由で満洲国に入った。使節団一行が新京・ハルビン・奉天・天津・北京などを経て、五月一四日に大連から上海に向けて出帆するまでの二〇日間にわたって、満鉄の食堂車が使節団をもてなした。食堂車内は、サイド中央上部にイタリア国旗、その左右に日本国旗と満洲国旗（華北においては王克敏を首班とする中華民国臨時政府の国旗）を飾った。料理の献立については、洋食にあまり用いられない鰻・鯉・スッポンなどの食材を用い、洋食になじみ深い伊勢エビなどを用いる際は「インデアン風の煮込み」にするなど目先を変えて、一同から常に喜ばれていたという。[50]

このように満鉄の食堂車は、欧米人旅行者になじみのある美味しい食事を提供する場所になっていた。ほかにも『観光東亜』には、一九三八年一一月にアメリカのホテルマン一行を特急「あじあ」の食堂車でもてなした歓迎メニューが記されている[51]。満鉄食堂車のサービス充実化は、満洲国および帝国日本にとって、「外貨吸収」、「国際宣伝」、さらには「国威の発揚」を目指す観光促進事業の一環であった[52]。

三 「満洲料理」「満洲食」の創成

(一)「満洲料理」とは何か

ところで注意すべきことに、満洲国および日本内地において「満洲料理」の語は二種類の意味で用いられていた。一つは「支那料理」(中国料理)と同義であり、もう一つは満洲の郷土色のある料理、さらには満洲国の料理という意味である。たしかに、日本人の間でも「満洲料理」を一つの国民国家の料理体系として確立しようとする動きは大勢を占めておらず、実際のところは「満洲料理といっても、一般には北京、天津、山東などに、地方的特色を加味したものであって、我々が呼ぶところの支那料理(北方)のものと大差はない」[53]という認識が主流のままで、日本の敗戦と満洲国の崩壊を迎えた。とはいえ、とりわけ満洲国の建国後には、まず名称の上で「満洲料理」を「支那料理」と区別し、それに内実を伴わせる取り組みが始まっていたことに注目する必要がある。

その中心人物の一人は、日本における中国料理の「先覚者」[54]とも称される山田政平(一八八七〜一九五四年)であった。山田は一九〇五年、逓信官吏として中国大陸に渡り、長春・大連・奉天などで中国語と中国料理を学び、一九二三年、病を得て帰国後、料理学校・女子大・陸軍などで講師をしながら執筆活動を行った[55]。そして一九三六年の『料理の友』誌上では、大日本料理研究会講師という肩書きで、餃子《チアオツ》(水餃子・鍋貼餃子)、羊烤肉(成吉思汗鍋)、乾炸裡骨(豚ロース肉の衣揚げ)、高麗鶏片(鶏ささみ肉の衣揚げ)などを挙げながら、次のように「満洲料理」を創成する政治的な意義を主張していた。

満洲料理といっても別に支那料理と分離した特別な料理があるわけではない。〔中略〕ところが北京料理の基調をなしているものは、かえって満洲料理であることはその道の研究者にはほとんど定説となっている。〔中略〕常に宮廷料理によって代表されてきた北京料理はたとえ他系統の料理の粋を取り入れたとしても、世祖以来伝統の満洲料理がその基調をなしていたことは当然である。〔中略〕帝祖発祥の地である満洲に再び帝国の基《もとい》をはじめ先の宣統皇帝は今や満洲国皇帝として三千万民衆の上に君臨することとなったのは東洋平和のためにも大なる幸福といわねばならぬ。かつての清朝が北京料理を大成したように我らは今後の満洲に満洲料理の大成を切望する者である。(56)

すなわち、「北京料理」の基調となったという「満洲料理」の「世祖以来伝統」に光をあて、満洲国を清王朝に、「満洲料理」を「北京料理」になぞらえて、「満洲料理」の大成をはかろうとしているのである。山田の表明した「満洲料理」創成のプロジェクトは、一九三六年の時点ではけっして現実離れしたものではなかった。

(二) ジンギスカン料理

このような「満洲料理」の象徴になれたのは、餃子・饅頭(包子)・餅《ピン》をはじめとする日常的な主食類(57)、そして雉・ウズラ・羊・スッポンといった豊富にとれる珍しい食材を使った料理である。なかでも有名になったのは、ジンギスカン料理であった。例えば、一九三七年五月号の『旅行満洲』には、「最近満洲ではジンギスカン料理(羊肉料理)と銘うって、満洲郷土色を現した特殊の食味として台頭的な流行振りを示しております」とある。さらに、「民国革命前、北京には山添公使が在任せられた折、公使は特にこの野趣味豊かな料理法がお気に召し来客があると必ず自慢して御馳走に出されこれをジンギスカン料理（又は鍋）と銘打たれたのだ」というエピソードも紹介されている。[58]これ以外にもジンギスカン料理は、『旅行満洲』『観光東亜』で食の話題になるとしばしば登場している。

清末民国期の北京で食べられていた羊肉料理が「満洲料理」にされていく過程について、尽波満洲男や渡辺隆宏の研究を参照しながら確認しておきたい。一九一三年一〇月に満鉄第二代総裁の中村是公が北京を訪れた際、同窓の山座円次郎公使とおそらく正陽楼で会食して、「成吉斯汗時代の鋤焼鍋なるもの」の珍味に驚かされた。大連にもどった中村総裁は、一九一三年一一月八日夜、官民の名士を「満洲館」に招待して「鋤焼会の饗応」を行った。[59]これが満洲の日本人社会にジンギスカン料理が伝わった最初の記録である。

一九三三年三月一八日、東京・大井の春秋園に百名ほどが集まって、「満洲の建国を記念する成吉思汗料理」の試食会が開かれた。『料理の友』を刊行する料理の友社による第二回目の「試食聯盟晩餐」であった。[60]満洲国建国の頃までに、ジンギスカン料理が満洲に広まり、日本でもそれが満洲の料理であると認知されていたことがわかる。

そして一九三五年九月には、大連の星ヶ浦ヤマトホテルが、「ジンギスカン鍋」を「満洲名物」として呼び声をあげている。[61]さらに一九三八年八月には、新京ヤマトホテルの納涼園が「ヤマト成吉思汗鍋」を始めて、「国都名物」として観光客を喜ばそうとしている。[62]このように満鉄の経営するヤマトホテルが観光客に向けて、ジンギスカン料理を「満洲」「国都」の名物に仕立て上げていった。それによってジンギスカン料理は、建国後間もない満洲国で創成されるべき「満洲料理」に欠かせない一品となったのである。

(三) 満洲の名物

最後に付言すべきことに、『旅行満洲』『観光東亜』『旅行雑誌』をめくると、一九三五年一一月（第二巻第六号）から一九四三年一〇月（第一〇巻第一〇号）まで毎号、「満洲ところ名物」と題して、満洲国各地の名産品、土産物（ほとんどは食品）とその販売店を列挙した見開きの広告ページが、否が応でも目に飛び込んでくるだろう。『旅行満洲』

『観光東亜』『旅行雑誌』を刊行するＪＴＢ大連支部は、満洲の名物、土産物を創り出すことにきわめて熱心に取り組んでいた。

一九三四年夏には、ＪＴＢ大連（満洲）支部主催の「満洲土産物展覧会」が、大連三越・奉天貿易館などで数日間開催された。それに対する様々な意見が、創刊間もない『旅行満洲』で示されている。例えば、土産物はとにかく「満洲趣味」が豊かで、かさばらないことが大切である(63)。満洲名物にふさわしい高粱おこし、高粱五家宝などの菓子類の包み紙を、満洲の郷土色を出した意匠にすべきである。ウズラの味噌漬けは実質のわりにはあまり歓迎されていないが、高粱しるこ、長寿味噌などの新しいものと同様に宣伝が足りない、といった意見が出されていた(64)。

また、一九三七年三月には、満鉄の鉄道総局が各鉄路局、鉄道事務所に「満洲における名産物及び土産物に関する調査」を実施させている。その調査結果は、『旅行満洲』『観光東亜』『旅行雑誌』の「満洲ところ名物」を読み解くのに役立つだろう。例えば、大連鉄道事務所の調査によれば、大連の名産および土産物は、高粱だんご、大連名物煎餅、満洲おこし、リンゴ羊羹、満洲の誉《ほまれ》、「ロシヤ飴」、「満洲の味」、高粱羊羹など二三種類である。そのうち二一種類までが食品であり、食品のなかでは高粱を原料とするものがもっとも多く、羊羹が比較的多い。名産品・土産物に食品が多いのは、大連にのみならず、全満洲の主要都市すべてに共通することであるという(65)。

ほかにも、奉天鉄道事務所の調査によれば、新京には「南嶺噫《なんれいあぁ》勇士煎餅」（東宝映画のタイトルを品名にしている）、「国都の華おこし」などがあるが、満洲国建国から日が浅いため国都には名産らしいものが乏しいという。他方、錦県鉄路局によれば、溝帮子の燻鶏《むしどり》や錦県の小菜は、地方名物の域をこえて、満洲における土産物中、食品の白眉であるという。また、哈爾浜鉄路局によれば、ロシア情緒豊かなもの、とくにロシア食品についてはハルビン産のものがなお他の追従を許さないという(66)。

このように各地方の名物、土産物を体系的に調査して改良することが、すなわち「満洲食」の発展を促して、満洲国および帝国日本の外貨獲得や国威発揚につなげる意図をもっていたことはいうまでもない。

おわりに

満洲（中国東北部）における西洋料理の本格的な普及は、満鉄が一九〇七年から開業したヤマトホテル・チェーンと、翌〇八年から営業開始した食堂車によって始まったといえる。ヤマトホテルは、もともと欧米人旅行者向けの宿泊施設として誕生したが、そのグリル（レストラン）が現地上流階層の社交場となった。さらに満鉄食堂車は、欧米人客をもてなして「食堂外交」まで展開した一方、日本人も満洲人も分けへだてなく迎えて、「食ふことに階級のない食堂車」[67]と詠われたように、身分に関わりなく誰にも利用された。

続いて、日本人向けの日本料理も満洲で普及していった。例えば、大連には関東・関西、長崎・下関といった各地方料理の店ができ、満洲国建国後の新京では官吏接待用の割烹料亭が繁盛し、満鉄食堂車も一九三五年から和食を提供した。

それでも中国料理は、満洲の人口の大多数を占める中国人だけでなく、日本内地から満洲にやってくる日本人旅行者をもてなすのにも欠かせなかった。『観光東亜』の記事によれば、多くの日本人旅行者は、その土地の食材を使った料理を好んだことから、中国料理がどこに行っても巾をきかせていたという[68]。しかし、満洲の中国料理店の菜譜（メニュー）にはしばしば、「所謂厨師庖役は皆北平より聘来し云々」「特に北平、上洋（上海）より超群の庖師を請来し云々」などと書かれていたという[69]。すなわち、中国食文化の中心地は北平（北京）や上海であり、満洲はその周縁と認識されていたのである。だからこそ、とりわけ満洲国の建国後、独自の「満洲料理」「満洲食」を創成、発信することが試みられた。

『旅行満洲』『観光東亜』の誌面では、ユニークな名称の満洲名産品、土産物、さらにはヤマトビフテキやジンギスカン料理のような名物料理があちこちで目にとまる。しかし、中国料理（「支那料理」）と区別される「満洲料理」

「満洲食」は、満洲国を建国した日本人が日本人旅行者のために創り出そうとしていた面が強い。この過程において「満（洲）人」はその主体的な生産者としてではなく、追従する消費者として時折登場するにすぎない。その意味で「満洲料理」「満洲食」は、地域社会から乖離して、「国民」の支持を欠いた「国民不在の国民料理・国民食」であったといえる。ゆえに「満洲料理」「満洲食」は、戦後の日本でジンギスカン料理や焼き餃子が普及した一方、中国東北部では満洲国崩壊後にほとんど痕跡をとどめないことになった。

（注）

1 小菅桂子『近代日本食文化年表』東京、雄山閣、一九九七年、八八頁（『報知新聞』一九〇六年一月四日〜一三日）。

2 渡辺隆宏「成吉思汗料理再考——「支那料理」から「満洲料理」へ」『畜産の研究』第六五巻第一二号、二〇一一年一二月、一二三三〜一二三九頁。尽波満洲男「現場主義のジンパ学」(http://www2s.biglobe.ne.jp/~kotoni/index.html、二〇一八年七月一日最終閲覧)。草野美保「国民食になった餃子——受容と発展をめぐって」、熊倉功夫編『日本の食の近未来』東京、思文閣、二〇一三年、一六四〜二〇六頁など。

3 食に論及したものとして、満洲観光では、小牟田哲彦『大日本帝国の海外鉄道』東京堂出版、二〇一五年、一八五〜一八九頁。華北観光では、瀧下彩子「「支那」観光イメージの希求と発信」、貴志俊彦・白山眞理編『京都大学人文科学研究所所蔵華北交通写真資料集成《論考編》』東京、図書刊行会、二〇一六年、一九五〜二一四頁。上海観光では、拙稿「中国料理のモダニティー——民国期の食都・上海における日本人ツーリストの美食体験」、関根謙編『近代中国　その表象と現実——女性・戦争・民俗文化』東京、平凡社、二〇一六年、一八五〜三一三頁。東亜同文書院生の調査旅行では、須川妙子「『大旅行誌』の食記述にみる書院生の心情変化——「雲南ルート」選択の意義を探る」、加納寛編『書院生、アジアを行く——東亜同文書院生が見た二〇世紀前半のアジア』名古屋、あるむ、二〇一七年、一三七〜一四九頁など。

4　那迦三蔵「味覚　大連」『観光東亜』第八巻第九号、一九四一年九月、三八～三九頁。
5　南満洲鉄道株式会社編『南満洲鉄道株式会社十年史』大連、南満洲鉄道株式会社、一九一九年、六六七頁。
6　鶴見祐輔『後藤新平伝　満洲経営篇　上』東京、太平洋協会「出版部」、一九四三年、二二六～二二七頁。
7　南満洲鉄道株式会社編（前掲）『南満洲鉄道株式会社十年史』、六六八～六七二頁。
8　西島武郎「哈爾濱ヤマトホテル繁昌記」『旅行満洲』第四巻第三号、一九三七年三月、七八～八一頁。
9　犬丸徹三『ホテルと共に七十年』東京、展望社、一九六四年、四九～六五頁など。
10　宮崎角蔵「現代のホテルには国家若くは都市の保護を要す」『平原』第五号、一九二三年一一月、三九～四一頁。
11　「名物でサービス　グリルは振袖の純日本式　全満ヤマトホテル支配人会議」『大連新聞』一九三五年七月二四日夕刊二面。尽波満洲男（前掲）「現場主義のジンパ学」の「憧れの夏川静江を自宅ジンパに招いた男」の章を参照して原典を確認した。
12　「味覚の大連」、国際観光案内出版部編『大連旅順旅行案内』国際観光案内出版部、一九四〇年、一三二頁。
13　那迦三蔵（前掲）「味覚　大連」『観光東亜』。
14　ただし、人口増加数では一〇年間で約八八万人（約四三万人から約一三一万人に）増加した奉天が最多であった。城本保「満洲都市の発達」『観光東亜』第九巻第九号、一九四二年九月、六二～六七頁。
15　大野三平「味覚　新京」『観光東亜』第八巻第一二号、一九四一年一二月、五四～五五頁。
16　中島荒登「新版満洲都市繁昌記　国都新京」『協和』第一七一号、一九三六年六月一五日、一三頁。
17　大野三平（前掲）「味覚　新京」『観光東亜』。なお、大野によれば、満洲の新京でも昼飯に「中華丼」を食べることがあったという。
18　脇山哲夫「新京に新政府を観る——満洲国見聞記」『社会及国家』第一九六号、一九三二年七月、三六～四八頁。
19　石原青龍刀「川柳　満洲繁昌誌」『旅行満洲』第二巻第二号、一九三五年三月、五〇～五一頁。
20　桑戸文二郎「味覚　奉天」『観光東亜』第八巻第一一号、一九四一年一一月、八八頁。

21 「餃子」は満洲国において、北京語の「チャオツ」ではなく「ギョウザ」と呼ばれ、それが現在の日本語での発音のルーツになったと推測される。草野美保（前掲）「国民食になった餃子」、熊倉功夫編『日本の食の未来』、一七六～一七七頁。

22 越沢明『哈爾浜の都市計画　一八九八―一九四五』東京、総和社、一九八九年。

23 只野凡児「夜のはるぴん」『旅行満洲』第二巻第一号、一九三五年一月、七八頁など。

24 桂城太郎「満鉄経営ヤマトホテル」『平原』第五号、一九二三年一一月、一六～三七頁。

25 「食堂車」『協和』一九〇号、一九三七年四月一日、一〇～一一頁。

26 前掲「食堂車」『協和』。

27 平野博三「世界に誇れる満鉄の列車食堂」『旅行満洲』第五巻第一号、一九三八年一月、一一四～一一五頁。

28 田中正己「満鉄食堂車経営の現状」『旅行満洲』第五巻第一〇号、一九三八年五月、六四～六五頁。

29 前掲「食堂車」『協和』。

30 「非常時の旅行さまざまを語る座談会」『観光東亜』第八巻第四号、一九四一年四月、三六～四五頁。

31 平野博三（前掲）「世界に誇れる満鉄の列車食堂」『旅行満洲』。前掲「非常時の旅行さまざまを語る座談会」『観光東亜』。

32 前掲「食堂車」『協和』。

33 小牟田哲彦（前掲）『大日本帝国の海外鉄道』、一八〇～一八一頁。

34 前掲「食堂車」『協和』。

35 田中正己（前掲）「満鉄食堂車経営の現状」『旅行満洲』。

36 平野博三（前掲）「世界に誇れる満鉄の列車食堂」『旅行満洲』。

37 田中正己（前掲）「満鉄食堂車経営の現状」『旅行満洲』。

38 桂城太郎（前掲）「満鉄経営ヤマトホテル」『平原』。

39 笠原民三「日鮮満の食堂車――旅日記より（三）」『糧友』第九巻第六号、一九三四年六月、一〇四～一〇五頁。

40 小牟田哲彦（前掲）『大日本帝国の海外鉄道』、一八八〜一八九頁。
41 「満洲人に向く料理と向かぬ料理」『旅行満洲』第五巻第一号、一九三八年一月、一一二〜一一三頁。
42 前掲「非常時の旅行さまざまを語る座談会」『観光東亜』。
43 『観光東亜』に掲載された「旅の川柳」に「団体の食堂として支那料理」とある（第五巻第一二号、一九三八年一二月、九一頁）。
44 笠原民三（前掲）「日鮮満の食堂車——旅日記より（三）」『糧友』。
45 「春の旅朗らかに　茶ビンにうな丼　満鉄の食堂車」『旅行満洲』第二巻第二号、一九三五年三月、四〇〜四三頁。
46 前掲「春の旅朗らかに　茶ビンにうな丼　満鉄の食堂車」『旅行満洲』。
47 前掲「非常時の旅行さまざまを語る座談会」『観光東亜』。
48 石原巖徹「満洲の旅と飲食」『旅行満洲』第四巻第三号、一九三七年三月、三二〜三三頁。
49 戸塚文子「満洲国建国十周年満洲特集　眼と耳の満洲踏査行」『旅』第一九巻第三号、一九四二年三月、一八〜二四頁。
50 田中正巳「食堂車の伊太利使節団」『観光東亜』第五巻第六号、一九三八年六月、四三〜四五頁。
51 田中正巳「米国ホテルメンと満鉄食堂車」『観光東亜』第六巻第一号、一九三九年一月、一一四〜一一五頁。
52 勝俣勉「戦争と観光事業」『観光東亜』第九巻第四号、一九四二年四月、五四〜五七頁。
53 大陸生活研究会「大陸生活講座　満人の常食」『観光東亜』第九巻第三号、一九四二年三月、七六〜七八頁。
54 田中静一『一衣帯水——中国料理伝来史』東京、柴田書店、一九八七年、二〇八〜二〇九頁。
55 渡辺隆宏「一九二〇年代の「支那料理」（1）」『食生活研究』第二八巻第六号（通巻一六三号）、二〇〇八年七月、二一〜三一頁など。
56 山田政平「満洲料理」『料理の友』第二四巻第一二号、一九三六年一二月、一〇四〜一〇八頁。
57 大陸生活研究会（前掲）「大陸生活講座　満人の常食」『観光東亜』。
58 紅谷嘉一「満洲名産　きじ・ひつじ・すつぽん　味覚漫談」『旅行満洲』第四巻第五号、一九三七年五月、五六〜五七頁。

59　ただし、「民国革命前」は「民国革命後」の誤り、「山添公使」は「山座（円次郎）公使」の誤りである。

60　「珍饌山賊料理　総裁の北京土産」『満洲日日新聞』一九一三年一一月九日五面。尽波満洲男（前掲）「現場主義のジンパ学」の「中村満鉄総裁が大連に持ち込んだ烤羊肉」の章を参照。

61　吉田誠一「試食聯盟晩餐　満洲建国記念　成吉思汗料理」『料理の友』第二一巻第五号、一九三三年五月、二〇～二四頁。

62　「今宵　中秋の名月　朝の中は一寸降るかも知れぬが　晩には晴れます」『満洲日日新聞』一九三五年九月一二日朝刊一一面。尽波満洲男（前掲）「現場主義のジンパ学」の「憧れの夏川静江を自宅ジンパに招いた男」の章を参照。

63　「風流ヤマトホテル　納涼園跡に成吉思汗鍋　来る廿日頃から開園の運び」『新京日日新聞』一九三八年八月五日夕刊二面など。尽波満洲男（前掲）「現場主義のジンパ学」の「三〇〇人ジンパも引き受けた新京ジンギス館」の章を参照。

64　「ビューロー主催土産物展覧会を契機に土産物座談会」『旅行満洲』第一巻第二号、一九三四年九月、三～四頁。

65　須知善一「満洲土産物展を観る」『旅行満洲』第一巻第二号、一九三四年九月、四二～四三頁。

66　大谷宏「満洲の名産及び土産品について」『旅行満洲』第四巻第九号、一九三七年九月、一〇九～一一一頁。

67　大谷宏「満洲の名産及び土産品について（二）」『旅行満洲』第四巻第一〇号、一九三七年一〇月、九八～一〇一頁。

68　「旅の川柳」『旅行満洲』第五巻第一二号、一九三八年一二月、九一頁。

69　下田吉人「珍袖満洲話」『観光東亜』第八巻第四号、一九四一年四月、七八～七九頁。

山田政平（前掲）「満洲料理」『料理の友』。

Ⅱ　総目次

総目次・凡例

一、本総目次は『旅行満洲』（第一巻第一号〜第五巻第三号）・『観光東亜』（第五巻第四号〜第一〇巻第六号）・『旅行雑誌』（第一〇巻第七号〜第一一巻第九号）より作成した。

一、第二巻第六号、第一一巻第九号は収録許可の都合により復刻版には収録していない。

一、仮名遣いは原文のままとし、旧漢字、異体字はそれぞれ新漢字、正字に改めた。また、明らかな誤植、脱字以外は原文のままとした。

一、標題は本文に従った。副題および小題は基本的に——（ダッシュ）のあとに示した。

一、＊印は編集部の補足であることを示す。

一、頁数表記の「附」は付録を示し、原本に頁数表記のない場合は、頁数に（）を付した。

（編集部）

『旅行満洲』

第一巻第一号　一九三四（昭和九）年六月一一日

表紙　熱河離宮喇嘛塔（写真）　表紙
満洲の夏の旅――どんな用意が必要か　平野　博三　3
夏は海へ　3
御存じですか満鉄線遊覧地への割引券　4
蒙古遊牧者の結婚式　4
口絵
水と陸（鴨緑江／北京城外の駱駝隊）　(5)
乗物のあつまり（奉天駅前の雑閙／上海江岸の自動車／大連のジヤンク）　(6)
静かにゆく（轎子／前へ押す櫂／牛車／捕鯨船）　(7)-(8)
城門（画）　有島　生馬　11
城門　H　11
七月の満洲　11
テイップの漫談　川崎　寅雄　12-15
租借継承当時の大連――夏目館とは満鉄のこと　12-13
七月のうた　天　三　仏　13
川柳満洲繁昌誌――大連の巻　石原青竜刀　14
満洲句帖　高山　峻峰　15
長汀二里に達する沙崗海水浴場　15
浜・斉を貫く　平野　博三　16-18
宿の女中さんは曰く　照　太郎　16-17
新に建立せられた禅宗の大伽藍営口楞厳寺　坂　田　生　18
あんないやく　H・O・K　19
東部線散景（一）（二）（＊画と文）　伊藤　順三　19・33
旅行と観照心　高山　謹一　20
好羅針盤　関根四男吉　20
街の憩ひ（＊画）　有島　生馬　20・21
旅行の鍵　稲川　利一　21
旅-旅行、足袋-靴　水上　頁　21
鏡泊湖　22
砂崗子にて――渡船場に煙草の老村長　△　22
はるびんの初夏　井上　麟二　22-23
北満洲の避暑地　西　東　23
船を抱く　三　角　洲　24
大連埠頭視察者の質問いろ〳〵　甲斐　又雄　24-26
平康里の朝（画と文）　甲斐巳八郎　25
満洲の郷土玩具　須知　善一　27
上海の歓楽場――カーニドロムに競犬を観る　西　田　生　28-29
人類文化の発達は旅行から　斎　藤　生　30
新京 初夏は戯れる　K・N生　31
贋医者――K氏の話　K　31
ハルピンの噂　滝口　明　32-33
旅に抄ふ　大野　斯文　34-35
干瓢？――車中のこと　W　34
大連と馬車――四季　柊　縫子　36-37

満洲のモダーンお嬢さん／駅頭所見（＊画と文） 河野 想 38・41
鉄嶺竜首山 山田 湊 38－39
蒙古地方の駅名 渡辺柳一郎 39－40
夏家河子の新設備 40
旅行者の福音 鎌田 正暉 41
旅途にある日満人融合 三 角 洲 41－42
牽引力（＊画と文） 42
原稿募集 『旅行満洲』編輯係 42
編輯のあとに 43

第一巻第二号 一九三四（昭和九）年九月一日

表紙 興安嶺白樺の密林（写真） 表紙
ビューロー主催土産物展覧会を契機に土産物座談会
望月／吉田／石原／大藤／山下／河村／入江／矢部／熊谷／米良／野口／小倉円平／中野／西田 3－4
口絵
熱河 柳沢 健 (5)
熱河（布達拉廟／避暑山荘） (5)
国境街の風光（綏芬市街／図們市街／安東／大黒河市街／満洲里郊外／山海関） (6)－(7)
街頭に商ふ（ぼてふり／のぞき／湯売） (8)
北陵のこと 金丸 精哉 11－14
CABALET △ 11
三都の小盗児市 W 12－13
北陵（短歌） 甲斐 水棹 14
川柳満洲繁昌誌 石原青竜刀 15
旅・水・川屋 三 角 州 16－18
村の若い衆 甲斐巳八郎 16
我が旅館観 貝瀬 謹吾 18－19
豚市（＊画と文） 甲斐巳八郎 19
安奉線第一の景勝地鳳凰山の渓谷美 小林 勝 20－21
大連埠頭で 21
満洲景物詩 渡辺 厳 22－23
朱乙 柿沼 実 22－23
猟場遠近 八木 杜朗 24－25
支那綺談（其一） 蒼蝿会 土谷 暢生 26－27
旅を恋ふこゝろ 大谷 宏 28
蒙古漫影（＊画と文） 河野 想 28
奉天北平間直通列車に乗る M Y 生 28－29
旅は道づれ（＊画と文） 赤羽 末吉 29
旅の心を慰むる・心を 東西南北生 29－30
小崗子にて（＊画と文） 浦 醍 30
旅行者之指南 孫 華 封 30
同じ汽車賃でも高め度い旅行価値 江川憲二郎 31
強将強卒（＊画と文） 奥 行雄 31
旅行の快味 米岡 規雄 31
続・旅に抄ふ 大野 斯文 32
海林河（＊画と文） 伊藤 順三 32

い、旅館には訓練された女中さんがゐる　T・T・T　33
満洲句帖　高山　峻峰　33
流行満洲服の将来（＊画と文）　河野　想　33
満鉄線趣味の旅――記念スタンプを追ふて（1）　近藤　義長　34–35
ひろつた噺　ウソかホントか知りません　C・Q・M　36–37
秋の竜潭山　筧鳴鹿（句）／筧蛇楼（文）　37
汽車弁当礼讃　高山　謹一　38
金州の地獄極楽　冥府十五殿の解説　39–41
満洲土産物展を観る　須知　善一　42–43
芝罘点描――夏咲き秋凋む街の姿　磯井道晴／石田吟松（絵）　44–45
旅で看た話　森田　富義　46–48
満洲主要列車時刻表　(50)
編輯のあとに　裏表紙裏

第一巻第三号　一九三四（昭和九）年一一月一日

表紙　暮る、秋（写真）　進淳　三郎　表紙
口絵
峠みち　斎藤茂吉／渡辺輝夫（撮影）　(3)
世界に誇る我が鉄道――超特急いろいろ　(4)–(5)
躍動する満洲　(6)
熊岳城　中沢　弘光　9
国際観光事業の使命　斎藤　喜八　10–11
彼等の生活は安価です　三　角　洲　11
三十年前の長春を偲ぶ　上田　恭輔　12–14
雲岡石窟行　大塚　令三　12–14
満洲景物詩Ⅱ　渡辺　巌　15
東洋文化の金字塔　奉天の四庫全書　金丸　精哉　16–19
かき捨て癖　△　16
支那綺談（其二）小盗児暁市／鬼幣　土谷　暢生　20–21
旅で拾つた話　X・Y・Z　22–23
金州城北の仙境　平山（屏山）の鍾乳洞　小林　勝　26–27
満鉄線趣味の旅――記念スタンプを追ふて（2）　近藤　義長　28–29
間島の三都　嘉村竜太郎　30–32
白日の夢を遂ふて　金董バス試乗記　只野　凡児　34–35
燕京楽雅記　楢山　安三　36–37
吉林の秋　高山　謹一　37–38
秋のいろ　高山　峻峰　37
夜の小崗子（＊画と文）　国井　真　38
孔子祭所感　犬塚　秀　38–40
これも旅行（＊画と文）　藤井　図夢　39
旅のかれこれ　森田　富義　40–41
曲芸師一家の移転（＊画と文）　浦　醍　40
無題（＊画）　奥　行雄　40
夕暮の鳥　三　角　洲　41
同業者（西崗子風景）（＊画）　赤羽　末吉　41
満洲の秋を飾る

陸の王者「あじあ号」　小林　昇一　42
献上画拝観記　召　水　42-44
日米陸上競技大会　西　田　生　44
原稿募集／写真印画募集　「旅行満洲」編輯部　42-43
国有鉄道写真帖　奉山線の巻　平野　博三　46-48
川柳満洲繁昌誌　石原青龍刀　49
編輯のあとに　50

第二巻第一号〈新春特輯号〉

一九三五（昭和一〇）年一月一日

表紙　灤河（写真）　樋口　成敏　表紙
目次カット　樋口　成敏　目次
グラフ
スケート／黎明／浅春（山根撮影）／凍壌／冬譜／姉弟
（堀出一雄撮影）　(1)-(8)
扉（画）　正宗得三郎　9
満洲国観光事業の発展を望む　田　誠　10-11
満洲語の語域　田口　稔　12-14
満洲に於ける通貨の取引　南郷　竜音　14-18
支那劇の女形　村上　知行　19-23
満洲景物詩　渡辺　厳　24-25
海の彼方　26-29
旅の漫談　旅館クーポンの五得　西　田　生　26-29
上海の外人達を冬の日本へ案内　26
お茶の上手な入れ方　29
世に出た興城温泉　鉄路総局弘報係　30-32
旅で猿又を忘れた話　浦　醍　32
図們だより　32
鉄嶺駅　32
遼東の豚　李　文　権　33
満人のお正月　水上　貢　34-37
ニュース
日満聯合の猛獣狩／内蒙古に大アジア主義／外バイカル区で十三世紀の古城成吉思汗の弟の住宅か／底がありました／小人の国が北満にある／これはまたお固いところで大石橋音頭／スキー場ができた／お台所から「観光日本宣伝」／世界漫遊十年計画／新京で博覧会／四平街に温泉発見？近く調査班を派遣／外国品の宣伝をするな泣いて頼む支那の跪哭団　34-35
目玉を売る　犬塚　秀　36-38
凡太人生正月日記　山本　半平　37-38
長寿の妙薬　38
新春湯避場（＊画と文）　一　郎　39
日満の空を飛ぶ　馬淵てふ子　40-42
満洲の気温　40-42
空の使命を果して　松本喜久子　43-45
年末年始休暇利用視察団　上海青島行／北平天津行　46
掘出しものの話　甲斐　又雄　47
作家たちに訊く　あなたは満洲の何処を御覧になりた

いか?
阿部知二/伊原青々園/飯島正/井伏鱒二/海野十三/大下宇陀児/大槻憲二/岡本綺堂/上司小剣/河井繁俊/清沢冽/窪川稲子/小寺蘭子/斎藤茂吉/桜井忠温/佐々弘雄/佐々木茂索/下村千秋/杉山平助/高木友三郎/立野信之/近松秋江/千葉耕堂/坪内逍遙/寺田寅彦/土岐善麿/平林たい子/藤崎俊茂/細田源吉/堀口大学/松村英一/牧野信一/和木清三郎/石川千代松　48-53
ハルビンの氷上祭　金丸　精哉　48-54
五竜背駅/新京駅/橋頭駅/鳳凰城駅　54
酒の生理学　佐家能義男　55-57
吉林夜話　斎藤　博　57-58
街と人・空と地　長谷川　伸　59-60
老兵の思い出　宮地　嘉六　60-61
満洲の歴史　福原麟太郎　61-62
曠野の落日　古賀　残星　63-64
大連・旅順　葉山　嘉樹　64-65
満洲のどこを見たいか　白鳥　省吾　65-66
夜の西崗子(*画)　国井　真　67
北満ジヤングルの狩猟　ルカーシキン　67-73
満洲ダンスホール旅日記　三木　照雄　74-75
川柳満洲繁昌誌　石原青竜刀　76-77
北陵(*画と文)　飯田　実雄　77
夜のはるぴん　只野　凡児　78-79
元祖未亡人会「未亡人は団結せよ」――「孤独」と戦ひ「慰安」獲得のために　79-80
満洲の旅館　阿部　礼次　80-81
呼倫貝爾ノート　嘉村竜太郎　81-83
人間が卵を生む――杭州近くの農村の話　83
満洲への旅――旅費と日程　編　輯　部　84-88
満洲みやげ案内　84-88
原稿募集　『旅行満洲』編輯部　89
編輯後記　89
各地旅館案内　(98)-(99)
満洲主要列車発着時刻表　(103)-(102)
*一九~二四頁は底本において欠落

第二巻第二号　一九三五(昭和一〇)年二月一日

表紙(写真)　満鉄弘報係　表紙
表紙文字　伊藤　順三　表紙
目次カット　長谷川時朗　目次
口絵写真
春は鉄橋を渡つて(志波亀次撮影)/北満風景/北鉄を行く/生活の横顔/春の足どり(堀出一雄撮影)　(1)-(8)
扉(画)　伊藤　順三　9
北鉄西部線の車窓展望　新帯国太郎　10-12
満洲里の名所旧蹟　三浦　亀忠　13-14
北京(絵)　正宗得三郎　14
歴史の裏から覗いた北鉄ヱピソート　E・X・ニールス　15-16

海拉爾のスケッチ　嘉村竜太郎　17－19
詩　撫順　棚木　一良　19
哈爾浜－大黒河――冬空を飛ぶ　並木　英徳　20－23
満洲景物詩　4　渡辺　巌　24－25
哈爾浜のスフキンクス　素地　暹　26－29
汽車の寝台の選び方　29
満洲の風景　丸山　晩霞　30－33
満洲の歌謡　30－31
支那の民謡　朝美戸澄夫　31－33
熱河民謡　平泉不二（訳）　33
満洲視察団漫想――主として外人視察団について　飯　島　生　34－37
満洲語交通会話――人力と馬車　黄　子　明　34－37
エロ街行脚（＊画と文）　武田一路／今井一郎　38－39
春の旅朗かに――茶ビンにうな丼満鉄の食堂車　40
満支戦跡めぐり　小沢　正元　40－43
満洲の春　八木　杜朗　41－42
丸の内に建てる日本一の大ホテル――国際観光局が一千万円で設備を誇る八階建　43
日満観光協会を大連商議が立案計画　43
第二回北平、天津視察団盛況裡に解散――今は思出も微笑ましく！　45
第五回上海・青島視察団一行百名の旅――大成功裡に終る　46
団員の手記
上海の旅から　園山良之助　47
断想　今野　万次　47－48
年末年始を利用して　千田　止水　48
中部支那に旅して　T・N　48
旅の感想　片平　賢吉　48
北平に旅して　辻　熊郎　48－49
五十万弗異変　川久保　浩　49
満洲国の商標登記出願件数は？　50
川柳満洲繁昌誌　石原青竜刀　50－51
海の流線型スマートなにしき丸　51
新京一天　大野　斯文　52－57
小説　男装試験ずみ　宮地　嘉六　52－60
化粧代国難来　石山　鉄男　57－60
ニュース
来る四月一日から大連駅も新京駅も入場券が要ります／満鉄の東洋一の機関車／大連汽船の創立二十年記念祝宴／北黒線愈よ全通／楽になるシベリア旅行／上海外誌記者日本紹介の旅／〝春の満洲へ〟視察団が殺到／特急「あじあ」ハルビン直行は八月？／鮎まで満洲へ／嗚呼！想ひ超す三十年前奉天の陸軍記念日／ペルシヤ国名イランと変更／台湾も満洲も支那はいらないよ！／展け行く蒙古－外蒙の出版二年間に五十万冊／有史以前の巨獣マンモスの骨か？／競馬フアン待望の奉天ダアビー／鶴は千年、亀は万年／支那には石炭が何の位あるか？／サハラ沙漠で釣魚／綏芬河便り／待望の吉林丸来る！／退職社員が満鉄に預けてある金／日本語の習得六箇月で出来る

／蒙古に「赤」の汽車が通る！／牛乳を一番よく飲む国／早春の満洲に早くも視察団函館海産商の一行／事変当時より十倍の飛躍附属地内外の在満外国人数／望小山 61－66
満洲主要列車発着時刻表 67－68
各地旅館案内 (70)－(72)
原稿募集 『旅行満洲』編輯部 78
編輯後記 78
御断り 78

第二巻第三号　一九三五（昭和一〇）年五月一日

表紙　満空旅客機（＊写真） 表紙
表紙文字 樋口　成敏 表紙
目次カット／扉（画） 樋口　成敏 目次・(13)
グラフ
（＊短歌） 中村　憲吉 (1)
青空の旅　ほか (1)－(12)
旅に誘ふもの 山岡　信夫 14－15
浜綏線（元北鉄東部線）車窓展望 新帯国太郎 16－18
満洲の支那宿 後藤朝太郎 19－21
野帖 古川賢一郎 22－23
満洲の郷土玩具 須知善一／甲斐巳八郎（絵） 24－25
満洲の旅行に就て 加藤　郁哉 26－29
上海旅行断片 三田　正揚 26－27
満洲里便り K・N・生 28－29
満洲へ！満洲へ！流れ込む内地人──月平均五千七百人増 29
漫画ユーモリストクラブ　一万円当つたら 武田一路／今井一郎 30－31
日満交驩放送について 金谷　完治 32－33
文士と満洲国 草　冬馬 34－35
祖国に旅して 宗　明石 34－35
バスを利用したハイキングコース 岡山　進 36－39
漫画ハイキング 中山　助次 36－37
ハイキングとは 38
ハイキングの化粧法 39
関東州随一の幽邃境　大和尚山勝水寺 小林　勝 40－41
話題のコース　東辺道の一走り 近藤　義長 42－43
ストックナーゲルに就いて 佐藤　通男 44－45
ストツクナーゲル K・N生 46
春の旅　旅館の要領のい丶泊り方 46
ジャーナリズムの王座・満洲国 47
赤帽のチップ 47
詩　遠足 滝口　武士 47
豪壮と快適の青空の旅 青野　滋 48－49
川柳満洲繁昌誌 石原青竜刀 50－51
祖国に旅して 下田　和子 50－51
漫画
流線型五月漫景／スピード娘々祭 武田伊知呂 52
旅行五月 今井　一郎 53
私の望む紀行文や感想録 高山　謹一 54

第五回上海視察団　断想　鬼頭正太郎　54－55
鉄嶺の娘々祭　林　茂夫　54
帽子のかぶり方　川上　太郎　55
北安鎮の夜　棚木　一良　55
満洲語交通会話　黄　子　明　56－57
ところどころ　棚木　一良　58
北支におけるビユーローの活躍　日本宣伝映画を持参して　58
聖地旅順に戦ひの跡を弔ふ　大坪要三郎　59－71
上海の旅から　小島　琴法　72－73
匂ひの常識　香水の選び方　73
ヴアラエテー
白玉山招魂社三十周年大祭／祝へ！海軍記念日／来れ！大連へ／また流線型豪華列車／視察団殺到を予想／観光日本に生れるモダン職業学校／日満を結ぶ豪華商船隊完成／親日国シヤムの芸術使節国立音楽舞踏団来満／印度からも舞踊劇団が日本へ／我国運動界の王者ら満鉄に新入社す／頻りに躍進する満電新車遊覧バス／豪華な新電車／奉天でも遊覧バス／ハイキングコースの調査満鉄ガ力瘤／妖姫の木乃伊／二科展が満洲で／満洲里の通関査証ビユーローで斡旋／大汽の飛躍的新計画二万五千噸を新造する／新京＝東京たつた一日で（五月一日から）／女流飛行界に万丈の気焔／〝荒鷲号〟快翔す満洲最初のグライダー／大規模の航空輸送計劃鉄道省日鮮満露領を繋ぐ／満ソ航空郵便実施世界航空史上の新紀元／満鉄サービス陣華やかに展開／東洋文化の大伝道満洲国々立博物館／総局自動車部が安東で大サービス／新進の意気に描く満洲来連の独立美術展／羽左衛門がやつて来ます／能楽で日満支親善／ハイカーよ喜べ奉撫のハイキングコース／炭都遊覧の定期バス運行／延吉公園を一大遊園に／奉撫八景を選定永久的名所として紹介／古刹「閭山」を大いに宣伝する／移動展覧会ポーランド国の商品積んで／海底トンネルヨーロツパとアフリカ間に／北鉄に邦人女給食堂のサービス改善／流線型更に前進／情けないわ支那製の女優／宿泊の要領六箇条　74－79
原稿募集　『旅行満洲』編輯部　80
編輯後記　80
満洲主要列車発着時刻表　(83)－(82)
各地旅館案内　(86)－(88)

第二巻第四号　一九三五（昭和一〇）年七月一日

表紙　釣（＊写真）　表紙
グラフ　夏・船・旅／夏の感覚　(1)－(12)
目次カット／扉（画）　樋口　成敏　目次・(13)
満洲新歌枕の選定　西田猪之輔　14－15
映画人の観たソヴエツト・ロシヤ　上山　草人　16－19
満洲の郷土玩具（二）　須知善一／甲斐巳八郎（絵）　20－21
満洲景物詩　5　渡辺　巌　22－23
満洲・旅・カメラ　カメラ・旅・満洲　松原　亮　24－25
日満航路に現はれた船幽霊と海坊主　古川哲次郎　26－27

郷土芸術漫談　小倉　円平　28－29
大連水辺処々　高山　峻峰　30－31
緑陰に描く
　新緑　滝口　武士　30－31
　満洲馬車　柿の家　32－33
渤海を渡る　稲葉　亨二　32－33
安東から釜山まで　井上　麟二　34－39
漫画　夏・・海・・夏　なかやますけぢ　34－37
祖国に旅して　金納　美津　36－38
北鮮ゴシップ　T・I生　38－39
松花江の流れに沿ふ吉林にまた新名所　39
特急「あじあ」　棚木　一良　39
リラと鈴蘭の初夏　水上　頁　40－41
大連より　一日の船旅に好適の「芝罘」　森田　清一　42－43
万家嶺の小寺廟会　須知善一／甲斐巳八郎（絵）　44－45
赤峰バス旅行記　佐和山一郎　46－47
やぶにらみ現場漫想　近藤　義長　48－49
特急富士に風呂　49
旅で拾つた日露戦争余聞　格　武生　50－54
東辺紀行　八木橋雄次郎　50－57
趣味の満洲　棚木　一良　54－57
水のない海――貔子窩の港　渡辺三角洲　58－60
旅行満洲サンマーセレクシヨン
　漫画　夏　浦　醍　61
漫画コメデー　夏のプリズム　武田　一路　62・64
漫画コメデー　夏のプリズム　今井　一郎　63・65
三十五年型の満洲
　粉黛近代色大連種々相　正木　烈　66
　炭都秘話　緑丘に招く灯と灯と灯哄！水辺に躍る妖形
　正体見るべからず　K・S生　66－67
　満洲的新語　67
　近代色満洲男　みづたに・れいこ　67
夏のシルエット　高杉普一郎／河野想（絵）　68－69
当世映画漫談　光陽　一郎　68－69
釣を語る　70
「石の下」の話　70
北戴河の夏　西田　生　72
棋道常識　編輯部　73
涼しい船の旅　青島へ　74－75
ヴアラエテー
牡丹江に鉄路局新設／満鉄が御自慢の流線型重油電動客車完成／新京鉄路局吉林に移転／錦州承徳間の定期航空路六月から運行増加／空の欧亜連絡航空局の第二期計画／六月一日から満航運賃割引承徳線赤峰へ延長／星ケ浦、夏家河子海水浴場開き／敦浦間に新優秀船／周水子飛行場いよいよ設備充実／大連―鹿児島航路に淡路丸就航／日満ラインの日発日着制／佳木斯哈爾浜間に旅客用プロペラ船／国都の新名所浄月潭水源地／朝鮮交通界の精彩咸北自動車の発展／満鉄社員の新五訓／東洋観光会議の収穫／新京、吉林間バスを運転／ご婦人専用喫煙車設けらる／壺盧島を遊覧地に／北鉄広軌線に三等寝台車を連結／北満水陸交通史を彩る哈爾浜駅と浜江駅／九月のダイヤ改正新京清津一時間短縮／真空装置で列車を消毒／竜井、延吉、図們の聯絡飛行愈よ七月から／日満連絡に新鋭優秀機使用／「アジア」に握り鮨／満鉄国鉄一斉にスピードアップ今秋を期しダイヤ改正／汽車旅行を朗らかに／総督府鉄道局寝台車の新粧／建設局自慢の大同公園 76−80
満洲主要列車発着時刻表 (82)−(85)
旅のメモ (82)−(83)
原稿募集 『旅行満洲』編輯部 86
編輯後記 K・N 86
各地旅館案内 (88)−(90)

第二巻第五号〈「あじあ」特輯〉

一九三五（昭和一〇）年九月一日

表紙　進行中の「あじあ」（＊写真） 表紙
特輯グラフ
（＊「あじあ」）／秋空晴れてハイク良し 編輯部 (1)−(16)
扉（画） 樋口成敏 (17)
（＊短歌） 百穂 (17)
「あじあ」の連・哈間直通に際して 宇佐美喬爾 18−19
シベリヤ鉄道 吉阪俊蔵 20−23
新京の秋（＊画） 一路 23
北平の横顔 楢山安三 24−26
特急「あじあ」展覧車にて（＊画） 井上麟二 28−31
「あじあ」と急行昔ばなし 今井一郎 31
「あじあ」讃 格武生 32−33
「あじあ」直通に際して 山下火 34−36
国境夜話 健二郎 36−37
此の一線 中尾生 37
満洲の秋色 平野博三 38
哈爾浜停車場 八木杜朗 39−41
大連の山のハイキング 棚木一良 41
川柳満洲繁昌誌 高山謹一 42−43
内蒙バルガ地方の旅――二千年前その儘の原始生活 石原青竜刀 44−45
秘境の温泉 島田和夫／山口晴康（写真） 46−48
太子河を下る K・I・N 49
ござれ吉林 佐内繁雄 50−53
奉天円平氏作品の人形・豚追ひ（＊写真） 南崖 53
金剛山を探る（＊画と文） 53
満洲の郷土玩具（三） 中山助次 54−57
大連素描 須知善一／甲斐巳八郎（絵） 58−59
満洲景物詩 Ⅵ 佐々木勝造 60−61
旅行満洲カラーセクシヨン 渡辺巌 62−63
漫画 中山助次 65
漫画　人生のハイキング 今井一郎 66・68

漫画　人世ハイキング	武田　一路	67・69
囲碁初学者の栞（一）		70
支那料理／恭桶／鶏鳴百軒		70
汽車等級上の一考察	K・N生	72–73
旅三題	上野　由人	72–75
しろくろう談碁	赤尾四六郎	74–77
黄金台	素地　暹	75–77
在満洲観光事業的展望	李　秀山	78
秋の小品	棚木　一良	78–79
満洲事情案内所	X　Y　Z	79
長城に立つ	まさみ・はし	80–81
ニュース　夜間飛行開設へ航空灯台建設の計画／流線形重油動車旅順に不使用／伊藤博文公の最後を偲ぶハルビン駅の新計画／東京⇔新京一日半で結ぶ鉄道省ご自慢のガソリンカーで日満連絡スピード化／興城温泉のお化粧／吉林駅の構内に大衆浴場を設備／満鉄の本線に百ポンドレール／京義線を八時間に短縮／ミナト羅津に壮麗な跨線橋／大黒河佳木斯に満鉄築港／京浜線に軽油動車運転／大邱に十四万坪の飛行場計劃／これは耳寄りな列車にラヂオ『あじあ』『はと』に実現か？／岸壁や船室で電報が打てる／縦横に伸びる国道東辺の山野を征服／哈爾浜に地下道来年度完成／更生の鴨緑江鉄橋／北支の紛争尻目に鉄道技術の親善／これなら間違ひない新案テープ渡しお目見得／飛行機よ嵐が来るぞ飛翔中を無電で／大連市で貿易館設立見本市を常設／奉天駅の新名物／内台航空連絡を今秋十月から実施／蔚山、大連間に新鋭機飛ぶ／太平洋を航行中の船舶と『モシ〱』／振袖姿で列車内サービス／無軌道車満鉄に近く出現／図們駅で機関誌発行／磁石応用の碁盤が『あじあ』にデビュー／一平方キロに僅に二十三人満洲国の人口密度／旅愁を慰む奉天で切花の立売り／全鋼鉄製の貴賓車満鉄で新造着手／驚異の豆機関車明春三月までには走る		82–88
満洲主要列車発着時刻表		(90)–(93)
旅のメモ		(90)–(91)
原稿募集	『旅行満洲』編輯部	(94)
編輯後記	K・N	(94)
各地旅館案内		(96)–(98)

第二巻第六号〈温泉満洲〉　一九三五（昭和一〇）年一一月一日

表紙　望小山（＊写真）		表紙
グラフ　温泉の秋!!		(1)–(8)
扉（画）	樋口　成敏	(9)
満洲の温泉	千種　峰蔵	10–11
特輯　温泉のページ——満洲の温泉		
満洲国の温泉	新帯国太郎	12–15
満洲の温泉と其分布	立川　増吉	14–15
沙漠の温泉地ハロンアルシヤン	風来山人	16–17

熊岳城温泉から　S子　16-17
雑談五竜背温泉（＊ルビ　ごりうはいおんせんよもやまばなし）　今枝折夫　18-21
温泉断想　山下火　18-21
満洲小温泉行――安北湯温泉と剪子湯温泉　湯野紀六　22-23
温泉夜話　土竜之介　24-26
温泉・興城（＊ルビ　ほうざんせんのいでゆ）　編輯部　27
旅　高山峻峰　28-31
奉天小倉円平氏作品の人形（＊写真）　31
満洲景物詩　Ⅶ　渡辺厳　32-33
私の旅の仕方　桜町九洲男　34-35
旅大南街道　井上麟二　36-40
旅行満洲カラーセクション
ネクタイ色　S・K　41
漫画　今秋の流行　一路　41
漫画　熊岳城温泉風景　武田一路／中山助次　42-43
これだけはお助け！と男性の悲鳴　44
男に文句あれど女性には大感服――満洲国の留学生は語る　K　44
狩猟雑記　加茂川芳夫　46-47
想出の酒とたべもの
井上麟二／渡辺重吉／高山謹一／佐々木孝三郎／市瀬亮／中溝新一／須知善一／金田詮造／斉藤兼吉／西田猪之輔／加藤新吉／瀬藤邦治／岡田文雄／大坪正／西田格武／馬屋原勝／甲斐巳八郎／今道潤三／森岡俊介／田村広太郎／西野入博／西田利八／田中芬／加藤郁哉／斎藤喜八／片岡春隆／奥村義信　48-51
聞いた満洲見た満洲　毛利元良　52-53
男の服飾学第一課　54
御存じですか？満鉄の家族遊覧券　54-55
いま更生する六百年前の美　55
囲碁初学者の栞（二）　M生　56-57
俳句募集　57
承徳の喇嘛廟　林申五　58-61
北平の横顔　楢山安三　62-66
流線型挿話　P氏の没落　井伏満洲二　62-66
毛皮の常識　河本臣吾　68-69
ニュース
大連市役所星ケ浦ビーチハウスの成績統計／冷房から暖房へ「あじあ」の新装置成る／古都奉天に観光客を招く待望の奉天観光協会設立／一膳めし、うどん等新大連駅に現れる大衆食堂／日本巡廻図書館近く米国へ発送／大連・新京のヤマトホテル豪華な新装／モダーン放送局愈よ年内には着工西部大連を飾る一偉観／朝鮮と満洲繋ぐ十四本の新橋梁架設に決定／祝電は金泥の封筒弔電には黒枠付／事故防止の見地から大連飛行場を拡張／鉄路総局地方色豊かな「十二景」を選定／大新京の環状道路来年五月竣工／新京、満洲里間電話愈々本月から開通／羅津、雄基間鉄道本営業愈々十一月に開始／更生・哈爾浜

駅　編輯部　70-74
満洲主要列車発着時刻表　(76)-(79)
旅のメモ　(76)-(79)
原稿募集　『旅行満洲』編輯部　(80)
編輯後記　K・N　(80)
満洲ところ名物　(82)
各地旅館案内　(83)-(85)

第三巻第一号〜第三号　＊未見

第三巻第四号　一九三六（昭和一一）年五月一日

表紙　迷鎮山娘々祭（＊画）　折田　勉　表紙
目次／扉（＊画）　樋口　成敏　目次・(13)
特輯グラフ
大石橋迷鎮山娘々祭／五月の空／新緑のハイキング　編輯部　(1)-(12)
帝国鉄道協会総会出席者一行を迎ふ　宇佐美喬爾　14
随想ところどころ（＊画と文）　飯田　実雄　15-17
満洲に於ける観光事業の将来とその動向に就て　丸茂藤平／築島信司　16-17
西比利亜紀行　森脇　襄治　18-21
満洲のゴルフを語る　平野　博三　22-23
旅行雑談（2）　加藤　郁哉　24-25
春光自日濃　大内　隆雄　26-27
小駅　井上　麟二　27-29
大連の樹木二三　滝口　武士　29-31
桜花だより　31
石仏と髷　柊　縫子　26-27
ハイキングの準備　飯多　義一　28-31
満鉄線の鉄道唱歌　青木　実　32-33
名将の魂籠る南関嶺の胡藤　土　竜之介　34-35
女按摩　城島　舟礼　34-35
旅客は望む　大野　斯文　36-37
大連描景　かうの・ひろし　36-37
コスモポリタンの色彩濃厚な哈爾浜の競馬　北　一郎　38-39
秘境の扉を排して千山に登る　前田　昇　40-41
寝台車の感想　天野光太郎　42-43
新緑の旅　宇佐美喬爾　43
埋れたる名勝大孤山を語る　石原　巌徹　44-45
あめりかで生れた私の満洲旅行記　田中美代子　46-47
奉天の天壇　総　公望　48-49
春宵漫筆　今枝　折夫　50-51
踏青抄（＊俳句）　高山　峻峰　51
一頁放語　遼東　太郎　52
色紙のぺいじ
漫画　赤帽氏故郷へ錦を飾るの図　藤井　図夢　53
たびの小噺　53
漫画　おつさんの旅行記　藤井　図夢　54・55

漫才　三文ハイキング　林家しんご　54-55
おしゃれあどばいざあ　G・駿平　56-57
プチ・ロマン　旅愁・大連　園　冬彦　56-57
漫画　五月の陽気　武田一路／今井一郎／藤井図夢　58-59
映画　編輯部　60-61
漫画　旅行を鑵詰にする　今井　一郎　62
松花江釣余談　島崎　貞朝　64-66
巴林附近のタイメン釣　並木　英徳　66-67
吃驚放記　木薬禅道　64-65
ツーリストレポルタージュ
来満者は居坐る／新大連駅／世界の天文学者満洲に集る／鈴蘭の一面坂とお花畠の浜北／満洲一の阜新炭田近く採掘さる／〝日本観光熱〟昂る／電園を〝小村公園〟と改称／鳳凰山麓に温泉を発見／遼東の名山千山に温泉郷が出現する／吉林にも新温泉／千山各廟大祈禱会／世界最快速の〝芋虫〟機関車／内定せる五月中のビューロー主催団体／象牙山の鉄鉱脈／満人女学生に茶の湯、生花を教習／満鉄観桜団体募集ポスター／ニツポン娘の代表米大陸を歴訪／自然美日本のシンボル春の新七草／日用語を是正／星ケ浦は満員　編輯部　68-71
汽車時間表　72-74
旅のメモ　72-75
原稿募集　『旅行満洲』編輯部　75
編輯後記　加藤／松宮／羽室／前田／小林　75
旅大道路／金州附近／鉄嶺・竜尾・竜首コース／平頂山／鳳凰山　(76)-(81)
満洲ところ名物　(76)-(77)
各地旅館案内　(78)-(81)

第三巻第五号　一九三六（昭和一一）年六月一日

表紙（＊画）　樋口　成敏　表紙
目次／扉（＊画）　樋口　成敏　目次・(13)
特輯グラフ
緑葉陽に透きて／野趣に生きる／磯・六月の表情／ハイク営城子まで／メカニツク甘井子　編輯部　(1)-(12)
旅と本と　大内　隆雄　14-15
満洲に於ける観光事業の将来とその動向に就て　竹下豊次／西川総一　16-17
黄花魚漁（＊画と文）　甲斐巳八郎　16-17
哈倫阿爾山を讃ふ　高尾憲太郎　18-19
葉書回答
村田嘉久子／宮野照子／沢村貞子／堤真佐子／村田知栄子／和歌浦小浪／堀江清子／細川ちか子／山路ふみ子／竹久千恵子／竜田志津江／川崎弘子／東竜子／高尾光子／五月信子／木下双葉／一ノ宮敦子／多々良浜路／栗島すみ子／光川京子／三宅邦子／黒田記代／築地まゆみ／大倉千代子　18-23
新潟から新京まで――日満新交通試乗記　石原　巌徹　20-21
朝霧　城　小碓　22-23

奉吉線と印象　香月　尚　24―25
戦都旅順は夏である（＊画と文）　飯田　実雄　26―27
緑葉三題（＊画と文）　池辺　青李　28―29
旅行雑談（３）　加藤　郁哉　30―31
都市とホテル　木暮　寅　32―33
旅から得た水の印象　オヌマ・コウーシチ　34―35
アメリカで生れた私の満洲旅行記　田中美代子　36―39
旅嫌ひ　柊　憲二　36―39
想ふ―初夏情景　渡辺　厳　39
金福線旧蹟談　森田　富義　40―41
随筆　カンカン帽子と夏　光琳寺　襄　42―43
千山風景図（画）　石田　吟松　43
銃と竿　宇佐美喬爾　44―45
日本から満洲を見る　中溝　新一　46―49
安奉線初夏随記　今枝　折夫　50―52
色紙のページ
（＊漫画）　藤井　図夢　53
わらひのたび　編輯部　53
おしゃれ・あどばいざあ　G・駿平　54―55
漫画　オッサンの旅行　藤井　図夢　56・57
ハイキングの為のサンドウヰッチ　保坂　春治　56―57
六月のまん画
客を待つ　赤羽　末吉　58
彼の誇り／喧嘩まで旅　山越　音　58・59
真昼の平康里　国井　真　58

不法越境　東郷　炭吉　59
美徳　藤井　図夢　59
ゑいぐわのぺいじ　編輯部　60―61
カクテル漫談　田中　生　62
一頁放語　遼東　太郎　63
ツーリストレポルタージュ
六月中のビューロー主催旅行団体の予定／商船愈々日発制へ／新京、図們間に今秋から急行列車／〝満洲の軽井沢〟に避暑客のため貸別荘／北満に果樹園／南京から青島へ直通列車運転／平原公園具体化す／満鉄鉄道部調整の団扇／東亜見本市六月大連で開催／紫荊山山腹に〝愛路〟の文字を植樹／ハルピンにヤマトホテル／アルプスにも電信電話／躍進満洲リンゴロンドンへ遠征／大大連都市計画愈々最後的段階へ／満鉄全線の軌条愈々一斉敷設替／ハイキングと旅の展覧会盛会裡に終了／オート・アラームを商船全船に施設／聖地南嶺に近く護国廟現出　編輯部　64―67
汽車時間表　68―70
旅のメモ　68―71
原稿募集　『旅行満洲』編輯部　71
編輯後記　加藤／羽室／小林　71
営城子ハイキングコース　(74)―(79)
満洲ところ名物　(74)―(75)
各地旅館案内　(76)―(79)

第三巻第六号・第七号　＊未見

第三巻第八号　一九三六（昭和一一）年九月一日

表紙（＊画）　樋口　成敏　表紙
特輯グラフ
　哈爾浜ペーヴメント・スナップ／たそがれのスンガリー／哈爾浜の印象／純蒙地帯・郭爾羅斯前旗／草原の跳鬼／訪れる秋　編　輯　部　(1)－(12)
扉（＊画）　池辺　青李　(13)
満洲古美術保護の必要　吉田長次郎　14－15
満洲の特殊な古跡について　島田　貞彦　16－17
蒙古回想記　福原　勲雄　18－20
南満を見た蒙古人の座談会　21－23
随筆
　潮騒　吉野　治夫　24－25
　秋断章　園　冬彦　24－27
　水上温泉　東郷　雄三　25－27
宿票を語る　筧　太郎　28－30
街の体温
　大連も都になつて　大野　斯文　31
　新京截談　北野　人　55
旅行雑談（6）　加藤　郁哉　32－33
哈爾浜片々　室井　一郎　34－37
ハルビン漫歩（文と絵）　武田　一路　(38)－41
夢の国熱河へ――探勝団体募集　43
満洲の秋を飾る草花　小林　勝　44－45
松花江と黒竜江の旅　香月　尚　46－47
黒竜江瞥見　石原　巌徹　48－50
旅で拾つた話　楠部　南崖　50－51
オツトセイの島　西　田　生　52－54
支那の乞食と大衆　佐内泗外生　56－57
ハイカー心得帖　58－59
ハイキングコース案内――大連を起点とした　編　輯　部　58－59
一頁放語　遼東　太郎　60
色紙のページ
　（＊漫画）　藤井　図夢　61
　漫画　おつさんの旅行　藤井　図夢　62・63
　万才　オリンピツク　林家しんご　62－63
　おしやれあどばいざあ　G・駿平　64－65
　漫画　月見　脇田宏／武田一路　66－67
　映画　編　輯　部　68－69
　新版ハイカー読本　天田　高　70－71
　空雷（＊画と文）　川上　旗男　72
はるぴん丸思出話　金崎正太郎　74－75
聖地黄金台　田中　芬　75
満洲漫談ところどころ　千曲　次郎　76－77
爽秋のハイキング（文と写真）　土　竜之介　78－80

満洲猟友聯盟全満クレー射撃大会を見るの記　本紙特派記者　82-83
大連に於ける露西亜時代の建物　泉　生　84-85
米国女教員団そこはか話　梅田あさ子　84-85
金州西門外三烈士殉節の遺跡　岩間　徳也　86-89
ツーリストレポルタージュ
三姓の発掘物奇談／連哈間直通列車増加／日満〝時間の統制〟／奉天城壁一部改造／新温泉街を建設／東京新京間二昼夜／十三駅名簡易化さる／観光満洲を宣伝／空のスピードアップ／大連に自動車氾濫／開く新空路二千キロ　編　輯　部　90-93
汽車時間表　94-96
旅のメモ　94-97
原稿募集　『旅行満洲』編輯部　97
編輯後記　N・H　97
よき眺め（＊漫画）　藤井　図夢　(98)-(103)
満洲ところ名物　(98)-(99)
各地旅館案内　(100)-(103)

第三巻第九号〈特輯満洲の狩猟〉

一九三六（昭和一一）年一〇月一日

表紙（＊画）　井上長三郎　表紙
目次（＊画）　樋口　成敏　目次
特輯グラフ
狩猟満洲／猟人の天国／曠原の狩猟／大興安嶺に狩る／大興安嶺に釣る／東陵／東陵の秋　(1)-(14)
扉（＊画）　池辺　青李　(15)
旅の感傷　橋本八五郎　16-17
座談会　満洲の狩猟を語る　18-28
今井健五郎／原伴二郎／八木虎之助／問山平松／田部井定雄／松森正博／安藤忍／三原重俊／吉村忠治／志和正陽／並木英徳／金田詮造
犬骨折つて鷹に取られる事　林　君彦　30-31
支那上代の狩猟に就て　松崎　鶴雄　31-32
満洲の猟犬は　金田　詮造　30-33
英国の狩猟の話　朝岡　健　32-33
大興安嶺の狩猟鳥獣　並木　英徳　(34)-35
水田の秋　八木虎之助　36-38
漫画　素人狩猟法　藤井　図夢　36-39
狩猟につながる話　石原　巌徹　38-40
厳冬の狩猟にはどんな服装がよいか　E・N　38-40
満洲への狩猟の旅　41
満洲猟鳥獣棲息鳥瞰図　42
漫画　狩猟の候と相成り候　今井　一郎　43-46
街の体温
奉天の十間房　神谷　守　47
清津の鰯　荒川　竜　64
温泉の感想　藤浪　剛一　48-50
満洲の温泉——熊岳城と湯崗子　古海　十八　51

南北旅大道路を往く　吉田長次郎　52－54
秋に入る心　稲葉亨二　55
灤州の影絵芝居　稲葉亨二　56－57
蒐集家の旅　須知善一　58－59
王府トルバトキ（絵と文）　兵頭保久　60－61
米国キャンベル・パーティー随聴記　岡本俊麿　62－63
色紙のページ
　虎を生捕りにする話　E・N　65
　おしゃれあどばいざあ　G・駿平　66－67
玄玄棋経俗訓（1）　赤尾四六郎　68－69
映画放談　紋多十　70－71
夜の満洲に咲くその後の女優群　吟巻俘安　70－71
漫画　おつさんの旅行　藤井図夢　72・73
万才　鳥うち　林家しんご　72－73
秋の漫画　武田一路／脇田宏　74－75
漫画小説　にんにく征服（文と画）　出目三吉　76－78
珈琲の風味を表す言葉　下山只一　76－78
興安嶺探勝日記　佐藤真美　(80)－87
ツーリストレポルタージュ
金時代の城跡を哈市郊外で発見／グレート大連の誇り新駅の完成愈々近し／大連の新駅に対抗し海の玄関を整備／切符の裏に広告／日光月光の両霊廟愈々近く完成さる／日本第三位のトンネル開通／東京大会に備へ国際空路の飛躍／東京―下関僅か十五時間／大阪別府空路に豪華な十六人乗／北満四省の可耕地全面積の三分の二／味覚の王「ざり蟹」北満にも続々発見　編輯部　88－91
汽車時間表　92－95
旅のメモ　92－95
原稿募集　(96)
編輯後記　『旅行満洲』編輯部　(96)
満洲ところ名物　N・H／J・Y　(98)－(99)
各地旅館案内　(100)－(103)

第三巻第一〇号〈特輯熱河〉

一九三六（昭和一一）年一一月一日

表紙（＊画）　樋口成敏　表紙
特輯グラフ　熱河
　陸の竜宮／紅台を仰ぐ／大伽藍普寧寺／巨仏を巡る／金竜燦然／瑠璃塔のほとり／避暑山荘／善美熱河／熱河の朝　編輯部　(1)－(18)
扉（＊画）　池辺青李　(19)
熱河避暑山荘　島田好　(20)－26
承徳漫歩（＊画と文）　河村竜興　27
世界的ツーリストポイントとしての承徳　平野博三　28－29
承徳の町／離宮文津閣附近（＊画と文）　池辺青李　30－31
承徳随想　石原巌徹　32－33
憧憬の熱河　森田富義　34－35
熱河遊記（絵と文）　香月尚　36－37
承徳写生旅日記　楢原健三　38－40

承徳ノート　神谷　守　40-41
承徳に於ける清朝の対蒙政策　満空　呑空　42-43
承徳放浪記　脇田　宏　(44)-47
承徳離宮七十二景を探る　高田　成志　48-53
承徳への旅は　54
交通道徳振興運動　(55)
満洲漫談ところどころ　千曲　次郎　56-58
灤州の影絵芝居　稲葉　亨二　59
奉天国立博物館風物譚　吉田長次郎　60-61
街の体温
　哈爾浜　奈美起生　62
　みなと・ひろば・まち――大連　あさき・ゆめみ　77
色紙のページ
　一頁漫画　藤井　図夢　63
　漫画　おつさんの旅行　藤井　図夢　64・65
　万才　らまけふ漬　林家しんご　64-65
　映画放談　紋　太　十　66-67
　おしやれあどばいざあ　G・駿平　68-69
　十一月のレコード　丸　一平　70-71
　モダン・ダンス・ヱチケツト　滝　詩童　70-71
　秋の漫画　今井一郎／藤井図夢／武田一路　72-73
　玄玄棋経俗訓　赤尾四六郎　74-75
座談会　訪日満人視察団に就て
　金池藤太郎／松川平八／斎藤直友／松下源次郎／本山正義／亀井俊彰／辻岡利扶／竹内好輔　78-85
訪日満人視察団ユーモレスク　椋　十　82-85
ツーリストレポルタージュ
　豪華快速を誇る金剛丸関釜間に就航／大阪別府空路に豪華空の酒場現出／三千万円の巨費を投じ新車両作成に乗出す／竣工の壺盧島築港明春開港場に指定／満洲国より の渡日者へ御所の拝観を許可／錦州の無名古刹に志士の遺蹟発見さる／足代の高い国都に安い豆タク近く出現／満鉄が誇る砲弾機関車十一月中旬にデビユー／空路無線標識を大連飛行場へ新設／哈爾浜同江間に長途バス新編成／交通道徳振興運動十一日より開始さる／四天王寺五重塔は木造で再建と決定　編輯部　86-89
旅行相談　編輯部　90-91
汽車時間表　92-95
旅のメモ　92-95
原稿募集　『旅行満洲』編輯部　96
編輯後記　N・H　96
満洲ところ名物　(98)-(99)
各地旅館案内　(100)-(103)

第三巻第一一号　一九三六（昭和一一）年一二月一日

表紙（＊画）　樋口　成敏　表紙
グラフ
　天津（天津だより・ヴイクトリア公園・フランス公園）／冬趣／白銀の誘ひ／凧売り　(1)-(12)

扉（＊画）　池辺　青李　(13)
寒さを讃える（絵と文）　甲斐巳八郎　14－15
天津雑記　石原　巌徹　16－19
支那旅館の一夜　朔北道人　20－23
ハイアライと云ふものは　20－23
天津の想ひ出　香月　尚　24－(26)
北平・天津視察団募集　27
宴会苦　八木　杜朗　28－29
東京で拾へば　市呂　丈太　30－31
旅順と言ふ町　吉田長次郎　32－34
「港」のことゞも　古川哲次郎　34－35
塀のそばの店／四人に暮れてくる（＊画と文）　池辺　青李　36－37
満洲漫談ところどころ　千曲　次郎　38－40
街の体温
　満洲里・国境風景　桂　一郎　41
　鞍山　西本　春彦　65
灤州の影絵芝居　稲葉　亨二　42－43
満洲のスキー場を巡る　北山弥三夫　44－48
スキー準備メモ　46－48
『旅行満洲』新年号予告――北平特輯　50
色紙のページ
　漫画　歳末ステーション風景　藤井　図夢　51
　漫画　おつさんの旅行　藤井　図夢　52・53
　万才　すいゐん　林家しんご　52－53
玄玄棋経俗訓　其三　赤尾四六郎　54－55
寒中漫画　今井一郎／武田一路／藤井図夢　56－57
おしやれあどばいざあ　G・駿平　58－59
映画放談　紋　太十　60－61
十二月のレコード　丸　一平　62－63
フイリツピン見聞記　夏本　一人　66－72
第三回上海・香港・マニラ観光視察団募集　(73)
ツーリストレポルタージュ
日満の時差は消え愈よ時間一元化さる／吾が憲政の殿堂国会議事堂完成／旅客機から電報近く実現される／奉天国際ゴルフ場明夏にはデビユー／京釜間の超特急を〝あかつき〟と命名／北支航空路開始さる／郷土色豊かな土産品海城の滑石細工は如何／驚異冷めぬ温泉長距離移送に成功／近く道府県立公園を全国に亙り制定する／国立公園の勝地に観光ホテルを設置／食道楽日本の進出米国にスキヤキ会社／世界一〝夢の浮橋〟盛大な開通式を挙行／英仏海峡に待望の渡船列車が実現／天津ラインに明年大汽の新造船就航／知名士を網羅して日本観光聯盟生る／お化粧凝らして愈々便利な慶弔電報出現　編輯部　74－77
旅行相談　編輯部　78－79
汽車時間表　80－83
旅のメモ　80－83
原稿募集　『旅行満洲』編輯部　84
告（＊移転）ジヤパン・ツーリスト・ビユーロー満洲支部　84
編輯後記　N・H　84

満洲ところ名物　(88)-(89)
各地旅館案内　(90)-(93)

第四巻第一号〈特輯北平〉

一九三七（昭和一二）年一月一日

表紙　万寿山（＊画）　池辺　青李　表紙
特輯グラフ　北平
　紫禁城／北海／景山／昆明湖／万寿山／玉泉山／西山廻り／喜日　編輯部　(1)-(16)
扉　箭楼（＊画）　樋口　成敏　(17)
北平　黒根　祥作　(18)-21
美都北平　長与　善郎　22-24
北平と古美術　佐藤　汎愛　25-30
北京・天津視察団募集　31
中国の女性　村上　知行　32-35
西山／裏街（＊画と文）　池辺　青李　36-37
北平昔話　烏　有　38-41
北平の支那劇　石原　巌徹　42-45
　梅蘭芳の楊貴妃（画）　香月　尚　45
北平の宴会　武　寿山　46-49
前門情緒　楢山　安三　(50)-51
北平今昔物語　朔北道人　52-55
古都北平を偲ぶ（絵と文）　香月　尚　56-57
北平――特に世界的の観光地として　平野　博三　58-59
琉璃廠　光岡　蘆月　60-61
北支那の名勝地湯山温泉　K　生　62-63
八達嶺（絵）　石田　吟松　64-65
紫禁城　石橋　丑雄　66-75
万寿山　矢留　千秋　76-79
明の十三陵　滝沢　俊亮　80-85
北平遊覧案内　編輯部　86-87
牛　永尾　竜造　88-91
日満支門松考　島田　好　92-95
街の体温
　凍る新京　南殻　北男　97
　吉林・美人の町・偽物漁り　倦　生　生　131
生きてゐる地図　高尾憲太郎　98-99
空虚な礼讃　井上　麟二　100-102
冬日紀行（＊短歌）　武田　尊市　101
満洲当世旅行者気質　増尾　忠則　102-103
国境正月風景　桂　一郎　104-105
満洲漫談　千曲　次郎　106-109
ホテル閑話　田中　芬　110-111
笑のたび　111
冬とカメラ　J・Y生　112
色紙のページ
　漫画　日満時差撤廃綺談　藤井　図夢　113
　初笑ひ　温泉花嫁姿　脇田　宏　114-115
　おしやれあどばいざあ　O・頓平　116-117

映画放談　紋　太　十　118―119
お正月のレコード　編　輯　部　146―149
漫画　おつさんの旅行　丸　一平　120―121
漫画　ダンス道読本　藤井　図夢　122・123
一月の漫画　川口彦太郎　122―123
漫画　黒牛脱走　今井一郎／脇田宏／武田一路　124―125
漫画　ホントカネ　柳川　草八　126
玄玄棋経俗訓　其四　藤井　図夢　127
呼倫貝爾に於ける趣味の狩猟　赤尾四六郎　128―130
ダルマチヤを経てギリシヤへ　梶原礼三郎　132―137
ツーリストレポルタージュ　森脇　襄治　138―145
国都が誇る一偉観国務院新庁舎成る／哈市忠霊塔を中心に清浄なる楽土を建設／満洲霊廟建立目指し日満蒙僧侶の大托鉢／満人嗜好品を蒐集し大阪で見本市／汎太平洋博覧会に北支那特設館設置／待望の内鮮満周遊映画今春三月にデビュー／台湾航路のみづほ丸近く大連航路に就航／羅津に鉄道ホテルを総局で明春より着工／流線型を排して鉄道省新造車全てを普通型に／国際ホテルコンクール今春大阪にて挙行さる／商船快速優秀船を新造日暹航路大改善に着手／八大観光ホテル全成ホテル陣の強化なる／ガソリン値上を機に愈電気バス時代来る／鉄道省の八新線決定／四層建て大音楽堂を今春桜咲く頃に起工／帝都を中心に綜合的観光ブロックを結成／ナチス豪華船日本へ本春三月相次で来航／世界一のアパート英国リーヅに出現／全鮮第二のトンネル〝三傑嶺〟竣工近し
旅行相談　編　輯　部　146―149
汽車時間表　編　輯　部　150―151
旅のメモ　152―155
原稿募集／告（＊移転）　152―155
編輯後記　『旅行満洲』編輯部　156
満洲ところ名物　N・H　156
各地旅館案内　(158)―(159)
(160)―(163)

第四巻第二号　一九三七（昭和一二）年二月一日

表紙（＊画）　樋口　成敏　表紙
特輯グラフ
寒気征服／銀丘を截る／スキー第一課／スキーハイキング／橇／迎春譜　編　輯　部　(1)―(10)
扉　雪山暮色（＊画）　池辺　青李　(11)
手帳から　大野　斯文　12―13
南米の話　山本邦之助　14―19
連山関（絵と文）　池辺　青李　20―21
スキー随想　板橋　敬一　22―24
新しい満洲のスキー場　北山弥三夫　24―25
満洲に於けるスキー事故と其の手当　野　陳　場　24―27
山城鎮スキー便り　田沢　慶子　26―27
大連小吟（＊短歌）　大橋　松平　28―29
瓦荘談語　水明野叟　30―31

満洲漫談　千曲　次郎　32-35
ホテル閑話　田中　芬　36-37
食堂車思ひ出話　平野　博三　38-39
国際列車風景　松井　繁松　40-43
満鉄直営哈爾浜ヤマトホテル――二月一日より開業　44-45
色紙のページ
漫画　旧正月／生産とスポーツの合理化　藤井　図夢　47・51
玄玄棋経俗訓　其五　赤尾四六郎　48-49
漫画　三題　武田　一路　50
漫画　満洲恋の騎士　今井　一郎　51
漫画　スリル狂／年越し接神の儀　柳川　草八　52-53
おしやれあどばいざあ　O・頓平　54-55
漫画　おつさんの旅行　藤井　図夢　56・57
ダンス道読本　川口彦太郎　56-57
二月のレコード　丸　一平　58-59
旅の女　矢野三四郎　60-61
街の体温　奉天　増尾　忠則　63
欧洲旅行記　長谷川　巌　64-67
ういんたあ・イン・哈爾浜（画と文）　西島　武郎　68-71
ツーリストレポルタージュ
観光ルートを拡充して総局満洲紹介に乗出す／熱河離宮と喇嘛寺の有料ガイドを開始／豪華温泉境五竜背に〝離宮〟建設の計画／札蘭屯に温泉が湧出／懸案の商船日発制今秋九月から確立／待望の鴨緑江遊覧船来る春にデビユー／湯崗子温泉楽山荘落成／哈爾浜ヤマトホテル二月一日より開業／北満特有の土産品を近く大々的に売出す／世界の新鋭二十余機を日本全線に近く配備／山道駈るパシコ機関車近く安奉線へデビユー／連京線に〝ハ六型〟を三等車の内部を改造／北陵外苑に遊園地を解氷期を待つて着工／客車利用列車ホテル陽春北満にデビユー／関釜聯絡の優秀船〝興安丸〟近く就航／全満に魁け奉天駅ですしの立喰ひを開始　編輯部　72-75
旅行相談　編輯部　76-77
汽車時間表　78-81
旅のメモ　78-81
原稿募集　『旅行満洲』編輯部　82
奉天・北平間一日運転　82
編輯後記　82
満洲ところ名物　(84)-(85)
各地旅館案内　(86)-(89)

第四巻第三号　一九三七（昭和一二）年三月一日

表紙（＊画）　池辺　青李　表紙
目次（＊画）　樋口　成敏　目次
特輯グラフ
水ぬるむ／古北口／長城に立ちて／鉄路の弾丸ダブサ型／うるむ大気の中へ／浅春の港　編輯部　(1)-(10)
扉（＊画）　池辺　青李　(11)
万里の長城　石橋　丑雄　12-20

村の夕暮／高麗門にて（＊画と文） 池辺　青李 22–23
手帳から（二） 大野　斯文 24–25
春が来て 小生　夢坊 26–27
旅と絵 稲葉　亨二 27–28
三等船客 青木　実 28–29
満洲芸術の発生へ 江口　隆哉 30
旅行雑談 加藤　郁哉 31
満洲の旅と飲食 石原　巌徹 32–33
旅と衛生 森崎　章治 34–35
満洲漫談（六） 千曲　次郎 36–39
ホテル閑話 田中　芬 40–41
食堂車想ひ出話（二） 平野　博三 42–43
瓦荘談語（二） 水明野叟 44–45
漫画　マル公 今井　一郎 45・47
猟友倶楽部と云ふものは――ハルビンの話 御酒　伴太 46–48
旅とカメラ 吉田　潤 49
『旅行満洲』四月号予告 50
色紙のページ
一頁漫画 フジヰ図夢 51
漫画　おつさんの旅行 藤井　図夢 52・53
万才　孔子 林家しんご 52–53
三月漫画帖
今井一郎／アケチ道秀／藤井図夢／柳川草八／武田一
路 54–55
おしやれあどばいざあ O・頓平 56–57
映画放談 紋　太　十 58–59
三月のレコード 丸　一平 60–61
玄玄棋経俗訓　其六 赤尾四六郎 62–63
満洲的一千一夜譚　夜行列車 脇田　宏 64–66
街の体温　斉斉哈爾 宮尾　公望 67
欧洲旅行記　ソヴエトの巻（二） 長谷川　巌 68–73
ツーリストレポルタージュ
別府観光大博覧会に異彩を放つ満洲側プラン／星ケ浦にビーチハウス早くも豪華プランなる／奉天、北陵へ自動車道今春工費五万円で着工／綏遠地方に探検隊遠征／大連市内遊覧バスが愈今春からお目見得／日満航路の新造船名は松花丸と黒竜丸に決定／東京サイパン島間に近く定期航空を開始／陽春の満洲へ花の賜物／桜の塩漬を安東名物に／観光朝鮮の新しい姿を広く海外へ汎つて紹介／東京大会に備へ国鉄空前のダイヤ改正／新情勢に順応して今秋十月全満ダイヤを改正／全満観光機関を統一し満洲観光聯盟結成さる／奉天ヤマトホテルが東陵附近に分館新設 編　輯　部 74–77
哈爾浜ヤマトホテル繁盛記（絵と文） 西島　武郎 78–81
笑ひの旅 81
瀬戸内海の女王こがね丸 六笠　陸三 82–84
満洲から内地へ――旅のプラン 編　輯　部 85
旅行相談 86–87
満洲の油房工業 87
原稿募集 『旅行満洲』編輯部 88

編輯後記　H　88
満洲ところ名物　90－91
各地旅館案内　92－95
汽車時間表　96－99
旅のメモ　96－99

第四巻第四号〈満洲旅行特輯〉

一九三七（昭和一二）年四月一日

表紙（＊画）　伊藤　順三　表紙
目次カット　樋口　成敏　目次
特輯グラフ
観光満洲　流線あじあの旅／ミナト大連／旅大を結ぶドライブウエー／聖地旅順／鉄の鞍山／遼陽の白塔／歴史の奉天／炭都撫順／国都新京／北満の心臓ハルビン／日満国境／吉林の鵜飼／熱河と蒙古／忠魂花に薫る　編輯部　(1)－(12)
花の満洲　大陸の春たけなは／花に明け花に暮れる　編輯部　(107)－(111)
扉　新京西公園（＊画）　池辺　青李　(13)
観光満洲　宇佐美喬爾　14－15
満洲の古都所々　園田　一亀　16－19
漫画　驚く満洲
大連埠頭／馬車／奉天北陵　藤井　図夢　19・37・67
苦力　アケチ道秀　23
露天市場／娘々祭／猟場／露天堀／ハルビン　武田　一路　39・41・43・45・81
国都建設／承徳喇嘛廟／吉林の鵜飼／書館　今井　一郎　53・56・69・85
戦蹟巡り　佐藤　真美　(20)－23
郷土玩具蒐集の旅　須知善一／甲斐巳八郎（絵）　24－30
街の体温
山海関　真鍋　一郎　31
安東　田村　拓也　57
撫順　沢　田　生　83
承徳　岡田　文雄　119
釣の旅
北満の河鱒釣　佐藤　通男　32－(35)
南満春の釣　寺沢　石仏　36－38
奉山線の釣　金田　詮造　38－40
猟の旅
春の渡鳥猟――奉天近郊　仲田　忠数　41－43
竜潭寺猟記　八木　杜朗　44－46
北満の狩猟　並木　英徳　46－47
満洲観光地鳥瞰図　樋口　成敏　(48)－(49)
移民村の生立ち　金丸　精哉　50－53
満洲移民偶感　山本　登　54－56
葉書回答　内地の人に満洲の何処を見せたいか
米野豊実／村田懿麿／中村猛夫／稲村豊二郎／失名氏／米内山震作／松本豊三／寺田喜治郎／下津春五郎／小沢

宣義／渡部重吉／田中芬／川角忠雄／中溝新一／金田詮造／田中末治／西田猪之輔／向野元生／上村哲弥／稲川利一／秋田豊作／軍司義男／橋本八五郎／高山謹一／石原巌徹／高山勝司／庄村辰／瀬藤邦治／失名氏 58—60
視察団に奨める金州 山城 香甫 62—63
満洲に著しき自然現象の話 新帯国太郎 64—69
旅とカメラ（3） 満洲のどこをねらふか 吉田 潤 (70)—73
満洲土産の話 神谷 守 74—77
満洲土産物案内 74—79
満洲絨毯雑記 米良 晃 80—82
旅で拾つたホルモン剤——満洲の巻 西 田 生 84—86
満洲旅行の手引 87—105
満洲たべもの案内 88—103
手帳から 大野 斯文 113
熱河宝物館について 黒田 源次 114—118
支那の古地図 杉村 勇造 120—122
旅の女三題 三井良太郎 123
汽車の煙（＊画と文） 池辺 青李 124—125
旅行雑談 加藤 郁哉 126—127
満洲の旅と崔承喜 記 者 (128)—129
食堂車想ひ出話（三） 平野 博三 130—131
漫画 マル公 今井 一郎 131・133
瓦荘談語 水明野叟 132—133
満洲漫談（七） 千曲 次郎 134—138
笑ひの旅 138・147・151・152

色紙のページ
一頁漫画 藤井 図夢 139
映画放談 紋 太 十 140—141
おしやれあどばいざあ O・頓平 142—143
漫画 十人10色のたび 144—145
アケチ道秀／鯨善平／佐々木ガン／奥行雄／藤井図夢
満洲ダンスホール案内 川口彦太郎 146—147
漫画 春の満洲 満洲漫画家協会（合作） 148—149
四月のレコード 丸 一平 150—151
玄玄其経俗訓 其七 赤尾四六郎 152
欧洲旅行記 ソヴエトの巻（三） 長谷川 巌 154—157
ホテル閑話 田中 芬 158—159
旅行手帖 柿沼 実 160—161
童話 春の手紙 山田健二／森元三樹三（絵） 162—167
旅行報知
満鉄学生割引率改正四月より実施／日本各地博覧会の満洲デー／承徳附近に山鳥が棲んでゐる／大観光団来満に臨時列車を編成／花の日本へ満人訪日団体／釜山、新京間に列車増結さる／錦県鉄路局の観光プラン成る／三、四月の各地旅行団募集発表さる／〝判り易い駅名〟へ総局統一に乗出す／図們站の増改築／人口百五十万の大奉天都市建設計画なる／夏の興安高原へ早くも避暑準備進む／天津—哈爾浜僅か四時間で飛べる／鉄道省汽、電車の御化粧／奉天—安東無装架ケーブル竣工さる／〝ミナト〟営口観光宣伝に乗り出す／錦州市制今秋十月実施／

好評の花壇今年も各駅に／美術焼物が吉林名物に／興城温泉を海と結んで理想的温泉郷に／南満一の海水浴場として蓋平海水浴場指定さる／第二回目の鴨緑江川開き四月上旬挙行さる／東京⇔新京、北平へ悠々一日の空旅／満洲映画協会四月上旬設立さる／〝観光満洲〟宣伝工作総局旅客課長会議／観光の春にそなへて大連市内遊覧バス開始／東京紐育間一飛びの長距離飛機完成　168－171
満洲桜の案内　172－173
旅行相談　174
団体の予告　174－175
原稿募集　『旅行満洲』編輯部　176
編輯後記　H　176
満洲ところ名物　178－179
各地旅館案内　180－183
汽車時間表　184－187
旅のメモ　184－187

第四巻第五号　一九三七（昭和一二）年五月一日

表紙（＊画）　池辺　青李　表紙
目次（＊画）　折田　勉　目次
特輯グラフ　新緑とハイキング
若葉の中をゆく／竜潭山ハイキング／聖母ヶ丘ハイキング／小白山ハイキング／五月祭／あかしやと藤の花／五月野　編輯部　(1)－(12)
扉（＊画）　田口　稔　(13)
欽定四庫全書　杉村　勇造　14－16
旅風一陣　竹内　節夫　18－21
新緑随想
新緑郷愁　八木橋雄次郎　22－23
緑と少女　吉野　治夫　23－24
五月・旅　中島　光夫　25
青葉（＊画と文）　池辺　青李　26－27
満洲土産品叢談（一）　関東三宝の話　米良　晃　28－31
マロニエの花　三井良太郎　32
閭山の獅子　鵜殿　樸　33
満洲漫談（八）　千曲　次郎　34－37
新興満洲国の女達　小生　夢坊　38
街の体温
躍進牡丹江　B・L・T生　39
阜新　池田　一郎　77
鴨猟の話　島　二郎　40－41
水鳥の都　営口猟友生　41－42
ホテル閑話　田中　芬　43
食堂車想ひ出話（四）　平野　博三　44－45
漫画　マル公　今井　一郎　45・47
瓦荘談語（四）　水明野叟　46－47
娘々祭漫評　脇田　宏　48－50
大石橋／大屯／吉林／湯崗子（＊画と文）　竹田　生　48－50
旅と手荷物　増尾　生　51

はるびんの復活祭	西島　武郎	52－54
旅と親切	C・H	55
満洲名産味覚漫談	紅谷　嘉一	56－57
旅とカメラ（4）　カメラハイキング	吉田　潤	58－60
漫画　ヒデチヤンの旅	扇　小僧	59・60
ハイキングコース案内		61－76
『旅行満洲』六月号予告		78
笑ひの旅		78
色紙のページ		
一頁漫画	藤井　図夢	79
漫画　おつさんの旅行	藤井　図夢	80・81
宿のとまり方あの手この手	迫　三笠	80－81
映画放談	紋　太十	82－83
おしやれあどばいざあ	O・頓平	84－85
5月のマンガ　アケチ道秀／柳川草八／提灯大人／鯨善平／奥行雄／藤井図夢		86－87
漫画　十人10色のたび　提灯大人／山手洗／中村伊助／藤井図夢／柳川草八		88－89
五月のレコード	丸　一平	90－91
玄玄棋経俗訓　其の八	赤尾四六郎	92－93
豪華「満洲旅の夕」――盛会、大成功裡に了る		94
欧洲旅行記　ソヴエトの巻（四）	長谷川　巌	95－101
行きずりの風景	門奈喜三郎	102－103
旅を旅する航路はこれ	飯村梅四郎	104－105
雪消（＊小説）	三宅　豊子	106－111
改版・旅行記念スタンプ集		112－113
旅行報知　観光満洲を世界に宣伝／空、陸、海旅客聯絡輸送開始さる／ハルビン富錦間に急航客船を配置／哈爾浜観光協会設立／哈爾浜附近一帯が考古学界の大宝庫／東京⇔新京の有線電話今秋十月実現／観光会館設立計画／オリンピツク相談所新設ビユーロー大連案内所に／炭都撫順に遊覧バス運転／一般温治客のために温泉相談部設置／奉天、北平間国際列車に満洲国麗人サービス／大連で東亜見本市開催／古蹟古物名勝天然記念物として百五十件を仮指定／満鉄線寝台車客にアイロンサービス／新制服の鉄道マン六月一日より一斉登場／観光ホテル・日光に新設／拓務省大量移民第一陣明年二月に入満／星ケ浦臨海浴場に大キヤンプ村を設備／国際都市哈爾浜に観光バス運転／空の世界一周実現さる／訪日宣詔記念美術展覧会開催さる／黒竜丸三等喫烟室設備	編輯部	114－117
旅行相談		118－119
満洲の水稲と陸稲		119
原稿募集	『旅行満洲』編輯部	120
編輯後記	H	120
満洲ところ名物		122－123
各地旅館案内		124－127
汽車時間表附汽船・航空		128－131
旅のメモ		128－131

第四巻第六号〈特輯新大連駅〉

一九三七（昭和一二）年六月一日

表紙（＊画）　三井良太郎　表紙
目次（＊画）　樋口成敏　目次
特輯グラフ
国都新京／国都の偉容／緑風帯／大同大街／流線空の旅／新しき大陸の玄関／新大連駅の正面夜と昼　編輯部　(1)－(12)
扉（＊画）　馬場射地　(13)
大連駅の今昔　井上芳雄　14－20
新大連駅案内　長谷川巌／フジヰ図夢（画）　21－29
街から駅へ　相原荘蔵　30－31
大連駅の横顔　助役A／B／C　32－35
新京随筆
新京雑記　大内隆雄　36－37
消えて行く長春　天野光太郎　37－39
公園　今枝折夫　39－40
長春ツ児の記憶（＊画と文）　脇田宏　41－44
新京の田舎（＊画と文）　武田生　44
漫画　王道楽土――ハイキング　今井一郎　39
散歩（＊画と文）　池辺青李　46－47
大陸の空を行く　坪井与　48－50
街の体温　青島　福田広治　51
満洲雑詠（＊短歌）　中島哀浪　52－53
満洲夏の草野　佐藤潤平　54－57
通洲画信　香月尚　58－59
旅行雑談　加藤郁哉　60－61
天国バリ島　ジヨセフ・R・シエーラー／大谷正一（訳）　62－68
旅とカメラ（五）　吉田潤　69
満洲土産品叢話（二）「関東三宝」の話　米良晃　70－73
満洲漫談　其九　千曲次郎　74－76
色紙の頁
漫画　彼は何を忘れたか　フジヰ図夢　77
漫画　おつさんの旅行　藤井図夢　78・79
旅と風呂　那迦三蔵　78－79
漫画　十人10色のたび
奥行雄／アケチ道秀／杉野たかし／柳川草八／山手洗　80－81
6月のマンガ　奥行雄／アケチ道秀／扇小僧／藤井図夢　82－83
ミキサーの耳　84－85
ミユージツク街　丸一平　86－87
六月のレコード　丸一平　87
国際旅の女　神谷守　88－90
ホテル閑話　田中芬　91
日満ラインの偉容　鴨緑丸　92
欧洲旅行記　ソヴエトの巻（五）　長谷川巌　93－99
童話のある風景　鹿島鳴秋　100－101
食堂車想ひ出話（完）　平野博三　102－103
漫画　マル公　今井一郎　103・105

瓦荘談語（五）　水明野叟　104―105
関東州内六月の釣　一竿生　106―107
花子と女達（＊小説）　宮川靖　108―112
新版・旅行記念スタンプ集　113
旅行報知
遼時代の壁画発見さる遼陽附近石硯山で／世界最古版の日本地図巴里から奉天図書館に／満洲産業映画完成／総局〝慰安列車〟半箇年に亘り国線を巡回／満洲でも速達郵便制実施／旅客機と電報交換内台連絡機が実施／敦賀、清津間の連絡時間を七月一日より短縮／列車電話今秋実施さる／新興開港場壺廬島開く／錦州名物〝へぼ胡瓜〟／大同公園に体育館設立／哈市が市街名を日本色に／北満に列車ホテル設置／大連ゴルフリンク営城子双台溝に移転／名峰千山大焼す／勝地金剛山荘開く／瑞穂丸面目を一新して日満ラインへ／十円新紙幣出現　114―117
旅行相談　118―119
笑ひの旅　119
原稿募集　『旅行満洲』編輯部　120
編輯後記　H　120
満洲ところ名物　122―123
各地旅館案内　124―127
汽車時間表附汽船・航空　128―131
旅のメモ　128―131

第四巻第七号　一九三七（昭和一二）年七月一日

表紙（＊画）　今井一郎　表紙
目次（＊画）　折田勉　目次
特輯グラフ
海ひらく／浜の快速調／夏を愉しむ／砂浜の童心／爽涼太子河下り／ゆあみのあと五竜背／樹陰は誘ふ　編輯部　(1)―(12)
扉（＊画）　森元三樹三　(13)
満洲土産品叢話（三）「満洲鹿」の話　米良晃　14―19
興安嶺より呼倫貝爾へ　村井博介　20―22
街の体温
営口　樋口一夫　23
錦州　町田新太郎　27
太子河舟下り　大浦孤舟　24―26
馬蘭峪と朝陽洞　高橋猛夫　28―30
満洲雑詠（＊短歌）　中島哀浪　32―33
釣魚随筆
雅魯河の河鱒釣　佐藤通男　34―35
鱚　井上麟二　35―36
宿屋ところ〴〵　平野博三　37
涼みばなし　小生夢坊　38―39
時計を壊される　天野光太郎　39―40
ランプのあるカフエ　川内堯　40

旅とカメラ（六）夏の写真常識　伊達　良雄　41
旅と買ひ物　増　尾　生　42
旅と寝台車　神谷　守　43
大陸夏の放送
新京　西公園は暑い　脇田　宏　44－45
哈爾浜　真夏の昼の夢　西島　武郎　45－46
満洲里　国境の夏　三浦　亀忠　46－47
奉天　暑さも亦よし　野呂　三助　48－49
承徳　罌粟の花と雨　岡田　文雄　49－51
大連　海のある都　千　平助　51－52
吉林　水郷漫才　寸賀　利助　52－53
漫画　王道楽土――ハイキング　今井　一郎　49
笑ひの旅　53・70・91
ビューロー夏の家　54－55
世界神秘境の圧巻「アングコル・ヴアット」――緑星世界
周遊記　ジヨセフ・R・シエーラー／大谷正一（訳）　56－63
瓦荘談語（六）　水明野叟　64－65
満洲漫談　其十　千曲　次郎　66－70
色刷のページ
漫画　海二題　フジヰ図夢　71
漫画　おつさんの旅行　藤井　図夢　72・73
続旅と風呂　那迦　三蔵　72－73
夜行列車風景　世窓さぐり／フジヰ図夢（絵）　74－75
七月の漫画
藤井図夢／杉野たかし／奥行雄／アケチ道秀　76－77
漫画　海浜天国　満洲漫画家協会（合作）　78－79
戦国マンガ　両国志（上）　柳川　草八　80－81
映画放談　紋　太　十　82－83
ミユージツク街　丸　一平　84－85
七月のレコード　中村　憲一　85－86
満洲農村風景（＊画と文）　浅枝　青甸　87
欧洲旅行記　ソヴエトの巻（六）　長谷川　巌　88－91
南山上に建設された乃木将軍の詩碑　92－93
避暑地案内
北満を讃美する　兵頭　保久　94－97
南満人魚の浜　池田　一郎　98－100
杏樹屯　中　村　生　100－101
興城と沙崗　田村　拓也　101－102
満洲に於ける貨幣交換の栞　103
煙館の殺人（＊小説）　大庭　武年　104－110
旅行報知
斉―札間に遊覧列車運転／饗河に大河水浴場を設置／南洋へ伸びる定期航路／仙郷〝鉢巻山〟／興安に揮ふ科学のメス／社国線の呼称を近く統一／新特急「かもめ」愈運転／北満新名物嫩江の鵜飼ひ／移民斡旋弁事処の開設／二万法の満鉄ポスター／扎蘭屯温泉生る／奉天橋頭間に臨時列車／奉天鉄西附属地を繋ぐ大地下道建設／奉天に立つ国土を護る像／満語トーキー観光日本／釣天狗の喜び／日本学術協会大会旅順に開かる／愛国切手売出される／安東に飛行場設置さる／統計からみた種々相／

「観光満洲四方山話」　112–115
旅行相談　116
団体の予告　116–117
読者だより　117
汽車時間表　118–119
原稿募集　『旅行満洲』編輯部　120
編輯後記　120
満洲ところ名物　122–123
各地旅館案内　124–127

第四巻第八号　一九三七（昭和一二）年八月一日

表紙（＊画）　樋口　成敏　表紙
目次（＊画）　樋口　成敏　目次
特輯グラフ
　夏のスンガリー／江風をうけて／河の銀座／夏の庭スンガリー／智水仁山／朱乙の渓流／朱乙竜潭　(1)–(12)
扉　柴河（＊画）　稲葉　亨二　(13)
北海道旅行余話　加藤　郁哉　14–17
街の体温
　図們　土屋　晴充　18
　鉄嶺　T　生　63
大陸の河と湖を語る
　太陽島ルンバ（絵と文）　西島　武郎　20–23
　黒河から漠河まで　林　君彦　23–25
嫩江　大宮　太郎　26–28
　アルグン河と釣　松井　繁松　28–29
　灤河雑記　松本　光庸　30–33
資源の話　満洲の漁業　33
　夏のアリナレ　鴨江　与可　34–35
　鏡泊湖物語　大西　洋　36–39
北支画信　香月　尚　40–41
旅とスケッチ（＊画と文）　甲斐巳八郎　42–43
満洲の山山　北山弥三夫　44–47
白い霧／山中家（絵と文）　池辺　青李　48–49
じや・らん・とん　柿沼　実　50–51
海匂ふ　赤木　千介　51–52
笑ひの旅　52
夏の渡り鳥　川上　草子　53
満洲土産品叢話（四）　東珠の話　米良　晃　54–57
旅の常識　旅と汽車　神谷　守　58–59
漫画　猫／現代娘気質　佐藤　正敏　58–59
ホテル閑話　東西ヱチケット物語　田中　芬　60–61
宿屋とところ〴〵（二）　平野　博三　62
旅とカメラ　南満海水浴場とスナップ　吉田　潤　64–65
原始のカムチヤツカを貫く——カムチヤツカ・スキー縦走記
　ステン・ベルグマン／大谷正一（訳）　66–72
色紙の頁
　一頁漫画　フジヰ図夢　73
　漫画　おつさんの旅行　藤井　図夢　74・75

漫才　納涼　池田コング　74–75
八月の漫画
　奥行雄／フジヰ図夢／杉野たかし／佐藤正敏　76–77
戦国マンガ　両国志　柳川　草八　78–79
旅のコント
　旅愁　フジヰ図夢　80–81
　窓から首を出して首になつた話　佐藤タダシ　81–82
　旅で拾はれた話　麓　路夫　82–83
　はかなきもの　山手　洗　83–84
ミユージツク街　丸　一平　85–86
八月のレコード　中村　憲一　86–87
奉天・真夏だより　古久　礼　88
旅で拾った話
天津の女　楠村　大吉　89–90
旅の女　桑原　花人　90–91
ハルビンの女　近東綺十郎　92–93
満洲漫談　其十一　千曲　次郎　94–97
満洲風俗　花嫁行列　大岩　峯吉　98–100
納涼夜話　S軍医上尉の話　冬木　羊二　102–107
旅行報知
　空の港に女ありエアポート・ガール現る／北安—孫呉間に臨時列車／食堂車に満洲美人デビユ／羅津税関独立す／黒竜丸愈々就航す／ヴオルガ大運河開通す／神戸港に電報受付所／新線竜安鉄道に遊覧列車／佳木斯に船のホテル出現／承徳経由の「北支観光券」発売さる／観光満洲四方山話／東陵、北陵の暫行拝観規則　108–111
旅行相談　112
団体の予告　112–113
読者だより　113
汽車時間表附汽船・航空　114–115
原稿募集　『旅行満洲』編輯部　116
編輯後記　H　116
満洲ところ名物　118–119
各地旅館案内　120–123

第四巻第九号　一九三七（昭和一二）年九月一日

表紙（＊画）　佐藤　功　表紙
目次（＊画）　樋口　成敏　目次
特輯グラフ
　青島／青島市街／青島の聖域／青島海浜公園／平津点描（天津・北平）／満洲狩猟珍鳥／大和尚山　編輯部　(1)–(16)
扉　門猴児（＊画）　山越　音　(17)
移民地順礼一千里（一）　山田　健二　18–22
街の体温　昌図の巻　本竜　高則　23
随筆
　新涼家の窓汽車の窓　森脇　襄治　24–25
　魚漫談　貝瀬　謹吾　25–26
　新京の「首」　橋本八五郎　26–27
　朝食雑記　高山　謹一　28–29

漫画　王道楽土――一徳一心　今井　一郎　27
魚釣（絵と文）　池辺　青李　30－31
墨爾根漫紀　佐藤　通男　32－33
思ひ出日記　国境の街　小生　夢坊　33－35
北支画信　北戴河と秦皇島　香月　尚　36－37
満洲土産品叢話（五）　清泉蛤螞油の話　米良　晃　38－43
旅の詩　江風四題　八木橋雄次郎／池辺青李（絵）　44－47
訪日紀行余録　佐藤　真美　48－51
笑ひの旅　51・90
旅の常識　旅と汽船　神谷　守　52
旅とサーヴイス　たかのり　53
旅行手帳　柿沼　実　54－56
宿屋とところ〴〵（三）　平野　博三　56－57
今秋の猟場は　金田　生　58－59
満洲猟友聯盟全満クレー射撃大会を見るの記　特派記者　59
苹果の秋　大塚　義雄　60－61
珈琲の秋　下山　只一　62－64
旅とカメラ　秋の写真常識　吉田　潤　63
雪崩の峡谷を衝く――カムチヤツカ・スキー縦走記　ステン・ベルグマン／大谷正一（訳）　66－71
満洲漫談　其十二　千曲　次郎　72－74
漫画　海水浴に行かなかつた奴　藤井　図夢　75
漫画　おつさんの旅行　藤井　図夢　76・77
漫才　食物採集　池田コング　76－77
映画放談　紋　太　十　78－79
九月の漫画　佐藤タダシ／フジキ図夢／奥行雄／山手洗／杉野たかし　80－81
（＊4コマ漫画）　アケチ道秀／山手洗／藤井図夢／提灯大人　82－83
カツパ風呂に入る　アケチ道秀　84－85
心臓のうらおもて　麓　路夫　85－86
旅の恥はかき捨てならず　杉野たかし　86－87
ミユージツク街　丸　一平　88－89
九月のレコード　中村　憲一　89－90
上海所解説　山田　源次　91－97
北支とはどんな処か　記　者　98－105
支那の戦線（＊漫画）　奥　行雄　101
支那の銃後（＊漫画）　扇　小僧　103
千人針（＊漫画）　佐藤タダシ　105
交通回復する天津・北京　楢山　安三　106－108
古都は永遠に平和なり／天津の忙しさ　矢留　千秋　107・108
満洲の名産及び土産品について　大谷　宏　109－111
欧洲旅行記　ソヴエトの巻（七）　長谷川　巌　112－116
弓子の手紙　G・駿平　118－122
旅行報知
承徳忠霊塔愈々竣工す／四平街にビユーロー新設／東京湾横断新航路開く／湯原―佳木斯間航空路新設さる／九台温泉営業開始す／新京駅でビール立売開業／新煙草「つばさ」売出さる／東陵、北陵の入門証発給／ホテル・ニユーハルピン七月初旬開店す／錦県昭和ホテル開業　124－125

観光満洲四方山話　126-128
旅行相談　129
汽車時間表附汽船・航空　130-131
原稿募集　『旅行満洲』編輯部　132
編輯後記　H　132
満洲ところ名物　134-135
各地旅館案内　136-139

第四巻第一〇号　一九三七（昭和一二）年一〇月一日

表紙（＊画）　樋口　成敏　表紙
目次（＊画）　樋口　成敏　目次
特輯グラフ
山野に親しむ／鉄嶺竜首山／楽土の収穫／建工満洲学園のスポーツ／秋三題／湯崗子温泉秋の楽山荘／小春日　編　輯　部　(1)-(12)
扉（＊画）　市村　力　(13)
入満旅客に寄する　満洲観光聯盟　14-15
北満十四火山地帯探査記　エー・エス・ルカーシキン／野波（訳）　16-21
北支画信　居庸関と八達嶺　香月　尚　22-23
房山十字寺——景教と私の因縁　杉村　丁甫　24-25
満洲三十余年前の憶ひ出　高橋邦太郎　26-27
日本で拾つたサービス　爾飛　能美　28-29
満洲に絡んだ北辺漫談　小生　夢坊　30-32
移民地巡礼一千里（2）ほ、えむもんぺ　山田　健二　34-38
旅の常識　旅と航空機　神谷　守　39
街の体温　羅津の横顔　田中鐐四郎　40-41
旅で拾つたはなし　K　生　40-41
宿屋ところぐ（四）　平野　博三　42-43
冷房時代／最も安全な旅行は　43
ホテル閑話　ホテル王スタツトラーの「我等の綱領」　田中　芬　44-45
秋の熱河を写す　吉田　潤　(46)-(48)
本誌グラフ用写真募集　49
支那観光概観　山田　源次　50-56
旅の歌　滝口　武士　54-55
ビユーロー代売図書目録　57
支那の兵隊　千曲　次郎　58-60
笑ひの旅　60・84・90
地痞流氓の話　香月　尚　61-63
満洲土産品叢話　六　撫順名産石炭細工と琥珀細工の話（其一）　米良　晃　64-68
漫画　拱手傍観　柳川　草八　69
漫画　おつさん従軍　藤井　図夢　70・71
犬の座談会　千　平助　70-71
漫画　戦線余話　藤井図夢／アケチ道秀／中村いすけ／提灯大人　72-73
漫画　李さん出世譚　藤井　図夢　74-75
時計綺談　石井　萩人　76-77

国都漫信　今井　一郎　78－80
助さん実録　角　太郎　78－80
ミユージツク街　丸　一平　81－82
十月のレコード　中村　憲一　82－83
俳句・川柳募集　84
ツンドラに結ぶ夢――カムチヤツカ・スキー縦走記（三）
ステン・ベルグマン／大谷正一（訳）　86－90
湯崗子　池田　一郎　92－94
湯崗子温泉泥湯の話　梅原　秀次　94－97
満洲の名産及び土産品について（二）　大谷　宏　98－101
欧洲旅行記（八）　ポーランドの巻　長谷川　巌　102－106
安東（＊小説）　島崎　恭爾　108－111
旅行報知
支那旅行ニユース／撫順を凌ぐ阜新炭田へ新義線本営業開始／奉天で馬車乗車券の発売／図們駅増築／日満ラインの女王鴨緑丸就航／ハロンアルシヤンへ白温線営業開始／台湾の時差撤廃／渓城線仮営業開始／旅客列車に無線電話／農安線バス営業再開／大連連鎖街並三越支店内にビユーロー新設　112－113
観光満洲四方山話　114－116
旅行相談　117
汽車時間表附汽船・航空　118－119
原稿募集　『旅行満洲』編輯部　120
編輯後記　H　120
満洲ところ名物　122－123
各地旅館案内　124－127

第四巻第一一号　一九三七（昭和一二）年一一月一日

表紙（＊画）　浜野　長正　表紙
目次（＊画）　樋口　成敏　目次
特輯グラフ
晩秋／蒙古角力／北陵／緬羊／公主嶺／煉瓦焼き／冬近き日　編輯部　(1)－(12)
扉（＊画）　甲斐巳八郎　(13)
旅を思ふ　筧　太郎　14－15
雨の松花江下り　矢田津世子　16－18
興城温泉にて（短歌）　西田猪之輔　18
思ひ浮ぶままに　大谷　藤子　19－21
冬になる新京／老人のゐる風景（絵と文）　池辺　青李　22－23
回顧の上海三題　大野　斯文　24－25
姓名受難　紫藤貞一郎　25－27
穴あらばの記　鹿島　鳴秋　27－28
街の体温
大連　志賀　淳　29
哈爾浜　松井　繁松　53
北満の秋色　加藤　郁哉　30－33
旅行手帖　柿沼　実　34－35
猟界随筆　仲田　忠数　36－37
移民地巡礼一千里（3）　少年移民は唄ふ　山田　健二　38－42

旅とカメラ　冬の写真常識　吉田　潤　43
旅と俳句　高山　峻峰　44
旅と味覚　神谷　守　45
記念スタンプの横顔　C・H　44－45
満洲土産品叢話　七　撫順名産石炭細工と琥珀細工の話　（其二）　米良　晃　46－52
嶗山遊記（＊画と文）　香月　尚　54－55
嶗山指針　香月　尚　56－58
北寧線の旅　稲葉　亨二　60－63
皇軍慰問代議士の報告　小生　夢坊　64－66
「北京」が甦へつた　楢山　安三　67
北京の現況　S・F・S　68－69
日清戦争の思ひ出　千曲　次郎　70－74
色紙の頁
漫画　大井川雲助式戦法　藤井　図夢　75
漫画　おつさん従軍　藤井　図夢　76・77
洋車漫語　池田　一朗　76－77
漫画　李さん出世譚（二）　藤井　図夢　78－81
漫画　戦線戦後　提灯大人／禿はじめ／奥行雄／フジヰ図夢　82－83
蔵泥仏　千　平助　84－85
写真撮影に注意――軍機保護法と関東州　84－85
本誌グラフ用写真募集　86
ミユージツク街　丸　一平　87－89
十一月のレコード　中村　憲一　88－89
俳句・川柳募集　90
欧洲旅行記（九）ポーランドの巻　長谷川　巌　91－96
酷寒と闘ひ黒貂を狩る――カムチヤツカ・スキー縦走記（四）　ステン・ベルグマン／大谷正一（訳）　98－102
ビユーロー代売図書目録　103
四十億瓩を運ぶ新線――新義線本営業開始　山　田　生　104－106
旅行相談　107
千代子（＊小説）　町原幸二／武田一路（絵）　108－113
笑ひの旅　113
旅行報知
梅河口通化間十一月から本営業開始／鉄道と自動車路線との直通運送実施／満空「奉天空の旅案内所」移転／北平「中山公園」改称／平津長距離電話開通／大連駅に「花車」お目見得／安奉線のダイヤ復旧／千山の山梨を湯崗子駅で呼売／吉林北山池で貸ボート開始／渓堿線列車運転時刻改正／明水―克山間バス運転時刻改正／承平バス運転開始／平津バス営業開始／北平を北京と改称／日満航路の女王鴨緑丸処女航海　114－115
観光満洲四方山話　116－119
金及金製品輸出に関し旅行者に注意　117
改正汽車時間表附汽船・航空　120－121
原稿募集　『旅行満洲』編輯部　122
編輯後記　H　122
満洲ところ名物　124－125
各地旅館案内　126－129

第四巻第一二号　一九三七（昭和一二）年一二月一日

表紙（＊画）　折田　勉　表紙
目次（＊画）　樋口　成敏　目次
特輯グラフ
　白銀に鍛ふ／北山スキー場／橇／城内点描／雪に暮れる　編輯部　(1)－(10)
扉　大同霊崗石仏（＊画）　石田　吟松　(11)
上海を襲ふた倭寇　林　石眠　12－13
山東のスケッチより　香月　尚　14－15
満洲の松　天野光太郎　16－17
砂山　三宅　豊子　17－18
天津の娘娘宮　石原　巌徹　19
街路と冬／苦力達の帰る路（絵と文）　池辺　青李　20－21
哈爾浜遊記　池田　一郎　(22)－25
半島遊記　小生　夢坊　26－30
白髪になると　30
街の体温
　ユーモア・ムクデン　西　ひとみ　31
　山海関　兼岩　誠二　49
独立守備隊点描（絵と文）　西島　武郎　32－34
旅行手帖　柿沼　実　36－37
移民地巡礼一千里（4）　唸る脱穀機　山田　健二　38－41
移民村を訪ねて　松尾津代史　42－43
笑ひの旅　42・52・90
満洲人の信仰色々　辻　忠治　44－45
スキーの準備　北山弥三夫　46－48
スキー写真術ＡＢＣ　吉田　潤　(50)－52
本誌グラフ用写真募集　53
宿屋とところ〴〵（五）　平野　博三　54
歳晩年首と旅　神谷　守　55
気持ち変れば　増野　忠則　55
満洲宮城品叢話（八）　満洲産瑪瑙の話　米良　晃　56－63
ツーリスト・クラブ会員へお知らせ！　綴じ込み
旅行必携図書――ビユーロー発売　63
太原を語る　森脇　国男　64－67
梅通線の三大都市――本営業を開始　山　田　生　68－70
色紙の頁
　一頁漫画　藤井　図夢　71
　漫画　おつさん従軍　藤井　図夢　72・73
　スキー漫才　林家しんご　72－73
漫画
　藤井図夢／佐藤タダシ／奥行雄／禿はじめ／アケチ道
　秀　74－77
ミユージツク街　丸　一平　78－79
十二月のレコード　中村　憲一　79
歳末漫才コント　のし餅　水落　巌　80－81
旅行満洲柳壇　石原青竜刀（選・評）　82
次回募集課題　旅行満洲柳壇／旅行満洲俳句　83

欧洲旅行記（十）　ポーランドの巻　長谷川　巌　85－90
旅行相談　91
安東通過旅行者の為に――通関検査その他に就て　H　生　92－93
冬の衛生　満洲冬季生活の合理化　森脇　襄治　94－95
治廃と附属地移譲は在満邦人に何う響くか　X・Y・Z　96－97
法権撤廃で満洲国に引継がれる諸施設　96－97
三ツの車窓（＊小説）　青木実／奥行雄（絵）　98－103
旅行報知
ほゝゑましい粋な規定〝コンパートメント〟の昼間貸切／梅輯線小通溝、千溝子駅を改名／営口＝河北連絡中止／ビユーロー北平案内所改称／新年の初詣でに忠霊塔戦跡巡り／天津航路に天津丸復帰／奉天鉄道局愈々新設／哈爾浜、同江間に松花江バス運行／承徳北方でタンシヤ温泉を発見／日本内地へ、居ながらにしてモシ〳〵日満間有線電話年内には出現／錦州阜新間電話開通／安東飛行場開き東辺道環状空路の起点として登場／一円新紙幣十二月一日よりお目見得／哈爾浜駅構内郵局分室小包到著事務開始／大連、上海定期船復活十二月六日より就航／新京市公署の新職制　104－105
観光満洲四方山話
鞍山百貨店開業／奉鉄管下の駅待合所に姿見寄附／京浜線拉林河底より化石発掘／京図線沿線にアンチモニー鉱発見／東辺道資源調査進む／奉天に音楽堂電灯塔建設／哈爾浜郊外古蹟発掘作業好成績／呼瑪河流域の産業景気金鉱・炭礦等々／金属モリブデン馬鹿溝銅山の鉱滓に発見／スンガリーの名所殖える／北陵大明楼改修／安東の市制実施／北満の奇病克山病の病源判明／新京邦人旅館宿泊料金改正　106－107
スキーだより　108－109
改正時間表附汽車・航空　110－111
原稿募集　『旅行満洲』編輯部　112
編輯後記　112
満洲ところ名物　114－115
各地旅館案内　116－119

第五巻第一号　一九三八（昭和一三）年一月一日

表紙（＊画）　三井　正登　表紙
目次（＊画）　樋口　成敏　目次
特輯グラフ
氷上祭／氷上の祭壇／聖吻／信仰の炎／銀盤に躍る／冬の鏡泊湖（伊達撮影）／応募入選写真・炭焼き（松崎勝撮影）　編　輯　部　(1)－(12)
扉（＊画）　池辺　青李　(13)
虎の話　附、霊薬「虎骨酒」　米良　晃　14－21
白虎星物語り　辻　忠治　22－23
（＊笑話）　23・35・38・49・105
虎の玩具　奥村　義信　24－25
北京の女性　村上　知行　26－27
随筆

蘆

月日の話　井上　麟二　28–29
柄のない絵本　貝瀬　謹吾　29
長春昔物語　筧　太郎　30
洗礼祭雑話　竹林　愛作　31
哈爾浜の洗礼祭（絵と文）　島田　一男　32–35
街の体温　新京　西島　武郎　36–38
山西省の仏跡　雲崗石仏寺　三　角　洲　39
葉書回答　北支の観光地は？　甲斐巳八郎　40–43
吉川英治／西田猪之輔／北林透馬／村田愨麿／岩本幾太郎／芥川光蔵／Tanakadate-Aikitu　43
奉天30時間　北林　透馬　44–49
奉天―国立博物館には何が陳列されてゐるか　橋川　三郎　50–54
鶏と卵の横顔――満洲民謡と童話雑考　中溝　新一　55–59
多日影（俳句）　高山　峻峰　60–61
興安嶺の冬（俳句）　久米　幸叢　61
防共に結ぶ国旗と国歌――日満独伊　村岡　楽童　62–65
伊太利紀行（絵と文）　河南　拓　66–69
ドレスデンのガイド　杜　詩　生　70–71
猟鳥屠蘇危行　八木　杜朗　72–74
撫順付近の猟場　里見　伝　72–74
初詣は戦蹟へ神社へ　山田　健二　76–77
南京の名勝地　宇知田　武　78–83
和平満洲――世界平和はツーリストより　韋　煥　章　84
カラーセクシヨン

祝南京陥落　どうしてせめるのか英雄豪傑の南京攻略戦
一頁漫画　藤井　図夢　85
漫画　九郎判官義経　奥　行雄　86
漫画　秀吉ならば　佐藤たゞし　87
漫画　家康兵術　武田　一路　88
漫画　清正出陣　柳川　草八　89
漫画　突貫西郷　禿　はじめ　90
漫画　乃木さん西へ行く　藤井　図夢　91
漫画　東郷元帥〇〇戦法　アケチ道秀　92
ミユージツク街　丸　一平　93
お正月のレコード　中村　憲一　94
ミユージツクゴーラウンド　寺崎　良平　95
新春爆笑虎聯隊（＊画と文）　脇田　宏　96–99
俳句　冬季雑詠　高山峻峰（選）　100
フイギユアー・スケーチングＡＢＣ　打越　定男　(101)–105
スキーの起源　島田　好　106–109
満洲の隠れたるスキー地　松沢喜策／亀淵竜男　110–111
旅館サーヴィス覚書　大谷　宏　112–113
満洲人に向く料理と向かぬ料理　112–113
世界に誇れる満鉄の列車食堂　平野　博三　114–115
虎孫縁起――シナリオ風に　那迦　三蔵　116–118
漫画　おつさんの旅行　藤井　図夢　118
本誌グラフ用写真募集　119
小説　西五馬路　富田寿／奥行雄（絵）　120–124
女ごよみ――支那女性批判　鎬矢つね雪（訳）　126–131

血に染まる芸姐――厦門で銃殺された女間諜　小生　夢坊　132–139
旅行報知
哈爾浜駅でニュース放送／虎林線営業開始／ガソリンカー止めてデーゼル時代来る／路面列車デビユウ奉天新京間に試運転／冬の温泉はハロルアルシヤンへ／大連に於けるタクシーの流し禁止／満洲航空会社のネオン塔成る／北京市街を繞つて環状道路完成／地方色を出した全満食堂車の新サービス／揖安に満洲最古の壁画／津浦線一部営業開始／浜綏線玉泉スキー場デビユウ／北支行きに三等車増結／日満北支を繋ぐ極東観光ルートを設定／羅子溝一帯の宝庫開発／奉天郊外に記念碑建設／DKK上海航路復旧／天津航路に「北京丸」お目見得／満鉄線国線運賃改正／国線、北寧線間運賃に金銀パー採用　編輯部　140–143
原稿募集　『旅行満洲』編輯部　144
編輯を終へて　144
改正時間表附汽船・航空　編輯部　146–147
満洲ところ名物　148–149
各地旅館案内　150–153

第五巻第二号　一九三八（昭和一三）年二月一日

表紙　元宵節の面（＊画）　河南　拓　表紙
目次　支那人街の雪の日（＊画）　樋口　成敏　目次
特輯グラフ
獐狩り／元宵節／応募入選写真・浅春（竹田音助撮影）　編輯部　(1)–(8)
扉　安奉線のつゝじ（＊画）　河南　拓　(9)
満洲の陰暦行事　(9)
元宵節　金丸　精哉　10–12
街の体温　撫順　佐藤　五郎　13
多空／北鎮県城の家（絵と文）　池辺　青李　14–15
北京　里見　弴　16–19
北満のノロ鹿猟　御酒　伴太　20–21
猛獣狩手記　大西　洋　22–26
随筆
旅というふもの　石森　延男　28–29
空の旅　三溝　沙美　29–30
旅と俳句　江川　三昧　30–31
葉書回答　北支の観光地は？
中原謹司／飯尾禎／川端龍子／倉井幹雄／土井慶吉　31
天津―済南沿線古蹟誌　宇知田　武　32–35
大黒河の思ひ出　大谷　宏　36–37
密山虎林旅館点景　山田　健二　38–40
満洲女学生の見た満洲事象記　李金香／孫蘭運／鳳栄尚　41–43
赤峰より東翁牛特王府へ　山谷　三郎　44–46
本誌グラフ用写真募集　47
雪の朱乙温泉　剛　力　48–49
欧洲旅行記（十一）　ポーランドの巻　長谷川　巌　50–53
伯林の女　花岡　史郎　54

カラーセクシヨン (55)
雪空（＊写真） 菊池　和一 56-57
実話　嫩江に散つた鮮花 小生　夢坊 58-61
新春多情の記 61
笑ひの旅 大谷　正一 62-64
訳詩　男、男たれ！／解説 小木トキヱ 62-64
北満の街二題（絵と文） N・R・M 65
満洲映画雑報 丸　一平 66
ミユージック街 中村　憲一 67
二月のレコード 宇和川木耳（選・評） 68
川柳 高山峻峰（選） 69
俳句 平野　進 71-73
アイス・ホツケー展望 錦戸善一郎 74-75
札幌と冬季競技 西　ひとみ 76-79
空翔ける一時間 辻　忠治 80-81
伍子胥の尽忠 八木橋雄次郎 82-88
小説　解氷期 編輯部 89-91
北支旅行の栞
旅行報知
熱河離宮の一般参観許可／満支間直通運転北寧、総局間に新協定／新温泉発現牡丹江愛河山中に発見さる／総局自慢の新食堂車「はと」にデビユー／撫順、拉古峪で清朝の功臣車克の墓発見／北鮮の交通運輸に一新紀元会雄間にバス運転開始／承徳を観光温泉境に郊外朱家営子に一大温泉場を建設／一枚の切符で、鉄道も自動車も自由に旅行出来る／釜山―奉天間二十四時間運転四月ダイヤ改正／東京―新京間三十六時間日満連絡スピードアップ 編輯部 92-93
原稿募集 『旅行満洲』編輯部 94
編輯後記 94
改正時間表附汽船・航空 編輯部 96-97
満洲ところ名物 98-99
各地旅館案内 100-103

第五巻第三号　一九三八（昭和一三）年三月一日

表紙（＊画） 平島　信 表紙
目次（＊画） 池辺　青李 目次
特輯グラフ
仁風北京に被ふ／和気動く／街頭に拾ふ／維新を慶ぶ／聖恩長し／八達嶺／応募入選写真・竜子（吉村拓撮影） 編輯部 (1)-(12)
扉　農村之春（＊画） 浅枝　青甸 (13)
三月の行事 (13)
万寿山異状なし 村上　知行 14-17
笑ひの旅 17・27・64・74・77・84
京津雑記 石原　巌徹 18-22
満洲再認識の好機 石田　貞蔵 23
北支新戦場を行く（絵と文） 竹林　愛作 24-27
魯迅先生と版画 内山　完造 28-31

女ごよみ――支那女性批判　鎬矢つね雪（訳）　32–36
飛行機にて鏡泊湖上を過ぐ（短歌）　西田猪之輔　37
義経は渡満したか？　島田一男　38–42
街の体温
　満洲里　A生　43
　青島　福田広治　51
　鞍山　西本春彦　58–59
　四平街　吉田無堂　65
　山海関　さかゐ　113
満洲黄金物語　潮壮介　44–46
桜の園　柴田五郎　(48)–50
黄河の水　上田経蔵　52–55
旅人の印象　小生夢坊　56–57
北満の旅　亀井樵児　58–59
吉林の魅惑　大谷宏　60–61
日露戦蹟を偲ぶ（一）
　奉天大会戦の回想　岡第三　(62)–63
　大石橋近附の戦蹟　新島藤一　63
　営口の戦場　高木勝義　64
旅順の博物館――東洋古文化の殿堂　今井順吉　66–67
漢人の古代文化を探る――土城子の漢代塼室墓　森脩　68–71
牡丹江漫画通信（絵と文）　奥行雄　72–74
カラーセクシヨン
　地獄極楽（＊写真）　75
新天津艶姿（絵と文）　折田勉　76–77
匪賊仁義　金静守　78–79
笑話　78–79
実話　海拉爾逃避行　菊地和一　80–81
漫画　出帆はまだ　アケチ道秀　80–81
満洲映画紹介　82–83
ミユージツク街　丸一平　84
三月のレコード　中村憲一　85
川柳　井口呑湖（選・評）　86
俳句　高山峻峰（選）　87
股旅千一夜物語（絵と文）　脇田宏　88–90
ナポリの奇蹟　川口彦太郎　91
穴倉の食堂　杜詩生　92–93
山東怪談　夢の聊斉　森田富義／池辺青李（絵）　94–101
支那小説　帰郷　斉雀海／大谷正一（訳）　102–107
小説　黒河にて　福家富士夫／松岡しげる（絵）　108–112
小説　芽生　中山美之　114–117
旅行報知
　熱河の喇嘛廟など国宝に指定／満支間の新通車協定愈三月より実施／通関取扱規則を改正統一／青島行船客の取扱は許可された者に限る／吉林飛行場廃止／天津、済南を結び半年振で直通運転／一等寝台車を北支行に運転／周遊券のコースは旅行者の自由／旅客列車内のサービス万全／日支間の定期航路毎週三回往復／空からの放送も愈々近く実施／素晴しい人気を呼ぶ〝観光北支〟／万寿山に観光ホテル／満洲から桜の日本へ／春の満洲！ハイキング／遊覧コースを延長奉天観光陣強化／北満行楽の催／〝観光吉林の〟陣容整備されん／進行中の列車内でラヂオを聴ける　118－121
原稿募集　『旅行満洲』編輯部　122
編輯後記　122
改正時間表附汽船・航空　124－125
満洲ところ名物　126－127
各地旅館案内　128－131

『観光東亜』

第五巻第四号　一九三八（昭和一三）年四月一日

表紙　奉天宮殿前の牌楼（＊画）　佐藤　功　表紙
特輯グラフ
社頭に匂ふ／桜花の下に開く日満風景／北支明朗曲／北支乗物譜／監視犬を鍛ふ／白系露人の学校／湯上温泉／応募入選写真・大地の春（新島藤一撮影）　編輯部　(1)－(14)
扉　関帝廟会開く（＊画）　樋口　成敏　(15)
改題の辞　(15)
ハイキングと郷土愛　敷島　十一　16－17
回教と回教徒——そのあらまし　渡辺　巌　18－22
新支那の片鱗をきく　内山　完造　23－25
詩　牧歌　高木　恭造　24－25
中支四題（絵と文）　甲斐巳八郎　26－27
随筆
リヒトホーヘンの「山東」　柿沼　介　28－29
満洲の旅と自然　長浜哲三郎　29－30
旅順行　滝口　武士　30－31
安心台行　衛藤　利夫　31－32
支那の大衆読物　木　弁　生　33－35
動民層　上野　凌嵱　36－39
ハルビンの露人中学校　二木田生　40－41

白系露人雑感　野呂　三助　41－42
忠犬那智・金剛　山村　守男　43－45
忠犬那智・金剛の歌　村岡　楽童　45
上海戦跡めぐり　宇知田　武　46－50
南支広東雑信（一）〜（五）（絵と文）　竹林　愛作　48・50・54・56・59
街の体温
　天津　ほりきり　51
　吉林　椿　一平　57
東亜の聖戦地旅順と金州
　旅順　山本　澄江　52－54
　金州　山城　香甫　55－56
ミユンヘンの思ひ出　楽　童　生　58－59
殉教の修道女――奉天天主堂の　千田　万三　60－64
昂奮の旅路　小生　夢坊　65－67
東辺道の秘境・輯安　中川　恵三　68－71
女ごよみ――支那女性批判　鎬矢つね雪（訳）　72－75
満洲旅行今昔の思ひ出　森田　富義　76－78
カラーセクシヨン
　春風（＊写真）　(79)
支那宿にきく愛国行進曲　谷　瑞　祥　80－83
股旅千一夜物語（二）（漫画と文）　脇田　宏　84－86
支那近代笑話　87
満洲新温泉　湯上と九台　88－89
川柳　宇和川木耳（選・評）　90
俳句　高山峻峰（選）　91
満洲映画協会作品「壮志燭天」　92－93
ミユージック街　叢丘　水到　94
四月のレコード　中村　憲一　94
春のハイキング――新しいハイキングコース案内　斐　謹吾　96－99
詩ト伝説ノ金福沿線　三宅　俊成　100－104
欧洲旅行記　十二　伯林　長谷川　巌　106－109
実話　Aホテルの女　杜雛坷／清水汎愛（画）　110－112
実話募集　113
守備隊閑話　雑役夫李　菊地　和一　110－111
小説　土地の影像　北村謙次郎／藤井図夢（画）　114－119
旅行報知
北支開発、中支振興両会社を設立／中国聯合準銀開業円元パーとす／運輸事務機関を済南に設置／日本、中北支、満洲間に定期航空路／関東神社を旅順に建立せん／朱壁黄瓦の北陵大明楼再建／清朝皇陵警護に満洲旗人守衛隊／桜と艶を競つて北支から名流婦人観光団／長城悲恋の語り草香華は尽きず美女廟／二千年の歴史を持つ古雲廟を宣伝／蒙古相撲大会五月下旬新京で／〝北満の軽井沢〟玉泉を遊覧地化／竜潭山へ駅前から自動車が直通／巨流河の魚釣りとハイキング／新京遊覧コース／先づ女中さんをガイドに養成／オリンピツク東京に正式決定冬季は札幌で開催／待望の春季競馬全満のスケジユール／遼陽で河川浴場を施設の計画／新興都市牡丹江二公園を整

備／奉天博物館の開館時刻／団体宿泊料を協定六月一日より実施 120－123
原稿募集 『観光東亜』編輯部 124
編輯後記 124
改正時間表附汽車・汽船 126－127
各地旅館案内 128－131
満洲ところ名物 132－133

第五巻第五号　一九三八（昭和一三）年五月一日

表紙　八達嶺長城（＊画） 樋口　成敏 表紙
特輯グラフ
巨仏を護る／熱河承徳避暑山荘／喇嘛廟／承徳と北京を繋ぐ新線／京綏線点景／娘娘祭／懸賞入選写真・人形を売る姑娘（田中秀雄撮影） (1)－(12)
扉　支那芸妓（＊画） 佐藤　功 (13)
哈爾浜四十年 千田　万三 14－20
街の体温　清津 春　秋　楼 21
哈爾浜揺籃記 古沢　幸吉 22－23
北京素見 竹内　節夫 24－28
娘娘祭（絵と文） 武田　一路 29－31
娘娘祭と人形 甲斐巳八郎／甲斐芳（絵） 32－33
蒙古名物鄂博祭り 島田　一男 34－38
絵になる山海関（絵と文） 浅枝　青甸 40－41
随筆
浮浪者 紫藤貞一郎 42－43
ゆかりも薄し 井田　潑三 43－44
旅と川柳 宇和川木耳 44
旅順にて 八木橋雄次郎 45
戦線夜譚（カットも） 小早川秋声 46－47
（＊笑話） 47・58・89
だらだら譚 大野　斯文 48－49
秘境熱河座談会
堀内一雄／于晴軒／仲賢礼／円城寺進／馬場射地／山田文英／相賀兼介／筒井新作／池辺貞喜／杉村勇造／林重生 50－58
本誌グラフ用写真募集 59
熱河承徳観光案内 勢多　章康 60－61
欧洲旅行記　十三　伯林のプロフイール 長谷川　巌 62－66
旅順ヤマトホテルの想ひ出
上田恭輔／三原重俊／四方辰治／川原久一郎／木暮寅田中芬 67－72
植物採集ハイキング――旅順・大連・金州附近 小林　勝 73－76
大連から旅順へ 相原　荘蔵 75－76
カラーセクシヨン
大陸の花胡藤（＊写真） (77)
漫画の頁
東亜は招く 武田　一路 78
魚とり動物漫談／放蕩息子帰る 奥　行雄 79・80

広い満洲／阜新炭鉱　アケチ芳雄　80
雨天僅少／雨のない街　潮　ますみ　81
新版西遊記（絵と文）　伊藤　順三　82―84
ハイキング料理　保坂　春治　86―87
春の旅装具　松岡しげる　87
五月の猟　金　田　生　88―89
川柳　井口呑湖（選・評）　90
俳句　高山峻峰（選）　91
五月のレコード　中村　憲一　91
ミユージック街　叢丘　水到　92
満洲戦蹟めぐり　安奉線の巻　93―95
ルウム・ツウ・レット　門奈喜三郎　96―100
実話募集　101
支那現代小説　潘先生軍隊帰還顛末
斉雀海／大谷正一（訳）　102―107
小説　凍原の話　秋原勝二／松岡しげる（画）　108―113
旅行記念スタンプ集――北京から包頭へ　114―115
旅行報知
満洲　全満駅名改正／種播きも終り娘々祭の季節／祝祭日の諸儀礼満洲国で統一／承徳の喇嘛廟を二年計画で修築／錦承、承古線を錦古線と改称／建国大学開校す／全満各部門別の観光ルート設定／〝桃源郷〟扎蘭屯に温泉ホテル計画／哈爾浜の花火大会／旧ロシヤ芸術復興哈爾浜に研究会／ホテルの勤続者満人も表彰さる　116―117
北支　気前が良過ぎる北京新来的日本人／北支、蒙彊でも日本標準時採用／北京―天津自動車道路舗装／北支綜合見本市七月天津で開催　117―118
中支　中支占領区域の鉄道駅名を変更／南京に花嫁学校新支那の母を作る　118―119
蒙彊　早くも蒙彊地区に邦人小学校／入蒙に許可証蒙彊旅行者取締／蒙彊から視察団　119
原稿募集　『観光東亜』編輯部　120
編輯後記　120
改正汽車時間表　122―123
各地旅館案内　126―129
満洲ところ名物　130―131

第五巻第六号　一九三八（昭和一三）年六月一日

表紙　鉄嶺竜首山（＊画）　横山　繁行　表紙
特輯グラフ
薫風／初夏の吉林／千山無量観附近／北支の夏和やか／青島／空の港／応募入選写真・アカシヤの並木（畑耕三撮影）　編　輯　部　(1)―(12)
扉　招牌（＊画）　河南　拓　(13)
あこがれの熱河へ　蔵田　周忠　14―17
活躍時代の蒙古民族　須佐　嘉橘　18―22
街の体温　佳木斯　奈加田次郎　23
旅行雑談　加藤　郁哉　24―25
随筆

旅に出て　高山　謹一　26
未亡人と繻子　田村　光子　27
旅次雑録　貝瀬　謹吾　28—29
北陵／北塔（短歌）　吉村　次郎　29
旅の味（一）　中沢不二雄　30—31
漫才　新京　金　静守　30—31
青島を描く（絵と文）　小木　時恵　32—33
避暑地莫干山の点描　宇知田　武　34—38
本誌グラフ用写真募集　39
A　NOI　DVCE　藤森　章　40—42
食堂車の伊太利使節団　田中　正己　43—45
天津名物峰窩廟のこと　石原　巌徹　46—48
朝鮮所見（短歌）　葛原しげる　50—51
長春庵　相原　荘蔵　50—51
青少年義勇隊移民に寄せて　金丸　精哉　52—56
移民孜々（俳句）　久米　幸叢　55
哈爾浜建設史話　軍司　義男　58—59
徐州　操　旭　60—61
三つの話　小生　夢坊　62—65
新京の戦蹟を聴く　稲　川　66—68
欧洲旅行記　十四　伯林の女　長谷川　巌　70—72
実話募集　73
ミユンヘン雑話（絵と文）　河南　拓　74—76
カラーセクシヨン
初夏の感触哈爾浜（＊写真）　77
満支漫画
武田一路／藤井図夢／潮ますみ／アケチ芳雄／杉野たかし　78—79
漫画　近頃めつきり暑いので　藤井　図夢　80
股旅千一夜物語（四）（絵と文）　脇田　宏　82—83
新版西遊記（二）（絵と文）　伊藤　順三　84—86
旅の俳句　高山峻峰（選）　87
六月のレコード　中村　憲一　87
旅の川柳　石原青竜刀（選）　88
ミユージツク街　叢丘　水到　89
食道楽　山中　映村　90—92
母国への初旅——訪日在満中等学校男女生徒　94—97
旅行記念スタンプ集——京漢線　98—99
水を味はふ　蛯原　八郎　100—101
上海海関問題の真相　X・Y・Z　102—103
初夏の黄金台　木々田建人　104—105
共同耕作——戯曲二幕二場　大庭　武年　106—111
支那現代小説　潘先生軍隊帰還顛末　斉雀海／大谷正一（訳）　112—117
小説　濡れ花　大谷　健夫　118—123
旅行報知
満洲　興安嶺に向ひ踏査隊乗出す／承徳の遊覧バス運行コース／北満移民地に郷土芸術創作／北満汽船会社設立されん／産業開発列車巡廻／撫順の出炭増加は必至の情勢　124—125

朝鮮　清津・新京間の定期航空復活／朝鮮に於ける団体
宿泊料金　125
北支　南苑に忠霊塔一周年に除幕式／北京遊覧バス観光
ルート／北京天壇参観料／北京の案内人／神戸・天津
線に北嶺丸改装就航／大汽天津ライン六月より四隻就
航／北支画刊発行さる／〝寧園〟開放さる　125–126
中支　満洲から中支へ直接電報取扱／日本・中支の通信
便利となる／中支電力の復旧太湖附近の設備統合　126–127
蒙疆　大同の石仏を保存計画／蒙疆に為替取扱ひ／新進
官吏養成機関を蒙疆に開設　127
改正汽車時間表　128–129
原稿募集　『観光東亜』編輯部　130
編輯後記　130
各地旅館案内　132–135
満洲ところ名物　136–137

第五巻第七号　一九三八（昭和一三）年七月一日

表紙　北京白梅（＊画）　折田　勉　表紙
特輯グラフ
驚異／祈りの水浴／中支に拾ふ／銷夏／夏の家／応募入
選写真・洗濯（水野忠二撮影）　編輯部　(1)–(12)
扉　馬車（＊画）　馬場　射地　(13)
大興安嶺の一夜　田中　末吉　14–21
北京今日の支那劇　石原　巌徹　22–25
支那劇の見方　辻　忠治　26–29
蒙疆を行く　五十嵐牧太／伊東祐信　30–32
街の体温　石家荘　寺　沢　生　33
随筆
北京に来て　中島　荒登　34
浴衣　大岩　峯吉　35
阿蘇火山帯追憶　藤山　一雄　36
旅愁と蛙　山口海旋風　37
外地博物館の使命　島田　貞彦　38
香　滝沢　俊亮　39–40
俥　伊賀　植人　40
西海口祈りの水浴　赤井　輝雄　42–44
満洲観光論文写真懸賞募集　45
古北口の楊今公祠　石橋　丑雄　46–49
鮮・満・北支のホテル　佐藤　武夫　50–53
交通常識　機関車の話　園田　一房　54–57
海と山の避暑地　58–61
ビユーローのサンマーハウス　61
浙江の名湖西湖畔の佳勝　鈴木　大東　62–65
甘い葡萄酒　藤森　章　66–68
哈爾浜籠城を偲ぶ――1900年の拳匪騒動
ぺ・チステヤコフ／軍司義男（訳）　70–71
哈爾浜の猶太教会堂　竹林　愛作　72–74
笑話　74・78
（＊ツーリスト倶楽部入会申込書）　綴じ込み

観光バスコースに入れたい承徳の三寺廟　三浦　浩　76－78
カラーセクシヨン
爽風――哈爾浜・スンガリー（＊写真）　(79)
新版西遊記（三）（絵と文）　伊藤　順三　80－82
七月の盛花――満洲産の花卉と花器で　香川　閑洋　83
股旅千一夜物語（五）（絵と文）　脇田　宏　84－85
満支漫画
潮ますみ／杉野たかし／扇小僧／アケチ芳雄／武田一路　86－89
満洲映画協会作品「万里尋母」　(90)－(91)
ミユージック街　叢丘　水到　92
七月のレコード　中村　憲一　92－93
旅の俳句　高山峻峰（選）　93
旅の川柳　宇和川木耳（選・評）　94
空を征するもの　堀越　喜博　96－97
満支笑話集　97
満支経済時事解説　産業開発五ヶ年計画の樹立　今市　欽市　98－101
北支各港湾の増殖施設／支那関税の是正　98－101
日本で何を見たか――南満中学堂生徒の訪日感想録　102－104
旅行記念スタンプ集――津浦線　105
実話　閨を守る女　槙田　満男　106－108
小説　蛇島の精　坂井艶司／清水汎愛（絵）　110－115
観光報知
満洲　海河水浴で身体を鍛へよ／東満洲の大動脈汪清――雪嶺の鉄道／空・陸・海の連帯輸送を実施／ダム観光二つ／東陵拝観券取扱ビユーローで行ふ／鞍山鉄鋼所参観特に許可を要す／ヤマトホテルに大ガーデン／牡丹江、羅津に総局でホテル建設　116－117
北支　南方券等旧紙幣の使用を禁止／北京名勝遊覧バス／日本・北支間を一枚の切符で旅／京綏線に食堂車／徐州から各地への距離／北支―北海道航路を開設／徐州電報局開局　117－118
中支　華中電業公司愈々創立／郵船日支聯絡船当分折返し運航／上海都市計画具体化に努力　118
蒙疆　蒙疆で彩票発行／待望の大同炭大阪へ初入船／蒙疆に調査聯合会を組織／石仏の保存に日本の学者協力／対支ビユーロー綱拡充　118－119
改正汽車時間表附航空汽船　120－121
原稿募集　『観光東亜』編輯部　122
編輯後記　122
各地旅館案内　126－129
満洲ところ名物　130－131

第五巻八号　一九三八（昭和一三）年八月一日

表紙　田園風景（＊画）　山城　竹次　表紙
編輯グラフ
高原／大興安嶺（内田稲夫撮影）／オロチヨン族／松花江下り／静和の夏／ヒットラー青年隊の集団生活（伊達

良雄撮影）／応募入選・爽涼（秋吉亘撮影）　(1)－(15)
扉　夏の北海（＊画）　折田　勉　(15)
北京の宮殿　村田　治郎　16－18
随筆
　東辺道の旅　山崎　元幹　19－20
　観光事業とサーヴイス　村井　弘光　20－21
　旅にある心　河　利致　21－22
　足の速い話　小生　夢坊　22－23
大興安嶺探勝踏査座談会
　前田昇／内田稲夫／高芝愛治／古賀一海／佐藤真美／西
　田亀万夫／林重生　24－36
爽涼（俳句）　久米　幸叢　31
大興安嶺（絵と文）　兵頭　青史　37
悠々松花江を下る――哈爾浜から富錦まで　山田　健二　38－42
街の体温　済南　木村　靖　43
わが吉林を語る　閻　伝紱　44－45
満洲の馬　黒木　久之　44－45
北満に翻へる卍の旗――ヒットラー・ユーゲント漫訪記
　（絵と文）　西島　武郎　46－48
夏雲を截つて翔ぶ　今枝　折夫　50－51
喇嘛教盛衰記　三　角　洲　52－54
好きキヤンパーとは　北山弥三夫　55－57
夏招く避暑処々　56－57
鉄道常識　客車冷房装置の話　村井　忠生　58－61
車掌に聴く　玉　兵六　62－63
避暑地への汽車賃割引　62－63
海にからむ話　来村　琢磨　64－66
旅の川柳漫画　67
膨脹する奉天鉄西工業区　江原又七郎　68－70
カラーセクシヨン
　陽盛り（＊写真）　71
　１９３８ＳＵＮＧＡＲＩの真夏（＊漫画）
　　満洲漫画家協会（合作）　72－73
一万円事件（＊漫画）　藤井　図夢　74－75
八月の漫画
　武田一路／潮ますみ／藤井日出雄／杉野たかし　76－77
新版西遊記（四）（絵と文）　伊藤　順三　78－81
笑話　81
旅の川柳　石原青竜刀（選）　82
旅の俳句　高山峻峰（選）　83
音楽／舞踊　叢丘　水到　84
レコード　梁瀬　成一　85
満映たより　84－85
スポーツ　木谷　辰巳　86
首山の戦跡　小野　朱三　88－91
汪清から雪嶺へ　横田　秀　92－93
長白山頂の十六峰　上田　経蔵　94－95
小説　物置のある自由　吉野治夫／陣内春夫（画）　96－101
支那小説　或る結婚の話　斉雀海／大谷正一（訳）　102－107
旅行記念スタンプ集――京山線　108－109

観光報知
満洲　潮の香は招く／日満間直通空路飛行開始さる／洞窟内に秘められた宝物／鉄西から出た〃阿什布碑〃／奉天市人口八十万に達せん／対岸公園へ結ぶ松花江大橋具体化／郵便局の窓口に満洲国貨幣も流通／不快な街頭風景一掃／ダム行きバス吉鉄で増配す／省線北鮮線間貨物は宅扱ひ／支那へ行く人御注意　110－112
北支　入満査証事務を開始／青島に邦人大劇場近く出現／太原に小学校　112－113
中支　定期航空郵便開始／徐州の邦人一千人突破　113
蒙彊　蒙彊へ探検隊／東洋第一の〃大牧場〃東拓が建設計画／全蒙彊緑化　113
汽車時間表　114－115
原稿募集　『観光東亜』編輯部　116
編輯後記　116
満洲観光論文写真懸賞募集　118
各地旅館案内　120－123
満洲ところ名物　124－125

第五巻第九号　一九三八（昭和一三）年九月一日

表紙　熱河離宮（＊画）　河南　拓　表紙
特輯グラフ
秋の雲／義県／大板上（三枝朝四郎撮影）／秋の万寿山／内金剛山／産業開発車／食慾の秋／応募入選写真・花簪（河田育郎撮影）　(1)－(14)
扉　秋の女（＊画）　稲葉　亨二　(17)
奉天が生んだ世界的な詩　衛藤　利夫　18－23
北京北海公園に遊ぶ（俳句）　江川　三昧　23
大板上行記（絵と文）　多田　弘嘉　24－28
随筆
北京の数珠　本多　篤　29
旅の女　矢沢　邦彦　30－31
上海にて　青木　実　31－32
大陸の秋　中平　亮　32－33
緑山貝塚を尋ねて　寺岡　康　33
秋窓漫筆　牧島金三郎　34－35
北満の旅（短歌）　葛原しげる　35
満洲見聞を率直に語る　関西学生写真聯盟　36－40
北京の夕立（絵と文）　鶴田　吾郎　42－43
第六次移民地竜爪を視る　根元　武雄　44－48
詩　高粱　滝口　武士　47
旅（短歌）　甲斐　水棹　49
白馬を越えて楡岾寺へ――金剛山初対面記の一齣　山部珉太郎　50－53
平和な農村への賜物――産業開発車　黒沢　謙吉　54－57
笑話　57・70・87
交通常識　切符の話　山田　源次　58－62
旅の川柳漫画　青竜刀（選）／佐久間晃（画）　63
働く童貞女――奉天天主教の育嬰と養老　大井　二郎　64－67

満洲国の印象――米・加女教員の訪満感想記　W・U・T　68－70
『観光東亜』グラフ写真募集　71
満洲に始めて渡つた日本人　園田　一亀　72－75
雲崗石仏物語　今井　順吉　76－78
カラーセクシヨン
苹果（＊写真）　79
防空まんが　アケチ芳雄／潮ますみ／杉野たかし　80－81
一万円事件　後篇（＊漫画）　藤井　図夢　82－83
新版西遊記（五）（絵と文）　伊藤　順三　84－87
満映作品「大陸長虹」　88－89
音楽／舞踊　叢丘　水到　90
レコード　梁瀬　成一　91
スポーツ　木谷　辰巳　92
旅の川柳　井口吞湖（選・評）　93
旅の俳句　高山峻峰（選）　93
呉素秋と語る　千曲　次郎　95－97
満洲産ザリ蟹談義　高芝　愛治　98－101
北支法幣は何うなるか　江原又七郎　102－105
哈爾浜行　山内杢亜味　103－105
支那小説　或る結婚の話（二）　斉雀海／大谷正一（訳）　106－111
小説　黒土　小日向和夫　112－116
観光報知
動くホテル／華北事情案内所開設／中国、交通銀行券価値切下げ／簡易駅新設／南支航路復活／北支郵政統一に即応／硝子の家を競売／これは名案俥の切符制度／蒙古入り旅客の制限／蒙古はもと海洋／猟天狗に警告／映画〝鮮満北支の旅〟／心身鍛錬の旅行推奨／蓋平県の守護神〝古雲廟〟／総局バス新線運転／安東―五竜背間に待望の観光道路／北黒線ダイヤ変更／列車に快感帯　118－121
汽車時間表　122－123
原稿募集　『観光東亜』編輯部　124
編輯後記　124
満洲観光論文懸賞募集　126
各地旅館案内　128－131
満洲ところ名物　132－133

第五巻第一〇号　一九三八（昭和一三）年一〇月一日

表紙　八達嶺長城（＊画）　竹林　愛作　表紙
特輯グラフ
仲秋明月／元帥林／大地を歩く／万里長城／国都の観光／罌粟／懸賞入選写真・秋分（三田俊雄撮影）　(1)－(12)
扉　奉天のまひる（＊画）　甲斐巳八郎　(15)
満洲の名山と道教　五十嵐賢隆　16－25
随筆
北京の夏と冬　城所　英一　26－27
扎蘭屯鉱泉の想出　梅田満洲雄　27－28
秋祭りの日　三宅　豊子　28－29
楽土蒙疆一巡　安永　静史　30－36
廃駅寛城子村の記　今枝　折夫　38－40

松花江沿線風土記　梅田　政雄　41―43
幽趣豊かな梅通線　上田　経蔵　44―45
葛根廟を見る　田上　東　46―47
野兎捕獲献納運動　46―47
笑話　47・85・95
日露戦争終局の地　大石義三郎　48―50
景勝半拉山門を探る　安藤　岩喜　51―53
蒙古の児童教育　窪野　隆男　54―57
支那事変を繞る華僑の動向　福原　静男　58―63
上海から重慶への逃亡案内　林　君彦　58―62
満鉄食堂車経営の現状　田中　正己　64―65
鏡泊湖の魚類　野元　仙吉　66―67
交通常識　軌条の話　高野　与作　68―70
佳木斯あれこれ　橋戸　馬礼　72―76
カラーセクシヨン
小米（＊写真と詩）　77
秋の漫画
藤井図夢／武田一路／杉野たかし／アケチ芳雄／藤井
日出男　78―80
満支観光豆辞典――（ア）　78―80
旅の川柳漫画　青竜刀（選）／佐久間晃（画）　81
新版西遊記（六）（絵と文）　伊藤　順三　82―85
満映第七回作品「蜜月快車」　86―87
音楽／舞踊　叢丘　水到　88
レコード　梁瀬　成一　89
スポーツ　木谷　辰巳　90
旅の川柳　宇和川木耳（選）　91
旅の俳句　高山峻峰（選・評）　91
『観光東亜』グラフ写真募集　92
石家荘の近況　九里　寿喜　93―95
東陵ゴルフ場開かる　平野　博三　96―97
元帥林　丘　大三　96―97
ダマスカスよりバグダッドへ　中平　亮　98―106
伝説の竜首山　安楽武定／清水汎愛（画）　107―109
小説　車中にて　西村真一郎／清水汎愛（画）　110―115
観光報知
玉泉スキー場に豪華なヒユツテ／釜山、北京間直通列車出現／内鮮満支の直通運賃規則／代用品客車製造／満洲に稀らしい熱上昇風発生／北支の赤帽料金改正／食堂車の新サービス／渓城線仮営業開始／穆稜線総局に委任／仰ぐも畏し「皇帝碑」／船内の旅具検査を復活／奉天駅拡張／塘沽、天津、北京を結ぶ大幹線道路／東満に無尽蔵の自然物資源／平安朝土器を扶余県で発見／テレヴイジヨン実用第一歩へ／中華民国政府聯合委員会成立／満鉄の職制改正　116―119
汽車時間表　120―121
原稿募集　『観光東亜』編輯部　122
編輯後記　122
各地旅館案内　126―129
満洲ところ名物　130―131

第五巻第一一号　一九三八（昭和一三）年一一月一日

表紙　初冬のハルビン郊外（＊画）　佐藤　功　表紙
特輯グラフ
満洲観光聯盟懸賞当選作品　初夏の金州城（坂本克巳撮影）／楽土（青木恒一撮影）／移民村風景（佐藤巍撮影）　(1)―(3)
文化清真寺（伊達良雄撮影）／古都の匠／落下傘／懸賞入選写真・冬近き万寿山（下田三郎撮影）　(4)―(12)
扉　満洲旗人の女（＊画）　森元三樹三　(15)
承徳棒錘山の奇勝を語る　新帯国太郎　16―18
ハルピンの自然と人生　幾岡　渡　19―23
医学徒の見た蒙古人　丸岡　敏夫　24―28
随筆
昔の山東旅行　丘　襄二　30
婦人のもてる満洲　香川　郁夫　31
旅する心　湯下誠一郎　32―33
凌水寺の今昔　宮田　栄松　33―34
漢口追想　高橋　老生　34―35
東満紀行　藤原　七郎　35―36
文化とスポーツの変遷　上田　恭輔　36―37
車窓展望詩――陶頼昭の鴨　棚木　一良　37
アラーの神を訪ねて　山田　健二　38―41
満洲の田舎　富田　寿　42―45
笑話　45・61・68・87・100
黄甍・碧甍――満支の印象　荒木　巍　46―47
日本語を知らぬ牛馬　樫葉　勇　48―49
新民会はどんな仕事をしてゐるか　小沢　開策　50―52
旅の川柳漫画　宇和川木耳（選）／佐久間晃（画）　53
北京明暗　中島　荒登　54―55
新京の自然を語る　天野光太郎　56―57
移民地のことども　宇知田　武　58―61
魚皮を着るゴルド族　島田　好　62―63
鴨緑江より帰りて　山崎　元幹　64―65
大同雲崗の沿革と変遷　上田　経蔵　66―68
見て来た満洲の柔道界　石黒　敬七　70―71
桃源ジヨホール　宮永　嗣郎　70―71
大陸を流れる女　全勝ひさし　72―73
街の体温　佳木斯　足助　恭一　72―73
北支の鉄道と観光ルート　彦坂　武雄　74―76
カラーセクシヨン
暮秋（＊写真）　77
満支漫画
杉野たかし／佐々木順／とみやままもる／潮ますみ／アケチ芳雄／藤井日出男／奥行雄／藤井図夢　78―81
新版西遊記（七）（絵と文）　伊藤　順三　82―85
満支観光豆辞典――（ア）／（イ）　82―85
千山漫画ハイク　佐久間　晃　86・87
千山に寝た話　新井　弥代　86―87

音楽／舞踊　叢丘　水到　88
レコード　岡　島　89
スポーツ　木谷　辰巳　90
旅の川柳　宇和川木耳（選・評）　91
旅の俳句　高山峻峰（選・評）　91
旅の民謡　今枝折夫（選）　92
旅の民謡原稿募集／『観光東亜』グラフ写真募集　92
盛花と投入――満洲の草花で　香川　閑洋　93
ハロンアルシヤン　伊藤多度作　94－97
伝説の丫八石山　三浦　浩　98－100
新満独貿易協定の成立　石田　貞蔵　102－103
「満洲観光写真」懸賞募集当選発表　満洲観光聯盟　104－105
小説　天邪鬼　工　清定　106－110
戯曲　笑劇風な一事件　西条香代子　111－115
観光報知
大陸の秋風を截つて釜山北京直通列車驀走／京吉バス増発／世に出る奇勝「翠巌山」／豪華・空の竜宮／マーキユリー愈よ姿を消す／満鉄で北満物産陳列場設置／莫和山附近に古城趾を発見／北支旅行者御注意／柳河湯温泉／車内急行券制度／ローカル線に簡易食堂車／沃野を拓く動脈竜豊、綏鉄両線／大陸へ伸びる鵬翼北京・南京へ一飛び／時世を外に自給自足五十年のクリスチヤン村／牡丹江にもヤマトホテル／鉄道図書館設立／全満アルカリ地帯綜合調査に着手／海城に放射能鉱脈を発見／満洲の豆粕から優良羊毛を製出／新興錦州の表玄関／京城・奉天・大連間準急列車を運転／日満に寄与する蒙疆馬の大増産　116－119
汽車時間表　120－121
原稿募集　『観光東亜』編輯部　122
編輯後記　122
各地旅館案内　126－129
満洲ところ名物　130－131

第五巻第一二号〈蒙疆特輯号〉

一九三八（昭和一三）年一二月一日

表紙　城門（＊画）　劉　栄　楓　表紙
特輯グラフ
雲崗石仏／蒙疆多彩／曠原に生く／永陵（伊達良雄撮影）／興京老城／北満の橇／懸賞応募入選作品・凧（須藤滋撮影）　(1)－(12)
扉　造花屋の看板と子供（＊画）　折田　勉　(15)
マルコ・ポーロの見た忽必烈皇帝の上都　島田　貞彦　16－19
蒙疆の国宝的仏塔　村田　治郎　20－23
蒙疆外貌　松宮　吉郎　24－29
蒙疆への旅客に　勢多　章康　30－31
蒙疆への旅のメモ　30－31
蒙疆現地の人に聴く
蒙疆展望　竹内　元平　32－33
不如一見　郡　新一郎　33－34

祝へぬ賀宴　森　陸奥　34-36
蒙古の一角に立つて　渓　友吉　36
蒙疆随感　在包頭の一人　37
日蒙親善と蒙古語　佐藤　富江　38-41
蒙古の植物景観　福田八十楠　42-44
蒙疆の古代文化　柿沼　介　45-47
大同石仏寺を観る　五十嵐牧太　48-50
蒙疆に漲る信仰　五十嵐賢隆　51-53
万里の長城と孟姜女　辻　忠治　54-57
王昭君の一生　滝沢　俊亮　58-62
街の体温　厚和　石川　正男　60-62
旅の川柳漫画　宇和川木耳（選）／佐久間晃（画）　63
随筆
舌供養　山下　泰蔵　64-65
陸稲のみのりと屍　二階堂一種　65
乗物と傘　小倉　勉　66-67
没法子　加藤　芳雄　67
清朝発祥の地・赫図阿拉を尋ねて　古賀　一海　68-71
盛京路程図　黒田　源次　72-76
カラーセクション
スキーヤー（＊写真）　77
蒙古漫画
藤井日出男／佐々木順／杉野たかし／武田一路　78-79
蒙古の伝説　濠を往く王姫　山田　健二　80-81
伝説の太子河　寺岡　康　80-81
新作落語　初等満洲語講座　新井清五郎　82-83
満支観光豆辞典――（イ）　82-85
ユーモア・コント　大連-奉天-新京　陣内　春夫　84-85
上海新華影業公司「貂蟬」　86-87
ミナーレットの謎　新井　翠苔　86-87
音楽／舞踊　叢丘　水到　88
レコード　岡　島　89
スポーツ　木谷　辰巳　90
旅の川柳　宇和川木耳（選・評）　91
旅の俳句　高山峻峰（選・評）　91
旅の民謡　今枝折夫（選）　92
「満洲観光論文」懸賞募集当選発表　満洲観光聯盟　92
スキーテクニック断片　山田　章栄　93-95
笑話　95
暁の不安――松花江畔　葛原しげる　96-98
満ソ国境にて――朝の大黒河（＊詩）　葛原しげる　96-97
蒙古高原の歌　藤波　一郎　99-101
中南支の思出　松井　太郎　102-103
『観光東亜』新年号予告　103
ユーモア戯曲　彩票　名和　双葉　104-109
小説　烏拉特地帯　福家富士夫　110-115
観光報知
生きた案内書満洲帝国概覧改版さる／季節を迎へて四スキー場紹介奉鉄の計画／大理石の天然プール然もラヂユーム鉱泉順徳近郊で発見／国際色豊かなお土産品哈爾浜

観光協会で発売／国際列車の急行券連絡船内で発売／七十二人乗り超大型旅客機国府にお目見得／安東の地下にうなる金鉱埋蔵量六千万円／郵船が豪華船／満支を結ぶ新動脈錦古線営業開始す／喇嘛文化の粋満洲国民生部の企て／哈爾浜の発音はハルピンが正しい市公署で決定／真の日本の姿を一般支那民衆に国際観光局の工作進む／北満文化の殿堂貴重な資料二十万点／天津のバス網拡張／仏当局と交渉／空の旅行者激増連日満員の盛況振り／満洲内鉄道の「上り」「下り」／撫順に飛行場建設 116–119
汽車時間表 120–121
原稿募集 『観光東亜』編輯部 122
編輯後記 122
各地旅館案内 126–129
満洲ところ名物 130–131

第六巻第一号〈新年特大号〉

一九三九（昭和一四）年一月一日

表紙 北京万寿山（＊画） 石田 吟松 表紙
グラフ
朝陽島に映ず／戦捷の初詣／新装・北京／大陸の女性／銃後に鍛ふ／カメラ通信・天津 (1)–(10)
扉 年々多福之図（＊画） 外河 武夫 (13)
回民は今後何んな役割をするか 湖南 太郎 14–19
笑話 19・64・67・90
回教徒に聴く会
張徳純／鉄毓麟／楊進之／アフメチヤ・ギザトウリン／滝沢俊亮／五十嵐賢隆／千田万三／中平亮／加藤郁哉／佐藤真美／林重生 20–26
東辺雑詠（短歌） 藤山 一雄 27
熱河遊記 湯浅 克衛 28–30
大黒河行（俳句） 久米 幸叢 31
八年ぶりに見た満洲 安倍 季雄 32–33
生きてゐる満洲 北林 透馬 34–36
北満の街・北満の村 大谷 藤子 37–39
佳木斯行 矢田津世子 40–42
甦つた虹口サイド M・C生 43–45
蜑民の花艇 福田 周作 46–48
旅の川柳漫画 宇和川木耳（抄）／佐久間晃（画） 49
随筆
冬の塔 金子麒麟草 50–51
地図を見つゝ 筧 太郎 51–52
惚薬を盗んだ税関吏の話 寺田文次郎 52–53
北京の騒音 古川賢一郎 53
移民村越年記 今井 三郎 54–57
移民地視察の心得 56–57
旅で迎へた正月
衛藤利夫／村井弘光／加藤郁哉／今井順吉／小栗半平／貝瀬謹吾／板倉操平／松井太郎／小日山直登／横井太郎 58–60
漫画 ストーヴは燃えたが……？ 藤井 図夢 61

随筆　竹の梯子　久米権九郎　62－64
随筆　雪・山・草　末永　寂陽　65
馬車と花車（絵と文）　中尾　彰　66－67
ロシア料理の解説　66－67
商業定期航空の話　粟屋　四郎　68－71
哈爾浜のフイギユアクラブ　木暮　寅　71
紙上支那人物のぞき
白楽天　石原　巌徹　72－73
項羽　森田　鉄次　73－75
白河　新井　参二　75
コント集
なみだ　下島　甚三　76－77
続・北南日記　高木喜久蔵　78－79
砂山綺譚　福家富士夫　80－81
電車の中　青木　実　82－83
午後十時　秋原　勝二　84－85
漾匂水滸伝　伊藤　順三　86－90
満支観光豆辞典――（ウ）／（ア）追加　86－90
漫画　満洲影絵芝居　91
近藤日出造／中村篤九／横山隆一／小山内竜／清水崑　91－96
カラーセクシヨン
氷上祭――哈爾浜（＊写真と文）　99
スケート第一課　木谷　辰巳　100－101
音楽／舞踊　叢丘　水到　102
レコード　梁瀬　成一　103
スポーツ　木谷　辰巳　104
旅の川柳　宇和川木耳（選）　105
旅の俳句　高山峻峰（選・評）　105
旅の民謡　今枝折夫（選）　106
カメラ通信写真募集／旅の民謡原稿募集　106
童話　雪の兎　石森　延男　107－109
大陸新春だより
青島　佐久木正始　110
天津　奥村　正雄　110－111
漫才　満蒙観光綺譚　新井清五郎　110－111
紙芝居の種になつた満洲　滝沢　五郎　112－113
米国ホテルメンと満鉄食堂車　田中　正己　114－115
松花江氷上洗礼祭印象記　西林　楯城　116－117
鳳凰城外の血吹雪　山口海旋風　118－121
尼港惨劇詳記（一）　アナトリー・ガン／佐藤真美（訳）　122－127
西太后と宦官　朝倉　幸一　128－131
小説　雪の日　島崎　恭爾　132－136
小説　結婚期　中山　美之　137－141
観光報知
観光局愈々世界宣伝場裡へ乗出す／スリルの豪華版東部満洲密林の大猛獣狩り／北満の平原に風車の田園風景出現／金の代用品コルンブ石礦の発見／南洋航空路明春開設東京新京輸送力も倍加／安奉線の湯池子温泉近くデビユー／奉裕線開通新京、北京直通運転可能／許家屯に現出した無限の鉱脈／漢口に桜花の進軍／正当な駅名称号決定／新京に清朝時代の遺物発掘／代用品時代の波に乗り〝高梁の家現る〟／北満の淡水魚を集め大水族館建設／スキーヤーに喜しい便り鉄嶺鉢巻山に新スキー場／奉天に大遊園地設定計画／南京紫金山上の天文台我が学界の手で復興／スキー展覧会とスキーの夕哈爾浜鉄道局で／大連観光案内所開設／反共記念塔北京に建設／大連佳木斯間四時間の空の旅 146－149
汽車時間表 150－151
原稿募集 『観光東亜』編輯部 152
編輯後記 152
各地旅館案内 155－158
満洲ところ名物 159－160

第六巻第二号 一九三九（昭和一四）年二月一日

表紙 城門（＊画） 森　豊城 表紙
グラフ
冬の鍛錬／スキー・金剛山／スキー・土們嶺／紫禁城／カメラ通信・城外（幸田高士撮影） (1)－(10)
扉 チチハルの女（＊画） 兵頭　保久 (11)
満洲旅行漫録 河田　嗣郎 12－13
満洲再認識の重点を何処に置くか
交通人としての視角 大村　卓一 14－15
一徳一心の経済提携 中西　仁三 15－17
成吉思汗義経説再燃の批判 柳田　泉 18－22
松花江下り 加藤　武雄 23
満洲在来音楽の現状 滝　遼一 24－29
満洲と蒙古の旧正月風景
満洲 永尾　竜造 30－34
蒙古 中村　吉成 30－34
地質学から見た鏡泊湖 斎藤　林次 35－37
冬を越す満洲の植物 小林　勝 38－42
史蹟の朝陽県 西村　忠雄 43－47
随筆
灰皿痺言 大野　斯文 48－49
斎堂より帰る 近藤　浩 49－50
東満の町 田村　光子 50－51
鈴蘭の体臭 三井　実雄 51－52
五竜背温泉 藤井千鶴子 52
旅を好む 竹内　節夫 53
満支だより 櫟葉　勇 54－57
笑話 57・72
冬夜漫筆 敷島　十一 58－59
北満の寒気と日本人の健康 村川　五郎 60－63
満洲を観た米国ホテルメン 宮原熊次郎 64－66
旅の川柳漫画 宇和川木耳（抄）／佐久間晃（画） 67
北京宣撫曲（＊写真） 石万里（撮影） (68)－(69)
満映寛城子村訪問記 北郷満洲二 70－72
カラーセクション
瓜を売る――奉天城内（＊写真と文） 73

新作落語　支那劇問答　新井清五郎　74－75
満支観光豆辞典――（エ）　74－75
音楽／舞踊　叢丘　水到　76
レコード　梁瀬　成一　77
スポーツ　木谷　辰巳　78
旅の川柳　宇和川木耳（選・評）　79
旅の俳句　高山峻峰（選・評）　79
旅の民謡　今枝折夫（選）　80
川柳募集／俳句募集／旅の民謡原稿募集　80
街の体温　白城子　T・S生　81
玉泉スキー場風景　山崎　静男　82－83
金剛山のスキー　飯山　達雄　84－85
上海は語る　小久保獏人　86
満洲開拓青年義勇隊昌図訓練所見聞記　杉山　浩彦　87
尼港惨劇詳記（二）　アナトリー・ガン／佐藤真美（訳）　88－93
北満の印象　徳永　直　94－98
漾匂水滸伝（其二）（絵と文）　伊藤　順三　100－103
大陸の街・天津　堀切　秀夫　102－103
小説　仏像　筒井俊一／小木時恵（絵）　104－111
観光報知
牡丹江に生れる近代建築の粋竣工を待つ牡丹江ビルディング／スリルに富む新興スポーツ、ボッブスレー玉泉スキー場にデビュー／大ツンドラ地帯吉林近くに発見／国都に地下鉄お目見得／世界一の人造湖出現吉林に発電所堰堤設置／国都新京に珍らしい土人形、観光客に絶好のお土産品／竜江省に国立種馬牧場設立／延長九里の大運河哈爾浜呼蘭間を結ぶ／酷寒も平気自動車の新装置発明／これは珍しい日満支凧揚大会／熱河離宮の仏像三百体仏名を附す／横道河子の勝景地に河鱒の養殖場／上海を中心全支航空網統一／夢？本土、朝鮮間大海底トンネル実現へ／少年義勇軍の躍進／国内縦貫七百キロ哈大道路建設明年着工　112－115
汽車時間表　116－117
原稿募集　118
編輯後記　118
各地旅館案内　122－125
満洲ところ名物　126－127

第六巻第三号　一九三九（昭和一四）年三月一日

表紙　姑娘（＊画）　小木　時恵　表紙
グラフ
双塔／閭山／秀峰／苞に住む／曠原の人／珍鳥／カメラ通信・北京（北里次郎撮影）　(1)－(12)
扉　北京人形（＊画）　樋口　成敏　(15)
雲南緬甸ルート昆明・大理間踏破記　石田　貞蔵　16－21
世界紅卍字会の話　渡辺　巌　22－26
当面の問題　満洲産煙草の現状　宇和川杢次　27－29
大陸の家　島　之夫　30－33
少年義勇軍　小生　夢坊　34－38

大陸の花嫁にはどんな型を選ぶか　はがき回答
高橋九蔵／岡田勇治／只野整助／坂本虎之助／山崎芳雄
／宗光彦／宮崎千博／今村清／高橋武夫／広瀬亥之介／
藤本俊幹／神原春造／森崎陽一／中村秀市／前田武次／
安館菊三／広部永三郎／和田章蔵／岡部勇雄　39－41
閭山調査紀行　金勝　久　42－45
閭山放談　芝　温　猴　46－49
随筆
旅心　村上　次也　50－51
小喬の墓　福島　一郎　51－52
夢　滝口　武士　52－53
旅のノートから　中村　義人　53－54
人の子　根津　寛一　54－55
拉法の山／吉林にて（絵と文）　池辺　青李　52－53
旧法幣の行方と北支通貨統一　福原　静雄　56－60
密林縦横――東満猛獣狩現地報告　敷島　十一　61－65
国軍討匪行従軍記　梅田　政雄　66－69
笑話　69
紙上支那人物のぞき　楊貴妃　赤塚吉次郎　70－71
旅たのし（俳句）　三木　朱城　71
内地旅行に何を収穫したか――女学生引率者の感想
第二世の感激　本田　善吉　72－73
自然美の陶酔行　伊藤　義教　74－76
カラーセクシヨン
早春――北京・天壇祈年殿（＊写真と文）　77
北支旅行記念スタンプ集　78－79
スポーツ　木谷　辰巳　80
レコード　荒井清／阪口秀二郎　81
音楽／舞踊　叢丘　水到　82
旅の川柳　井口呑湖（選・評）　83
旅の俳句　高山峻峰（選・評）　83
旅の川柳漫画　宇和川木耳（抄）／戸沢辰雄（画）　84
チップ談義　上野　由人　85－89
北米旅行とチップ　89
喇嘛踊跳躂を語る　五十嵐賢隆　90－93
春秋筆　中島　荒登　94－95
シヨートストーリー
馬賊と間違へられた男　竹下　兆児　96－97
二部合唱　森　一男　97－98
鄭さん　刈田　一郎　98－99
尼港惨劇詳記（三）　アナトリー・ガン／佐藤真美（訳）　100－106
漾句水滸伝　三――打虎武松（絵と文）　伊藤　順三　108－111
詩　春の浜――貔子窩にて　坂井　艶司　111
満支観光豆辞典――（エ）　110－111
小説　船中　池淵鈴江／小木時恵（絵）　112－117
星ケ浦冬情（短歌）　荒川石楠花　117
観光報知
観光地閭山風景の絶対境／大連の花見季節に満人観光客
を誘致／秘境熱河の観光誘致策喇嘛踊りも公開／天津航
路日発制大連汽船拡充整備さる／東洋一の大交響楽団新

京音楽協会の計画／大奉天観光協会誕生豪華を誇る施設の数々／夜空に映ゆる観光地図／異国情緒豊な哈爾浜に観光客を招く新プラン／満洲と台湾間に運輸航路大阪商船が就航／駅名は左書き四月から実施決定／飛躍する声の聯絡線日満支直通電話／宣伝娯楽を兼ねた映写機附移動病院／江上の病院満洲国赤十字社の計画／満映の姉妹社北京に設立／航空旅客案内所中華航空株式会社の手で 118−121
汽車時間表 122−123
原稿募集 124
編輯後記 124
各地旅館案内 126−129
満洲ところ名物 130−131

第六巻第四号　一九三九（昭和一四）年四月一日

表紙　海倫城内（＊画）　竹林　愛作　表紙
グラフ
大陸の春／承徳／喇嘛／北支商売点描／絨毯の出来るまで／カメラ通信・旅に拾ふ（内田稲夫・水上義雄・石万里撮影） (1)−(10)
扉　扎蘭屯（＊画）　横山　敏行　(13)
熱河遺蹟を如何にして保存するか　五十嵐牧太　14−19
承徳の大仏は千手千眼仏か　上田　経蔵　20−21
閻山を語る
閻山の古蹟を巡る　三浦　浩　22−25
裏閻山の三大名勝　船山　徳輔　25−27
林相を旧態に復せ　伊勢　勉　27−30
観光地としての将来　清富忘性強　30−31
隴海東部沿線記　下田　緯作　32−36
（＊笑話）　36・39・68・87・101
妙哉録　高山　登　37−39
随筆
わらひ　牛久　昇治　40−41
車掌さん　池淵　鈴江　41−42
田舎気分　杉山　浩彦　42−43
土地の味　渡辺　寿男　43
海南島とは？　庄山　俊夫　44−47
満支観光豆辞典――（オ）　44−46
北支早春譜（俳句）　金子麒麟草　47
撫順附近の史蹟　渡辺　三三　48−52
漢口だより　楠　高城　53
黒竜江遡行記　多花樹　修　54−58
北京電話　中島　荒登　54−55
浅春旅情（短歌）　野田　勝　57
連載漫画　陳君上京外史　葉　浅予　59
哈爾浜　宇知田　武　60−64
伝説の北山　椿　一平　64
レコード　阪口秀二郎／荒井清　65
北満の女子教養院――薄命の姑娘に愛の学園　鬼木　魁　66−68
美術　陽　志郎　69

二つの猛獣狩と其の聯想　兵頭　青史　70-73
南興安嶺の狩（短歌）　福田秀太郎　71
漫画　大陸性御人　藤井日出男　74
カラーセクション
春の訪れ！（＊写真）　75
春の山野に鍛ふ――ハイキングピクニックの手引　裴　謹　吾　76-78
旅の川柳　宇和川木耳（選・評）　79
旅の俳句　高山峻峰（選・評）　79
ショート・ストーリイ
トランク　杉山　鏡史　80-81
花婿候補　桑原　英児　81
旅の川柳漫画　宇和川木耳（抄）／戸沢辰雄（画）　82
スポーツ　木谷　辰巳　83
経満時事三題　満洲の入超貿易と日満一体観／南満洲諸港の拡充新設計画／生活必需品配給会社の出現　石田　貞蔵　84-87
半島人の移民村栄興　中村　亨　88-89
郭爾羅斯後旗の沿革　林田　数馬　88-89
満洲の桜　小森　誠一　90-92
大連近郊の汐干狩　大槻洋四郎　93-95
実話　柱に描いた絵　芳賀日出男　96-97
旅情　渡辺　伸吉　98-101
太公望と妻　森田富義／小木時恵（絵）　102-106
音楽　叢丘　水到　107
小説　少年　竹内　正一　108-114
観光報知
防共ルートの確立と共に観光ルートの拡大／大陸に日本系ホテル網全支主要都市への進出／蒼穹に浮ぶ若人の情熱グライダー憧憬への道／寧安の名勝鏡泊湖国立公園に指定／食堂車に花の蕾満載旅情を慰める乙女達／逞しい開拓の鍬見物大陸旅行者のプラン／椰子の葉陰に赤く咲く元禄調の古代模様／観光客に新生面を拓く楽土の穀倉地帯／クローズアップされた満洲国独乙からの依頼もの／リラの花咲く横道河子一家団欒のピクニックに／北支の旧法幣流通禁止臨時政府の新佈告／金遼時代の城牆熊岳城城門修築／桜のニツポンへ蒙露人一行観光の旅　116-119
汽車時間表　120-121
原稿募集　122
編輯後記　122
各地旅館案内　124-127
満洲ところ名物　128-129

第六巻第五号〈北支紹介号〉

一九三九（昭和一四）年五月一日

表紙　北海（＊画）　折田　勉　表紙
グラフ
天下第一泉／輪奐美・北京／街線美・天津／満洲謳春譜／五月の花／鉄路は伸びる・北支蒙疆！／カメラ通信・

ハイキング（小西文男・山田崇夫撮影）　(1)―(12)
扉　石仏への道（＊画）　河南　拓　(15)
北京と水　小林　胖生　(16)―20
北支蒙疆スケッチ　劉　栄　楓　18―20
北支所見（俳句）　江川　三昧　20
北支美人の解剖　石橋　丑雄　21―23
黄河と支那文化　片岡　春隆　24―27
明の十三陵　大乗寺　誠　28―31
今後の長蘆塩　佐藤　秀士　32―35
北支の産業と白河　小林陽之介　36―37
北支の空を飛ぶ　木村　道夫　38―39
北京此の頃の支那芝居　黄　子　明　40―43
ハイアライ盛衰記　堀　与太朗　44―47
妙哉録　高山　登　48―50
街の体温
　北支・北京通信　中尾　竜夫　51
　厚和　K・K生　58―59
　蒙疆・大同の今昔　岩崎　継生　64
　天津　H・H生　65
支那趣味の話
　支那陶磁の鑑賞　佐藤　汎愛　52―55
　支那硯の話　晨風老傖　55―57
支那の生活と調度品　杉村　丁甫　58―59
瑠璃廠　生島　横渠　(60)―63
随筆
　旅と往診鞄　遠藤　繁清　66―68
　住　布村　一男　68―69
（＊笑話）　69
北京歳事記　乾　隆　70―71
旅の民謡　今枝折夫（選）　70
北支旅行の手引　J・T・B　72―73
旅行券と旅館券　73
音楽　叢丘　水到　74
美術　陽　志郎　75
カラーセクション
　鋲の触感（＊写真）　77
　北京料理漫談　新乾　貞佐　78―79
　北京姑娘散語　二里星仙天　80
　旅の川柳　宇和川木耳（選・評）　81
　旅の俳句　高山峻峰（選・評）　81
はがき回答　感嘆した名勝と美味――北支・蒙疆
　粟屋秀夫／益倉初／風間阜／平田小六／劉徳明／中尾
竜夫／及川六三四／陳徳昌／山口啓三／和田次衛／矢
名氏／武田南陽／中尾武　82―83
漫画　東亜の春　潮ますみ／藤井日出男　84
満洲旗人　山田　文英　86―89
長白山物語　香山　白夷　90―92
旅の川柳漫画　宇和川木耳（抄）／戸沢辰雄（画）　93
満洲にはどんな代用品があるか　加藤　二郎　94―97
交通常識　船の話　高山　謹一　98―99

溝児湯温泉寺　上田　経蔵　100－103
連載漫画　陳君上京外史　葉　浅予　104－105
経済時事二題　自動車・飛行機工業の樹立／綿業の統制　石田　貞蔵　106－108
スポーツ　木谷　辰巳　109
小説　農民　上野凌嵱／小木時恵（絵）　110－118
小説　奥地　松川幹郎／戸沢辰雄（絵）　120－130
汽車時間表　131－133
観光報知
華北交通株式会社生る／新装成る埠頭ビューロー／満人観光案内嬢登場／安奉線に〝溝児湯〟温泉町出現／日満航路にありぞな丸、うらる丸には〝お産室〟／空に地に興亜超特急時代、津浦線全通／鳩に託して列車から電報／カメラファンへ〝御注意〟／透明で美しい珍魚／地上資源は全く無尽蔵謎の宝庫の扉を叩く／八箇年九千万円で新安東港を築設／新しくなる駅スタンプ／関門海底豆トンネルに愈よ貫通／興京に三百年の歴史を探ねて／満洲唯一の〝馬鉄〟が消える　134－137
原稿募集　138
編輯後記　138
各地旅館案内　140－143
満洲ところ名物　144－145
附録　北支蒙疆鉄道沿線図絵

第六巻第六号　一九三九（昭和一四）年六月一日

表紙　東陵（＊画）　前沢　一夫　表紙
グラフ
あさ瀬／緑蔭楽土（ピーター・ブラザー撮影）／鉄／松花江の河船／姑娘点描／杭州／カメラ通信・初夏（後藤和夫・栗田一朗撮影）　(1)－(12)
扉　北海公園（＊画）　小木　時恵　(15)
蒙疆旅行記　大同石仏を見る　剛　力　16－21
済寗春日抄（絵と文）　馬場　射地　22－23
満洲旗人　山田　文英　24－27
新樹（俳句）　高山　峻峰　27
支那の星座観　神田　清　28－31
私の見た満洲の農民　ピーター・ブラザー　32－33
満洲に於けるカトリック修道院　近江　清　34－37
随筆
遼金古塔　神尾　弌春　38－39
馬車　小田原檳榔子　39－40
髷の形　生島　横渠　40－41
新満洲雑感　高松良太郎　41－42
聖戦と支那人　新井　参二　42－43
妙哉録　高山　登　44－45
混血児　本池　祐二　44－45
響水観と朝陽寺　金勝　久　46－47

満支観光豆辞典――（オ）　47
興安嶺踏査日記抄　兵頭青史　48-49
杭州と西湖　水穂正泰　50-51
関東州沿海漁業今昔記　姉帯定助　52-56
美術　陽志郎　57
満洲産観賞魚　安東盛　58-61
連載漫画　陳君上京外史　葉浅予　62-63
経済時事二題　華北交通会社の創設／国産海外輸出三題　石田貞蔵　64-67
初夏雑詠（短歌）　伊東千鶴子　67
競馬あれこれ　鹿島鳴秋　68-70
苦力に聴く　中島国雄　68-70
今年度満洲球界展望と春の争覇予想記　青野徳三郎　72-75
スポーツ　木谷辰巳　76
カラーセクシヨン
フープ（＊写真）　(77)
馬上機上満洲栗毛　西村楽天　78-82
旅行券と旅館券　82
旅の川柳　高須啞三味（選・評）　83
旅の俳句　高山峻峰（選・評）　83
旅の川柳漫画　宇和川木耳（抄）／戸沢辰雄（画）　84
音楽／舞踊　叢丘水到　85
支那人と性生活　後藤朝太郎　86-89
筏節を描く鴨緑江情緒　熱河山人　90-93
交通常識　旅行と税関　木村毅夫　94-95
白蛾（＊小説）　本池祐二／戸沢辰雄（絵）　96-101
小説　復讐　田中総一郎／小木時恵（絵）　102-105
旧雨（＊小説）　沈桜／大内隆雄（訳）／佐久間晃（絵）　108-115
観光報知
新線紹介三つ／蒙疆地区内に聯銀券流通禁止／特別地区内への旅行と移住を立法で取締る／全満の国有自動車運賃大幅値下げ／大連観光協会案内所のスターガイドガール劉さん／興亜ルートを拡充／哈爾浜ヨット・クラブ華かにデビュー／世界一のスタンプ／奉天飛行場へ爽快高速道路／紅石磖子に水電第二期建設計画／白昼夢黄河に九百万キロ発電のダム／来れり！盟邦ドイツ機／ようこそペン使節朗かな交驩絵巻／国境の守り完璧へ東安北安両省新設／関東州市制改正／日満科学陣を総動員未開拓地の資源探査へ　116-120
六月の映画　120
汽車時間表　121-123
原稿募集　124
編輯後記　124
各地旅館案内　126-129
満洲ところ名物　130-131

第六巻第七号　一九三九（昭和一四）年七月一日

表紙　承徳・瑠璃塔（＊画）　楢原健三　表紙
グラフ

鏡泊湖／スンガリー太陽島に拾ふ／太子河と温泉寺／キャンプ村のひと時（秋田里子・新荘操撮影） (1)－(8)
扉　奉天・砂山（＊画）　大戸　陽三　(11)
象徴の嫩葉　今　日出海　12－15
詩　蝉　小杉　茂樹　15
蘇へる古城　清朝政治の発祥地――二道河旧老城　根元　武雄　16－19
満洲農民生活考　宇知田　武　20－23
実話懸賞募集　23
秀吉と大陸　金丸　精哉　24－26
満洲観光写真懸賞募集　26
（＊笑話）　26・29・35・38
京図線を行く　田村耕太郎　27－29
霊泉アルシヤンへ――聖蛇の群と共に浴す神秘境　野上　増美　30－35
鏡泊湖　広瀬　渉　36－38
漫画　銷夏南扇子　藤井　図夢　39
随筆
風景　竹内　節夫　40－41
油汗　横田　一路　41－42
絵と音楽　斉藤　兼吉　42－43
露店　内田　慎蔵　43
ハルピンの宿　徳永　直　44－46
満洲鉄道一万粁突破記念鉄道唱歌懸賞募集　46
スポーツ　木谷　辰巳　47
妙哉録　高山　登　48－49
図們の印象　本池　祐二　48－49
北京の夏　伴　太郎　50－51
連載漫画　陳君上京外史　葉　浅予　52－53
蒙古犬は軍用犬になるか　幸田　成　54－56
音楽／舞踊　叢丘　水到　57
四川省とはどんな処か　橋田　残丘　58－61
交通常識　手荷物の話　駒井　七郎　62－65
旅行物知り帳　62－63
問題を募る　『観光東亜』編輯部　63
夏は楽しいサンマー・ハウス！　65
時の話題　北辺振興計画／物理炭鉱隊の来満／満洲建設勤労奉仕隊　石田　貞蔵　66－69
傷病兵はうたふ（＊俳句・短歌）　69
夏休は大陸へ――満支蒙視察案内　70－72
北中支旅行者の注意　72
カラー・セクシヨン
松花江夏艶姿（＊写真）　73
ビール漫談　井野　英一　74－75
野天の厠　衣川　涙　76－77
満鉄映画スナツプ「〝あじあ〟に乗りて」　根　元　78－79
旅の川柳漫画　宇和川木耳（抄）／戸沢辰雄（画）　80
名画紹介「慈母涙」満映作品　吉岡　金六　81
開拓地通信
昭和松陰塾開拓団　岡田　勇治　82－83

満洲開拓民のあらまし　土田　拓人　84-85
満洲の金の話　赤瀬川安彦　86-87
盛夏満洲（俳句）　森脇　襄治　87
興安嶺の渓流に釣る　千　平助　88-92
七月の映画　92
川柳の旅――石家荘から太原まで　山内杢亜味　94-97
小説　自動車道路　施蟄存／大内隆雄（訳）／内田慎蔵（絵）　98-104
美術　陽　志郎　105
小説　脱忽魯児の再起　加藤　二郎　106-110
旅の川柳　宇和川木耳（選・評）　111
旅の俳句　高山峻峰（選）　111
観光報知
駅名ダイヤ改正その他／内、鮮、満、台間の旅客に特典／夏は招く各地のプラン／済南築港問題実現性濃厚／牧場になる長山列島／遼河の大治水計画／水幽邃の別天地鏡泊湖／海南島へ渡るには／驚異の大同炭田／大同の古城発掘／満鉄が記念事業に交通大博物館建設　112-114
汽車時間表　115-117
原稿募集　118
編輯後記　118
各地旅館案内　120-123
満洲ところ名物　124-125

第六巻第八号　一九三九（昭和一四）年八月一日

表紙　スンガリー（＊画）　田口　正人　表紙
グラフ
密林地帯／海は招く！／高原に咲く／カメラ通信・空の青（足立映二郎撮影）　(1)-(8)
扉　ハルピン博物館（＊画）　藤山　一雄　(11)
エミグラントの鐘　白樺　幹夫　12-15
旅情片々　愛好の地を満支に索めて　近藤　春雄　16-20
詩　ハルビン娘　本池　祐二　20
甘珠爾廟　本間　猛　21-23
北満の都市印象　福田　清人　24-28
街の体温　佳木斯　足助　恭一　28
開拓地随想
二本の白樺　石川　道彦　29-31
開拓民と伝統　北条　秀一　31-33
満鉄ポスター図案懸賞募集　33
拓民の道場鏡泊学園見聞記
鏡泊学園ところ〴〵　花本　詩郎　34-40
学園の先覚者山田先生　塔野　佐馬　34-40
スポーツ　木谷　辰巳　41
孔子一代記　島田　貞彦　42-47
雉子むしろの花（短歌）　三井　実雄　46-47
金州の伝説めぐり　三宅　俊成　48-51

随筆
静粛　永野　賀成　52－54
北京聖者の憶ひ出　坪井　与　54－55
関東州と緑　林田　竜喜　55－57
雑草の小径　片野　尚子　58
夏の虫　島田のはぎ　59
満洲追憶（俳句）　臼田　亜浪　56－57
交通常識　自動車の話　小川　三三　60－62
満洲観光写真懸賞募集　62
夏の支那料理　千曲　次郎　63－67
連載漫画　陳君上京外史　葉　浅予　64－67
支那碁の話　滝沢　俊亮　68－72
（＊笑話）　72・102
カラー・セクション
西瓜（＊写真）　73
北京あれこれ　二里星仙天　74－75
点描北京　並木　功夫　74－75
漫画　山と海　杉野たかし　76－77
豆ラヂオ　76－77
音楽　叢丘　水到　78
美術　陽　志郎　79
旅の川柳漫画　宇和川木耳（抄）／戸沢辰雄（画）　80
旅の川柳　高須啞三味（選・評）　81
旅の俳句　高山峻峰（選・評）　81
海水浴と河水浴と何れがよいか　奔　馬　生　82－84
北支の避暑地北戴河　福山　恭二　85－87
黒竜江に佇つ（短歌）　野田　勝　87
時の話題　天津租界隔絶と新秩序の確立　石田　貞蔵　88－90
海山サンマーハウス　91
八月の映画　91
妙哉録　高山　登　92－93
沙門曇曜　中村　信夫　94－95
住宅難時代　95
北京土産物を語る座談会
石橋丑雄／岩田秀則／上之薗権太郎／加治伊三郎／武部英治／中尾竜夫／中西友治／大島夫人／辻野夫人／三浦夫人／栗谷清一／石塚秀二／石原秋朗／杉原信一／城所英一／宮尾公望／大尾袈裟助／片岡春隆／藤井秀太郎　96－102
小説　蜜月生活　張天翼／大内隆雄（訳）／戸沢辰雄（絵）　104－111
実話懸賞募集　111
小説　需用　下田孝雄／小木時恵（絵）　112－119
観光報知
大陸に力強き第一歩建設勤労奉仕隊／大興安嶺踏破成る／北陵・東陵の老松あと三年の命〝キクヒムシ〟愈よ猖獗／三千年前の石器類塔湾から発見／鏡泊学園〝義勇隊小訓練所〟と改名／舗道から博物館見学／東満の観光ルート鏡泊湖八景　120－122
汽車時間表　123－125
原稿募集　126
編輯後記　126

各地旅館案内　128-131
満洲ところ名物　132-133

第六巻第九号　一九三九（昭和一四）年九月一日

表紙　ハルピン中央寺院（＊画）　坂木　高　表紙
グラフ
分村移民（伊達良雄撮影）／煉瓦／満洲国展第二回／カメラ通信・元帥林の秋（大森彦六撮影）　(1)-(8)
扉　北京・北海（＊画）　石田　吟松　(11)
三河に住むカザツク農民　古賀　甚平　12-17
大陸漫画譜
北満洲スケッチブック　前川　千帆　18-20
南船北馬　堤　寒三　20-21
満蒙国境を歩いて　水島爾保布　21-23
大陸さまざまを語る座談会
近藤春雄／田郷虎雄／田村泰次郎／湯浅克衛／伊藤整／福田清人／奉天文話会員　24-31
満洲印象記　ある対話　田郷　虎雄　32-35
断髪異聞　35
季節の印象　湯浅　克衛　36-38
小興安採金漫描　島田　一男　39-43
大興安嶺五〇〇粁踏査　兵頭　青史　44-47
常夏の国を巡りて　石島　渉　48-53
随筆
足袋のこと　酒井　昇　54-55
はたごや抄　田口　稔　55-56
ユングフロー登山　有野　学　56-57
満・鮮心傷記　小生　夢坊　58-61
（＊笑話）　61・79
バスは飛躍す——奉天鉄道局の巻　戸田　政義　62-65
第二回国展を観る　浅枝　青甸　66-70
満洲観光写真懸賞募集　70
スポーツ　木谷　辰巳　71
音楽／舞踊　叢丘　水到　72
嗳呀！（＊写真）／満洲暦九月　73
食堂車ボーイとコックの座談会　74-79
川柳陣中吟　宇和川木耳（抄）／戸沢辰雄（画）　80
美術　陽　志郎　81
機関車の話　岡　丈紀　82-87
旅行きて——哈爾浜から牡丹江へ（短歌）　鈴来　済　87
蒙古馬のはなし　水上　貴　88-91
妙哉録　高山　登　92-93
哲学者　92-93
時の話題　中小工業家の満洲移駐を回つて／作蚕事業の助成と今後の統制／新紀元を劃する撫順石炭の液化　石田　貞蔵　94-97
満映作品「鉄血慧心」評　吉岡　金六　98-99
豆ラヂオ　98-99
連載漫画　陳君上京外史　葉　浅予　100-101

旅の川柳　宇和川木耳（選）　102
旅の俳句　高山峻峰（選・評）　102
小説　紅楼夢　赤塚吉次郎（訳）　104－111
小説　したの船室　日下熙／浅枝次朗（絵）　112－119
観光報知
大連京城間に〝そよかぜ号〟／駅弁大もての時代総局で科学的の検査／全満駅名呼称統一／出帆待つ間の観光／北支行は五百円まで／三江省に唸る地下資源／松花江畔国立公園計画／砂山で金時代の古墳類発掘／世界第二の土俗館／三陵墓を修理／白頭山の神秘を探る　120－122
満支汽車時間表　123－125
原稿募集　126
編輯後記　126
各地旅館案内　128－131
満洲ところ名物　132－133

第六巻第一〇号〈満洲鉄道一万粁特輯号〉

一九三九（昭和一四）年一〇月一日

表紙　あじあ（＊画）　樋口　成敏　表紙
グラフ
土の戦士（伊達良雄撮影）／大陸に見る秋／鉄路１０００粁！／カメラ通信・錦県鼓楼（近藤一郎撮影）　(1)－(8)
扉　盧溝橋（＊画）　栗原　信　(11)
野戦狭軌時代から満鉄広軌移替りまで　貝瀬　謹吾　12－17
満鉄の初期を語る　村田　愨磨　18－23
培養線建設と東三省交通委員会時代　穂積　哲三　24－29
満鉄不況時代の営業政策　伊沢　道雄　30－33
トレド／サラマンカ（絵と文）　佐藤　功　31・33
北鉄接収の経緯　平田驥一郎　34－39
満洲事変後建設記録　田辺　利男　40－42
スポーツ　木谷　辰巳　43
興農鎮の一夜　島木　健作　44－47
（＊笑話）　47・83・111
偉大なる平原国ロシヤ　中平　亮　48－52
昔満洲に来た日本人　島田　好　53－57
随筆
名の呼称　橋本喜代治　58－59
果実　柿沼　介　60－61
草原の雨（短歌）　米谷　利夫　60－61
清朝と英国　山本　義三　62－67
連載漫画　陳君上京外史　葉　浅予　68－69
はがき回答　高粱稈を如何に利用したら
六所文三／吉林鉄道局附業課長／中山正三郎／新京商工公会商工相談所／前田政治郎／石島渉／松尾正信／三浦淳／大沼幹三郎／遼陽商工公会／加藤博吉／斉斉哈爾鉄道局附業課長　70－72
高粱で出来た土産物紹介　72
カラーセクション
スンガリーの河鮫（＊写真）　73

永陵ハイキング（絵と文） 矢追 万里 74－75
閭山の秋を探ねて 清富忘性強 76－77
漫画 夢五題 潮 ますみ 78－79
満支観光豆辞典――（オ） 78－79
旅の川柳 高須唖三味（選・評） 80
旅の俳句 高山峻峰（選・評） 80
満洲国民教育の現況 田村 敏雄 81－83
三度目の満洲 北林 透馬 84－87
綴方満洲――日満綴方使節の作品集 88－89
タタアル族の風習 トルコ・タタアル民族文化研究所 90－91
妙哉録 高山 登 92－93
バスは飛躍す――奉天鉄道局の巻 戸田 政義 94－96
旅の川柳まん画 宇和川木耳（抄）／戸沢辰雄（画） 97
松花江下り 宮地 一元 98－99
時の話題 満洲生活必需品会社の実体／金融合作社の事業
　並に全貌 石田 貞蔵 100－103
映画月評 吉岡 金六 104－105
音楽／舞踊 叢丘 水到 106
美術 陽 志郎 107
小説 或る旅の記録 富田 寿 108－111
小説 妻とゆく旅 鶴田 和平 112－118
秋出水（俳句） 江川 三昧 115
観光報知
　梅輯線全通／開拓科学研究会生る／小清航運正式営業開
始／渤海王陵墓東京城の遺跡西北で発見／平易で面白い
観光叢書／満洲視察斡旋は大観光協会一手に／錦熱蒙地
を奉上／リラの花を新京の都花に／満洲最古の壁画喪失
／漢口戴家山に忠霊塔／観光哈爾浜に水族館を／駅前の
　雲助馬車夫を一掃 120－122
満支汽車時間表 123－125
原稿募集 126
編輯後記 126
各地旅館案内 128－131
満洲ところ名物 132－133
別冊附録 体位向上徒歩旅行
　関東州地方／奉天地方／錦州地方／新京地方／吉林地方
　／哈爾浜地方／牡丹江地方／斉斉哈爾地方／徒歩旅行十
　則 附2－附48

第六巻第一一号 一九三九（昭和一四）年一一月一日

表紙 熱河喇嘛廟（＊画） 竹林 愛作 表紙
グラフ
　北鮮漁業／大陸の子供／梅輯線を行く／カメラ通信・北
　京玉泉山（樫村洋太郎撮影） (1)－(8)
扉 金州竜王廟門内（＊画） 大森 義夫 (11)
満洲の印象 阿部 知二 12－15
随筆
　有色人世界の印象所々 向井 章 16－17

山百合の花　上沢　謙二　17－19
群島　金谷　一秀　19－20
生活の対照　大黒　河竜　20－22
日本への移住民　大森　志朗　23
熱河画信（一）～（六）　近藤　洋二　17－22
満洲農村風景　大滝　重直　24－27
女学生の歌――奉天浪速高女　26－27
（＊笑話）　27・42・52・61・69・83・87・99・101・104
北鮮の漁業　楢崎　敏夫　28－31
満洲秋旅抄（＊俳句）　石原　沙人　30－31
朝鮮人自由移民と満洲　申　基　碩　32－34
大同　松永　只雄　34
誠の国礼の国　今井　順吉　35－39
清太祖と温泉寺　渡辺　三三　40－42
スポーツ　木谷　辰巳　43
張政権と奉天票　江波　良介　44－47
昔満洲に来た日本人　島田　好　48－52
美術　陽　志郎　53
満洲珍奇動物譜　小黒　善雄　54－55
壺　島田　貞彦　56－61
支那の夢判断　朝日奈一男　62－65
実話　支那語奇譚　宮下　茂　62－64
支那酒談義　石原　巌徹　66－69
映画月評　吉岡　金六　70－71
旅の川柳漫画　宇和川木耳（抄）／戸沢辰雄（画）　72

カラー・セクシヨン
陽だまり（＊写真）　73
川柳から見た旅の公徳　花本　詩郎　74－77
満支観光豆辞典――（カ）　74－76
まんがのぺーぢ
潮ますみ／杉野たかし／谷口英／武田一路／藤井日出雄　78－79
旅の川柳　宇和川木耳（選・評）　80
旅の俳句　江口我孫子（選・評）　80
音楽　叢丘　水到　81
キヤヴイア談義　加茂　俊郎　82－83
蒙古伝説　近藤　総草　84－87
連載漫画　陳君上京外史　葉　浅予　88－89
印度教育家を囲む座談会
ラリア・ラム／コネリス／ガーデ／ルードラア／ラクシメパチ／ラオ／ヴイシワ・ナス／ナイル／鈴木直吉／野間口英喜／佐藤真美／小久保卓雄　90－93
バスは飛躍す――安城線　戸田　政義　94－95
時の話題　大豆の統制、専管公社の設立／大東港築港計画の内容　石田　貞蔵　96－99
妙哉録　高山　登　100－101
支那料理　100－101
蒋政権の西南開発異聞　安藤　秀雄　102－104
小説　北の空　中山　美之　106－111
待望の「満洲鉄道唱歌」生る　重　薗　生　111

観光報知
鉄路一万粁突破輝く記念事業／大南門を残し消える奉天城壁／大陸案内宣伝を満鉄が提案／内蒙徳化に近代都市建設／奉天寄航取止め日航の冬季ダイヤ／一般旅行者の天津入り許可／国際都市に颯爽東洋一の観光バス／輸入洋酒を中止料理品目も変る列車食堂／伸びる日満空の旅／満鉄のダイヤ改正講話／若返りの珍物野鹿の袋角 112－114
満支汽車時間表 116－117
原稿募集 118
編輯後記 118
各地旅館案内 120－123
満洲ところ名物 124－125

第六巻第一二号　一九三九（昭和一四）年一二月一日

表紙　吉林城内（＊画）　福田義之助　表紙
グラフの頁
満洲観光写真当選作品　国都の春（高井雄三撮影）／羊飼（青山敬次郎撮影）／冬の北満（酒井一馬撮影）／子孩と塔（青木恒一撮影）／金州白の秋（森崎暁光撮影） (1)－(5)
大陸の母（堀野正雄撮影）／カメラ通信・徐州一景（加藤正之助撮影） (6)－(8)
扉　馬車（＊画）　平島　信 (11)
北支随想
冬構へ　古川賢一郎 12－13
北京と胡同　小田　嶽夫 14－15
徐州の印象　加藤正之助 (16)－17
北支の旅　守安新二郎 18－20
支那茶を繞つて　中村　信夫 21－23
（＊笑話） 23・26・38
天津今昔　上之薗権太郎 24－26
街の体温　石家荘　黒木　経盛 27
随筆
勲章　杉原健太郎 28－29
哈爾浜　大崎　虎二 29－31
船・汽車・宿屋　矢崎千代二 31－32
鉄西風景　大場白水郎 33
満洲絵行脚　矢崎千代二 29－33
開拓地遠近　山田　武彦 34－38
スポーツ　木谷　辰巳 39
鉄驪訓練所を視る　石島　渉 40－41
満洲に地震がないか――何故ないか　大谷　寿雄 42－45
伝説の大和尚山　三宅　俊成 42－45
連載漫画　陳君上京外史　葉　浅予 46－47
満洲の銀狐　西岡　勘一 48－51
今月の売りもの 51
満洲土産もの改善座談会
原六児／若杉正次／加藤／保科／三宅久夫／松井／中村常太郎／土井／今門松二／小川健夫／野間口正人／高山謹一／竹内好輔／大野斯文／横山博一／山田／後藤辰雄

／森岡俊介 52–55
白頭山の神秘を探ねて 宮川 善造 56–59
エミグラント 大野沢緑郎 60–63
ナハロフカの絵と綴方（絵と文） 赤木 寿男 64–65
洮南の描写 上野 凌嵱 66–71
旅の川柳漫画 宇和川木耳（抄）／戸沢辰雄（画） 72
カラーセクシヨン
支那芝居（＊写真） 73
妙哉録 高山 登 74–75
都市対抗漫画戦 大連・奉天・新京・哈爾浜
武田一路／潮ますみ／谷口英／富山まもる／佐久間晃
／松岡しみる／陣内春夫／新井弥生／藤井図夢／西島
武郎／八木敏夫 76–79
旅の川柳 高須啞三味（選・評） 80
旅の俳句 高山峻峰（選・評） 80
美術 陽 志郎 81
時の話題 第六次全聯協議会を描く 石田 貞蔵 82–85
冥土の通貨――鬼幣 土谷 暢生 86–87
人待ち沼 近藤 総草 86–87
実話 西太后奉天行啓物語 裕 徳 齢 88–92
音楽 叢丘 水到 93
槐の譚 芳賀日出男／三木実（画） 94–101
映画月評 吉岡 金六 102
小説 晩秋 神戸悌／上坂房（画） 104–111
観光報知
遼河の東方数万戸の開拓地／零下五十度も平気な電気自
動車／北満六箇所に簡易宿泊所／牡市に競馬場出現？／
最初の漁農開拓民鏡泊湖畔へ入植／三等寝台番号の呼称
改正／年末年始に備へる関釜連絡船／車窓の風物を乗務
員が説明／旅にも銃後の心意気／竜宮の本家は鏡泊湖か
／東亜の大動脈哈大道路建設計画 112–114
満支汽車時間表 115–117
原稿募集 118
編輯後記 118
各地旅館案内 120–123
満洲ところ名物 124–125

第七巻第一号〈新年特大号〉

一九四〇（昭和一五）年一月一日

表紙 廟の雪（＊画） 大森 義夫 表紙
グラフの頁
迎年祈世／興亜の礎／白雪に舞ふ／竜紋／季節の頁・氷
上祭 (1)–(8)
扉 郷土玩具「竜」（＊画） 三好 正直 (11)
竜歳に因む
支那民族と竜の伝説 滝沢 俊亮 12–15
竜王廟由来記 三宅 俊成 16–19
竜に因む芝居いろ／＼ 井田 潑三 20–24
竜の名のつく満洲の名所 前田 昇 26–29

双竜述懐　飯淵　弘　30－31
満洲をゆきて（＊短歌）　若山喜志子　25
新春爆笑篇　につぽん・まんぐわ・こんくうる
哈爾浜思へば／新京思へば　水島爾保布　32
満洲唖の旅行の一節　前川　千帆　33－34
満洲ウソ　池部　釣　35
随筆
縁起を祝ふ正月の品々　石島　渉　36－37
求朋友　横田　一路　38－39
我が家の庭　山崎　元幹　39－41
旅　紫藤貞一郎　41－42
新春雑題（＊俳句）　大場白水郎　40
哈爾浜を吟む（＊俳句）　高崎　草朗　41
蒙疆随想　蒙疆詩情　渓　友吉　43
はがき回答　奉天城壁の趾を如何に利用するか
杉村丁甫／堀越喜博／三宅宗悦／黒田源次／松本豊三／伊藤整／金田詮造／堤寒三／横山隆一／佐藤真美／若山喜志子／衛藤利夫／福田清人／島田貞彦／稲葉君山／山崎元幹／足立長三／水島爾保布／前川千帆／四平街某／小山内竜／村田懿麿／湯浅克衛／北林透馬／中村篤九／長永義正／渡辺三三／島田好／近藤春雄／田郷虎雄／石黒敬七／臼田亜浪／島崎鶏二　(44)－49
関東州の俚諺　菊地　悦郎　49
東満のスキーを語る　東　満子　51
実話　西太后奉天行啓物語　裕　徳齢　52－55
美術　陽　志郎　56
傑作ができるまで（＊漫画）／満洲こよみ一月　57
新春掌篇集
紅の高下駄　田村　光子　58－60
古綿の新春　工　清定　60－63
蝶の装幀　町原　幸二　63－65
中齢　吉野　治夫　65－67
満支観光豆辞典――（カ）　60－64
（＊笑話）　67・124
都市対抗漫画戦　新京・哈爾浜・奉天・大連
今井一郎／西島武郎／佐久間晃／とみやままもる／武田一路／潮ますみ／吉住重光　68－71
川柳　宇和川木耳（選・評）　72
俳句　高山峻峰（選・評）　72
映画　吉岡　金六　73
時の話題　満洲の食糧統制と物価政策　石田　貞蔵　74－77
連載漫画　陳君上京外史　葉　浅予　78－79
スポーツ　木谷　辰巳　80
旅の川柳漫画　宇和川木耳（抄）／戸沢辰雄（絵）　82
来満作家短篇集
馬車と口笛　田郷虎雄／樋口成敏（絵）　84－94
租界の妻　北林透馬／戸沢辰雄（絵）　96－107
或る女の話　矢田津世子／前沢一夫（絵）　108－115
小説　九日の宿　徳永直／佐久間晃（絵）　116－124
スンガリーの流れ　福田清人／清水汎愛（絵）　126－132

駅で　伊藤整／佐久間晃（絵）　133-139
波　小田嶽夫／小木時恵（絵）　140-145
車中の人　大谷藤子／荒木忠三郎（絵）　146-153
開拓地民謡行　絵島　白衣　94
音楽　叢丘　水到　132
観光報知
冬だ、雪だ、滑らう／中支への旅行は一切軍票で／満鉄経営の旅館合理化／墨雀線仮営業開始／日満支の空を結ぶ中華航空の劃期的飛躍／御存じ？急がぬ旅客にはガラン洞列車／冬期観光バスの運行に就いて／黄金台ヤマトホテル新築落成／日満連絡線航路の日発制実施／鶴岡、佳木斯を繋ぐ新鉄道開通　154-156
満支汽車時間表　157-159
原稿募集　160
編輯後記　160
各地旅館案内　162-165
満洲ところ名物　166-167
別冊附録　満洲風物集（満洲観光写真聯盟作品）
旧正月　寺島万治／青木恒一　附2-附3
都市の性格
市岡光葉／有井渾治／景山伸三郎／南木成春／山根信吉／関口英太郎　附4-附7
陵と古塔　内田稲夫／中野逸馬　附8-附9
宗門　内田武臣／望月太八郎／三枝朝四郎　附10-附11
街頭商売往来
綱木守／小川伝／青山春路／伊達良雄　附12-附13
街の芸術家　馬場八潮／川瀬尊弘／坂本克巳　附14-附15
動物のゐる風景　黒田正次／浅田繁男　附16-附17
子供点描　山根基成／高井雄三／景山伸三郎　附18-附19
陰の生活面　川西康夫／青山敬次郎／川瀬尊弘　附20-附21
北満三題　沢田信一／高妻秀直／岡哲夫　附22-附23

第七巻第二号　一九四〇（昭和一五）年二月一日

表紙　風箏（＊画）　赤羽　末吉　表紙
グラフの頁
霧氷／霊峰五台／肉の加工（川瀬尊弘撮影）／旧正月／季節のページ・氷柱　(1)-(8)
扉　奉天南塔（＊画）　横山　繁行　(11)
雪街トラック　打木　村治　12-15
北支随想　北支一巡記　横瀬花兒七　16-17
来京外人一年間の回顧　日高　昇　18-21
新喜新喜　絵島　白衣　21
大陸の母　古賀　一海　22-26
スポーツ　木谷　辰巳　27
支那の骨董屋素見　上田　経蔵　28-31
随筆
米国の公園　木村桂太郎　32-33
猟をはじめた頃　八木　杜朗　34-37

豊満ダム国立公園化 33
香華抄 高山　登 38–40
（*笑話） 40・49・51・57・95
映画 吉岡　金六 41
座談会　満員列車を語る
今島／田所／岩井／小林／杵淵／加藤／賀来／金田／中谷／森／中森／蔵本／千葉／岩佐／原口／角田／中村 42–47
南満の三角地帯 小谷　毅 48–49
大東港の建設 池田　武男 50–51
満洲と純羊毛品 白雲山人 52–53
五台山登攀記 飯山　達雄 54–57
満洲の温泉と療養を語る座談会
松尾武幸／守中清／松井五郎／山下泰蔵／都留国武／野間口英喜／四方辰治／浅田繁男／梅原秀次／角田壮次郎 58–63
連載漫画　陳君上京外史 葉　浅予 64–65
吉林スキー場記 小和口　正 66–69
冬の一日――青少年義勇隊便り 66–69
湖畔の調べ――北鮮九竜坪にて（俳句） 久米　幸叢 69
国営自動車京吉線走行記 重村　聖富 70–71
音楽 叢丘　水到 72
カラー・セクシヨン
你的今年運気如竜起雲昇天！（*写真）／満洲こよみ二月 73
都市対抗漫画戦　大連・奉天・新京・哈爾浜
杉田八太郎／三浦よづる／武田一路／住吉重光／藤井日出男／松岡しみる／藤井図夢／宮武竜三郎 74–77
支那綺譚　放鶉鴿異変 76–77
新作落語　桃花扇 新井清五郎 78–79
満支観光豆辞典――（カ） 78–79
旅の川柳まん画　宇和川木耳（抄）／戸沢辰雄（画） 80
関西聖地めぐり 旅行係 82–83
北京の影戯師（*絵と文） 宮尾しげを 84–85
高脚踊りの脚台の結び方 宮尾しげを 85
営口異聞　鴨つり 竹林生 85
続・西南開発異聞 安藤　秀雄 86–87
国性爺合戦 赤塚吉次郎 88–91
連載　西太后奉天行啓物語 裕　徳齢 92–95
戯曲　浦島太郎と鏡泊湖 松本　定敏 96–(101)
小説　奔流 吉井一男／清水汎愛（絵） 102–109
川柳 宇和川木耳（選・評） 110
俳句 高山峻峰（選・評） 111
観光報知
清朝発祥の聖地を三千万民衆に紹介／熱河から「鶏冠壺」を発掘／禁帯洋書の公開秘宝東北韃靼／満洲国幣流通禁止北鮮の通貨注意／廿万年の謎を孕むマンモスの頭蓋骨／満洲の屋根を縫ふ興安東省幹線道路／二千六百年を寿ぎ東陵に興亜神社の計画／氷上バスダイヤ大改正／大連、青島航路に優秀船を配置／東満第一の開拓線竜青鉄道全通／スンガリーに全満一の氷上ホツプスレー開場／東京、新京間航空路四月から直航連絡／満洲国の慶祝行事 112–114

汽車時間表 115–117
原稿募集 118
編輯後記 118
各地旅館案内 120–123
満洲ところ名物 124–125

第七巻第三号　一九四〇（昭和一五）年三月一日

表紙　奉天北陵（＊画）　宇野　千里　表紙
グラフの頁
蘇州に拾ふ（小川伝撮影）／国土創肇（三枝朝四郎・大串豊治撮影）／製粉（川瀬尊弘撮影）／季節の頁・水ぬるむ中支 (1)–(8)
扉　北京郊外（＊画）　福田義之助 (11)
満洲の遺跡を探ねて　三宅　宗悦 12–19
訂正　編　輯　子 19
最も便利なクーポンの旅 19
風景の開拓　橋本八五郎 20–23
伝家甸の横顔　本池　祐二 20–23
常夏の国台湾の旅　葛羅城幽香 24–25
冬の東北満旅行に拾ふ　石島　渉 26–29
満支衛生見学印象記――大連から哈爾浜　松尾　武幸 30–35
満洲の温泉 35
随筆
文字の遊戯　大野　光次 36–37
国際通貨　筒井　雪郎 37–38
牡丹の宴　酒井美津子 38–39
北欧の旅　松村　行蔵 39–41
四季偶詠（俳句）　志和　斗史 40
北京と宦官　滝川政次郎 42–46
街の体温　安東　鴨江　花人 47
満洲の酒を語る　近藤　浩 48–51
朝鮮料理綺話　薬飯の由来　天津　珍兵 48–51
連載漫画　陳君上京外史　葉　浅　予 52–53
処女路線の開拓へ　重村　聖富 54–55
スポーツ　木谷　辰巳 56
カラー・セクシヨン
我們的朋友（＊写真）／満洲こよみ三月 57
都市対抗漫画戦　奉天・哈爾浜・新京・大連　佐久間晃／松岡しみる／上村きよし／李平和／今村ちから／藤井図夢／三浦よづる／藤井日出男／杉田八太郎 58–61
外蒙古の日本娘　桑原　英児 62–63
討匪美談　北満散華　森　門　生 63
満支観光豆辞典――（カ） 62–63
旅の川柳漫画　宇和川木耳（抄）／戸沢辰雄（画） 64
（＊笑話） 63・97
映画　吉岡　金六 65
連載　西太后奉天行啓物語　裕　徳　齢 66–69
柳絮吟社第二回例会当選発表 69

実話小説　修道女の結婚式――小八家子異聞　高原富次郎　70－80
音楽　叢丘　水到　81
翻訳小説　恵沢公々　王魯彦／高遵美（訳）／佐久間晃（絵）　82－89
小説　開河風　島崎恭爾／戸沢辰雄（絵）　90－97
小説　風の中　田村泰次郎／樋口成敏（絵）　98－106
美術　陽　志郎　107
川柳　宇和川木耳（選・評）　108
俳句　高山峻峰（選・評）　109
観光報知
馬券の十円値上第一次奉天賽馬から／日満両国の首都を二昼夜半で結ぶ／アンペラ・ホテル出現？観光協会の妙案／市公署に観光科新設計画／船旅の悩み深刻日満ライン／奉天東安間一千粁耐寒トラック輸送完成／商工開拓民七百戸入植計画／満洲八旗の貴重な史蹟を保存／蒙古語の東洋地図上梓／建国廟の完成近し／新京観光バス料金変更／天津・塘沽間バス運行開始さる　110－112
旅行相談　113
汽車時間表　115－117
原稿募集　118
編輯後記／お断り　118
各地旅館案内　120－123
満洲ところ名物　124－125

第七巻第四号　一九四〇（昭和一五）年四月一日

表紙　撫順城（＊画）　三好　正直　表紙
グラフの頁
鞍山都市美写真展入選作　千山春色（橋爪秀一・菅原策朗・長野勝弘撮影）／新興鞍山（安井弘行・橋爪秀一・小川幸一撮影）　(1)－(5)
驢馬五題／季節のページ・春を探ねて　(6)－(8)
扉　鴨緑江の筏（＊画）　三木　実　(11)
満洲の印象　春山　行夫　12－15
蒙疆冬景（絵と文）　長谷川春子　16－18
（＊笑話）　18・31・90－91・99
スポーツ　木谷　辰巳　19
契丹の文化　田村　実造　20－25
関東州の名木　今戸　熊彦　25
大陸の温泉巡り――満洲北支衛生見学印象記　松尾　武幸　26－31
開拓地女教師の手記　猪岡きく子　32－35
随筆
哈爾浜生活の思ひ出　中西　仁三　36－37
壺　牛島　春子　37－38
北鮮の旅情　本池　祐二　38－41
はがき回答　満洲観光文化資源
貞松恒郎／岸本一／旅順駅長／失名氏／鞍山市長／結城清太郎／撫順駅長／長谷川銀一／吉林観光協会／錦州鉄

道局営業課長／吉林駅長／一面坡駅案内係／哈爾浜駅長
／遼陽駅長／市井武／四平街駅長 42–44
美術 陽 志郎 45
白系露人と副業組合 東大寺京助 46–49
北満随想
烏蘇里河畔の街 岩谷 宗隆 50–51
彼我対観 坂部 源吾 52
国境所感 住野銀次郎 53
遼西の観光資源 立山 陸三 54–57
春耕譜（俳句） 高山 峻峰 57
満洲の大森林から出来るパルプと紙 村井 東輔 58–62
森林の海 62
張家口通信 筈見 武夫 (63)
鴨緑江ダムと水没地帯移住民 西田 格武 64–67
支那の賭博・子供 守安新二郎 68–71
映画 吉岡 金六 72
カラーセクシヨン
新婚記念撮影（＊写真）／満洲こよみ四月 73
都市対抗漫画戦 哈爾浜・新京・奉天・大連
クロキ・セイコウ／宮武竜三郎／上村きよし／藤井図
夢／王仲子／西島武郎／陣内春夫／松岡しみる／杉田
八太郎／藤井日出男 74–77
旅行相談 75
或る列車給仕の昔話 チップといふ奴は！ 仲田 博彦 78–79
支那小咄 79
満支観光豆辞典――（カ） 78–79
旅の川柳まん画 宇和川木耳（抄）／戸沢辰雄（画） 80
音楽 叢丘 水到 81
軍用犬の躾方 東条 向陽 82–85
東満国境地帯雑信 白樺 幹夫 84–85
連載漫画 陳君上京外史 葉 浅予 86–87
時の話題 満洲の天然石油札賚諾爾油田の開発
石田 貞蔵 88–89
処女路線の開拓へ 重村 聖富 90–91
仮営業線とは何んな鉄道か 横田 秀 92–93
交通雑話――最近の旅客及荷物運送の現状 蘆田 守一 94
連載 西太后奉天行啓物語 裕 徳齢 96–99
実話 自警村の人々 上野 凌嵱 100–105
小説 青い家 吉野治夫／陣内春夫（絵） 106–109
川柳 宇和川木耳（選） 110
俳句 高山峻峰（選・評） 111
柳絮吟社第三回例会句 111
観光報知
満洲物産振興協会設立さる／奉天駅三等待合室新築／興
味沸く観光資源名／千代田公園有料化粧室新設／満洲第
一北公園の計画／北満ホテル身売り由緒の看板降る／大
阪寄港を中止旅客シーズンに対応／吉林松花江に魚釣コ
ースを設く／優秀ガイド養成満人街にも案内／スンガリ
ー畔に水族館を設立／鏡泊湖の温水湧出／観光協会が春
の観光客奉仕 112–114

汽車時間表 115―117
原稿募集 118
編輯後記 沢田 118
お断り 118
各地旅館案内 120―123
満洲ところ名物 124―125

第七巻第五号〈山西特輯号〉

一九四〇（昭和一五）年五月一日

表紙 黄土層（＊画） 折田勉 表紙
グラフ 満洲観光資源選
ロマノフ村／五大連池／長白山／鏡泊湖／大豊満ダム／大栗子溝／関東州の塩田 (1)―(4)
扉（＊画） 池辺青李 (9)
開拓地の春 菅野正男 10―13
盧山登攀記 住江金之 14―16
（＊笑話） 16・29・34・37・55・121・127・130・149
スポーツ 木谷辰巳 17
満洲散記 小山いと子 18―21
娘々廟の写真屋 徳川無声 22―25
復活祭の夜 亀倉二郎 26―29
春の表情
北満・春を待つ公園 古屋重芳 30―34
南満・小平島閑記 本山桂川 30―34
映画 吉岡金六 35
済南の抒情 加藤正之助 36―37
大陸の温泉巡り 松尾武幸 38―41
随筆
大陸型 山口もと子 42―43
一昔前の満洲 三浦武美 43―44
会議は踊る 十八公子 44―46
住み良い満洲 小沢俊康 46―47
韃靼の暮春（俳句） 神谷天心 45
吉林省豊満ダム（短歌） 田山一雄 47
満洲の観光資源 山田健二 48―49
隠れたる佳勝赤山 田辺登 48―49
はがき回答 満洲観光文化資源
松田芳助／本渓湖駅長／吉林鉄道局営業局旅客係／牡丹江市長／望月竜／満洲里駅長／橋頭駅長／安東駅長／敦化駅長／横道河子駅長／公主嶺駅長／牡丹江鉄道局営業課長／佳木斯駅長／都築義雄 50―52
カラー・セクション
ひばり歌ふ（＊写真）／満洲こよみ五月 (53)
満洲の印象 横山エンタツ 54―55
まんがのぺーぢ
武田一路／住吉重光／杉田八太郎／潮ますみ／上村きよし／松岡しみる 56―57
日本人こゝに在り！／彼女は何故逃げる？（＊絵と文） 水島爾保布 58―59

旅の川柳漫画　宇和川木耳（抄）／戸沢辰雄（画）　60
満洲歴代の徴兵制度　山田　文英　62-65
連載漫画　陳君上京外史　葉　浅　予　66-67
時の話題　貿易聯合会の誕生——関東州貿易の統制機構　石田　貞蔵　68-70
陽春の大連を訪れて　68-70
音楽　叢丘　水到　71
自動車路線　荘河県の横顔　重村　聖富　72-73
新設線案内——鴨園から林子頭へ　横田　秀　74-75
連載　西太后奉天行啓物語　裕　徳　齢　76-79
シヨオト・ストオリイ実話募集　79
大陸都市早廻り競走　編　輯　子　80
美術　佐川　治夫　81
童話　杏の村だより　中溝　新一　82-86
旅の川柳　宇和川木耳（選・評）　87
旅の俳句　高山峻峰（選・評）　87
翻訳小説　飄渺たる夢　向培良／大内隆雄（訳）／小木時恵（絵）　90-97
小説　火葬　下田淳造／武原政教（絵）　98-104
観光報知
大連に新名所〝躑躅ケ丘〟／時代の脚光浴びて浮び上る五大連湖／出現する〝市民墳墓の地〟／颯爽、婦人税関吏お目見得／スマートな貸ボート北陵公園にお目見得／百年の歴史を孕み登場する民族博物館／新生首都南京戦前の相貌全く一変／内地旅行には種痘証明書が必要／義勇隊訓練本部四月一日より開設決定／新京、広東三日の旅日満支空路愈よ確立　106-108
山西特輯グラフ
更生太原／山西二関／塩池運城／臨汾／山西の人々　(109)-(116)
山西人を憶ふ　藤井　顕孝　117-121
山西省の重要性　井上　靖　122-123
水を治むるものは王者——山西の泉　浄　牧　生　124-127
教育と宗教
山西省の宗教——特にキリスト教に就て　酒井　紫朗　128-130
山西省の教育概況　鈴木伝三郎　138-139
街の体温　太原　藤　井　生　131
産業
山西の葡萄と葡萄酒　大　里　生　132-133
山西省塩池見学記　多田　文男　134-136
山西随想　創作と進歩　大里甚三郎　137
汾河と黄河　藤井　大玄　140-143
山西省と古史　石橋　輝雄　144-145
赤化を恐れる山西人　宮崎　益観　146-147
山西あちこち　折田　勉　148-149
石太線漫描　戸沢　辰雄　150
太原二題
太原商売往来　新　善治　152-155
太原城と新満城　多井　元　152-155
山西川柳之旅　宮脇西猿子　156-157
物語

晋祠綺譚　大平　正美　158－161
娘子軍由来記　大乗寺　誠　162－166
山西の宝庫　長野　啓一　166
戦場紙芝居　大島長三郎　168－170
汽車時間表　171－173
原稿募集　174
編輯後記　沢　田　174
各地旅館案内　178－181
満洲ところ名物　182－183

第七巻第六号　一九四〇（昭和一五）年六月一日

表紙　聖地初夏（＊画）　横山　繁行　表紙
グラフ　蘇へる水路／塩／焼鍋／季節の頁・六月の花　(1)－(8)
扉（＊画）　浅枝　青甸　(11)
端午雑談　大乗寺　誠　12－15
ロシヤ人の図書館と出版事業　大野沢緑郎　16－21
（＊笑話）　21・35・46・64・95
北支の宗教と民族を探ねて　大山　彦一　22－25
国華となる杏花　小林　勝　26－29
随筆
刺身の旅愁　長谷川宇一　30－31
畳　宍道　七郎　31－32
旅の今昔　竹内　節夫　32－34
酒の恩　五十子巻三　34－35
ハルピン郊外（短歌）　相川　澪　32－33
鴨緑江の名魚・珍魚　内田恵太郎　36－40
鵲（俳句）　飯田　蛇笏　41
満洲の印象
車・水・鱈　笠置山勝一　42－43
歓喜の小箱　佐藤　美子　44－45
北陵の松　山路ふみ子　45－46
日本語綺譚　松平　晃　47
大陸都市早廻り競争座談会
角田壮次郎／北条保平／岡第三／西田亀万夫／竹内好輔／森譲治／井久保良平／猪俣正房／渡辺透／丹羽記一／佐藤彦治郎／楢村正直／豊村糺／白石博／福田勝人／林重生　48－52
美術　佐川　治夫　53
苦力漫談　飯島　満治　54－58
スポーツ　木谷　辰巳　59
続風景の開拓　橋本八五郎　60－64
大屯娘々廟会（絵と文）　赤羽　末吉　62－63
文芸　宮津　敏　65
満洲歴代の徴兵制度　其二　山田　文英　66－69
連載漫画　陳君上京外史　葉　浅予　70－71
映画　吉岡　金六　72
カラー・セクション
しやしん・まんぐわ　天国は近づけり！／満洲こよみ六月　(73)
漫才　初旅　花菱アチヤコ／千歳家今男　74－75

開拓地のユーモア（画と文）　阪本　牙城　76－77
満支観光豆辞典――（カ）　76－77
まんがのぺーぢ
三浦よづる／杉田八太郎／有哉是也／陣内春夫／上村きよし／王仲子　78－79
旅の川柳まん画　宇和川木耳（抄）／戸沢辰雄（画）　80
大陸の温泉巡り　松尾　武幸　82－85
化石が薬用になる話　石島　渉　86－87
時の話題　南満運河計画　石田　貞蔵　88－90
音楽／舞踊　叢丘　水到　91
新設線案内――竜井より青道へ　横田　秀　92－93
自動車路線　荘河県の横顔　重村　聖富　94－95
歴史物語　金鳳釵奇談　芳賀日出男／佐久間晃（絵）　96－101
翻訳小説　華工の死
ジヤック・ロンドン／門司勝（訳）／武原政教（絵）　102－109
旅の川柳　宇和川木耳（選）　111
旅の俳句　高山峻峰（選）　111
観光報知
四平街省設置案実現か／奉天に地下鉄登場／亀の卵の化石発掘／関釜連絡船は朝便で／五十銭になる駅弁／神蓮線仮営業開始／夏のスンガリーは愉し／大陸行寝台券割当増加／新名所王兆屯登場／支那への渡航者を制限／三等船室には空席あり／入山者は許可証を／日満航路に〝病院船〟〝お目出度船〟も登場　112－114
汽車時間表　115－117
原稿募集　118
編輯後記　沢　田　118
各地旅館案内　120－123
満洲ところ名物　124－125

第七巻第七号　一九四〇（昭和一五）七月一日

表紙　夏の門（＊画）　福田義之助　表紙
グラフのページ
五大連池火山地帯／水のアルバム／土の芸術／夏の家　(1)－(8)
扉　哈爾浜風景（＊画）　佐藤　功　(11)
支那雑記　加藤　武雄　12－15
支那の国旗と黄色尊重　小林　胖生　16－19
（＊笑話）　19・30・33・56
大陸の我が友　大滝　重直　20－25
壺蘆島の夜景　多田　浩啓　25
日満武技の共通性　三浦　義臣　26－30
疫魔を払ふ夏祭　辻　忠治　31－33
随筆
鼻腔譚　松井　太郎　34－35
馬家溝の並木路　大野沢和子　35－36
旅愁　牧野　正巳　36－37
偶感　中村琢治郎　37－38
北京此頃　中島　荒登　38－39
松花江を下る（短歌）　横瀬　末数　37

松籟（俳句）　福田　窓花　39
千山・閭山の仙人　五十嵐賢隆　40-44
呂公巌と道隠谷　三浦　浩　44
文芸　内海　寿夫　45
ハルピンに残るロシア建築　矢崎　高儀　46-52
ビューローのサンマーハウス　53
東辺道の山・江・屯・堡子（絵と文と写真）　佐久間　晃　54-56
満洲動物叢談　小黒　善雄　57-59
満洲の水を語る　重住　文男　60-63
満人学生所看到的日本　宮原　国雄　60-63
満洲の船　松尾津代史　64-69
新京漫画案内（絵と文）　阪本　牙城　70-71
満支観光豆辞典――（カ）　70-71
映画　吉岡　金六　72
カラーセクシヨン
この夏の婦人帽の流行は馬車から（＊写真と画）／満洲
こよみ七月　73
珍版三国史（作・画）　比　天　張　74-77
まんがのぺーぢ
佐久間晃／潮ますみ／住吉重光／陣内春夫　78-79
旅の川柳まん画　宇和川木耳（抄）／戸沢辰雄（画）　80
ショオト・ストォリィ　三等苦力　関　としを　82-83
豆稈からパルプが出来る　村椙　兵義　84-86
音楽／舞踊　叢丘　水到　87
満洲大豆の化学工業化　石田　貞蔵　88-91
新設線案内――汪清より老黒山　横田　秀　92-93
美術　佐川　治夫　94
スポーツ　木谷　辰巳　95
小説　姑娘武士　耶止説夫／前沢一夫（絵）　96-101
小説　小さな霊に　山田清三郎／清水汎愛（絵）　102-109
旅の川柳　宇和川木耳（選）　111
旅の俳句　高山峻峰（選）　111
観光報知
真夏の訪れ海水浴場開き／噴出する一大油田発見／颯爽と勤労奉仕隊上陸／鏡泊湖の日帰観光券／聯銀券国内流通禁止／新観光地〝大泡子湖〟／満鉄の自動車路線二万キロを突破す／紫金山に金鉱／電熱温泉の出現　112-114
満支汽車時間表　115-117
原稿募集　118
編輯後記　S　118
各地旅館案内　120-123
満洲ところ名物　124-125

第七巻第八号　一九四〇（昭和一五）年八月一日

表紙　戎克（＊画）　浅枝　次朗　表紙
グラフ　北満の江運／沿岸点描／泰山／釣の下馬塘　(1)-(8)
扉　金魚売り（＊画）　馬場　射地　(11)
理と情　松浦嘉三郎　12-15
満洲路巡演記

新しい友人たち　丸山　定夫　16―19
憂ひある風景　薄田　研二　19―21
重慶より康定への旅日記　黄　炎　22―27
胡藤（俳句）　金子麒麟草　27
秘境三河と「カザック」祭　藤井　基統　28―30
美術　佐川　治夫　31
はがき回答　訪日旅行時所憎悪者為何？
劉傑／張鴻鐸／孫克琨／李恩権／矢部久夫／孫耀庭／翟
永恩／鷲田成尾／徐麟友／張黄東菊　32―33
荷崩れ・荷抜き防止座談会
石田／岩井／山元／根本／内田洋行／丸重洋行／昌図洋
行／関／角田／吉岡／金田／小谷　34―39
松花江下航記　沢田　道義　40―43
泰山紀行　荒木　孝雄　44―46
文芸　青木　実　47
上海夜鶏物語　守安新二郎　48―50
映画　吉岡　金六　51
随筆
旅と船出　檀　一雄　52―53
奉天の支那料理　大場白水郎　53―54
夏の釣り　松元　時夫　54―55
白き鵜（短歌）　渡辺三角洲　55
ハルピンに残るロシヤ建築　矢崎　高儀　56―57
大豆スフ、大豆服はどうして出来るか　福渡　七郎　58―65
奉天と営口を運河で繋ぶ　米田　正文　66―68
（＊笑話）　68・71・91・103
時の話題　世紀の偉業阜新油田の発見　石田　貞蔵　69―71
スポーツ　木谷　辰巳　72
カラー・セクシヨン
空はほがらか（＊写真）／満洲こよみ八月　73
珍版三国史（作・画）　比　天　張　74―77
まんがのぺーぢ
上村きよし／陣内春夫／鈴木好包／藤井日出男／杉野
たかし　78―79
旅の川柳漫画　宇和川木耳（抄）／陣内春夫（画）　80
阿里山の魅力　野上　増美　82―86
満洲みやげ異変　川崎　貞利　87―89
安奉線沿線の毛鈎釣　横田しげる　90―91
新設線案内――墨爾根より霍竜門へ　横田　秀　92―93
内鮮支妖怪噺　橋本　静風　94―95
旅の川柳　宇和川木耳（選）　96
旅の俳句　高山峻峰（選）　96
音楽／舞踊　叢丘　水到　97
小説　みすてられし人　N・バイコフ／吉川文夫（訳）　98―103
観光報知
五族を代表し綴方使節発つ／奉天―大連間に海水浴列車
／間島の青道線開通す／東辺道資源の輸送路／満蒙支結
ぶ空の旅／北支旅行者の〝懐中もの〟制限／太古の沖縄
は大陸に地続き　104―105
国産豪華船〝新田丸〟　106

汽車時間表　107－109
原稿募集　110
編輯後記　S　110
各地旅館案内　113－116
満洲ところ名物　117－118

第七巻第九号〈北満特輯号〉

一九四〇（昭和一五）年九月一日号

表紙　北満の駅（＊画）　西島武二郎　表紙
第一回満洲観光週間――自九月十五日至九月二十一日／行事　綴じ込み
特輯グラフ
　北満の資源を見る／北満の林業／薩瞞の祭祀／北満の女性　(1)－(8)
扉　オロチヨンの子供（＊画）　兵頭　青史　(11)
満洲の構想　中河　与一　12－15
大小興安嶺に住む弱小民族とその生活　山根順太郎　16－21
興安嶺の山窩　上野　凌嵱　22－25
ロマノフカ村二題
　ロマノフカ村を見る　藤山　一雄　26－30
　ロマノフカ村の子供たち　菅　博介　30－31
亡びゆく民族魚皮族　浅野　倫彦　32－36
スポーツ　木谷　辰巳　37
北満出稼苦力は定住するか　飯島　満治　38－41
北満紀行
　静中物化を観る　近藤　春雄　42－44
　通北の一夜　湯浅　克衛　44－46
　秩序　田村泰次郎　46－47
　北満の人達　福田　清人　48－49
北満経済を語る　長谷川　潔　50－53
（＊笑話）　53・71・91・96・99・124・153
北満密林の諸相　横川　信夫　54－57
北満砂金地巡り　岡野精之助　58－61
北満水運はかくして開発された　中村　博　62－65
北満の魚介と利用法の展望　青木　三雄　66－71
現地随想
　北満行　住野銀次郎　72－73
　黒河省の密林　坂部　源吾　73－74
　北満漫筆　貞松　恒郎　74－76
　大地と共に　近藤　総草　76－78
　吉林雑感　江崎　重吉　78－79
ハルピン遊行（短歌）　津田八重子　77
秋晴（俳句）　高山　塔晴　79
満洲旗人家祭の一例　小林　胖生　80－84
文芸　順　風耳　85
東京城再見記　鳥山　喜一　86－91
鏡泊湖畔に先史遺跡を探ねて　奥田　直栄　92－96
北満の聖域清朝の発祥地　島田　好　97－99
光と愛の殿堂北満の五教道徳院　鬼木　魁　100－101

北満――読み物・食べ物・見る物　ハガキ回答
山崎元幹／藤山一雄／村田愨麿／竹内正一／吉野治夫／松井太郎／赤瀬川安彦／奥村義信／加藤郁哉／北林透馬／加藤武雄／近藤春雄／飯田蛇笏／安倍季雄／打木村治／小山いと子／春山行夫／徳川無声／村田治郎／田郷虎雄／阿部知二／福田清人／湯浅克衛　102―103
鴨緑江源流より白頭山へ　入江　康行　104―107
北満の秘境五大連池を探る　前田　昇　108―112
美術　佐藤　功　113
満洲開拓地視察案内　大島比左尚　114―119
開拓地民謡　絵島　白衣　118―119
新京漫画案内（絵と文）　阪本　牙城　120―121
債務者の言――支那笑話　120―121
北満今昔談
北満奥地旅行の今昔　豊原　幸夫　122―123
佳木斯への旅　椎葉　紀民　123―124
映画　吉岡　金六　125
はるぴんの生活
露人の天性に学ぶ　長尾　宗次　126―127
ハルピンの個性　久保田貫一郎　127―129
ハルピン夜話　山下　寛　129―130
雨の松花江　武田　雪夫　130
満洲炭礦巡り　大石　三郎　131―133
詩　満洲を歌ふ　白鳥　省吾　134―135
平斉線の旅（絵と文）　小木トキエ　134―135
音楽　叢丘　水到　136
大陸ヱローペーパー
川柳満洲風情　三　柳子　137
満洲こよみ九月　137
珍版三国史　第三集（作・画）　比　天張　138―141
まんがのページ
上村きよし／武田一路／有哉是也／住吉重光　142―143
満支観光豆辞典――（カ）　142―143
旅の川柳漫画　新京の巻
宇和川木耳（抄）／陣内春夫（画）　144
彩票物語り　稲次　義一　146―151
観光と国土――観光週間に当つて　花本　嗣郎　152―153
国境秘話
密輸物語　江藤　竹造　154―158
山越え　白樺　幹夫　158―159
小説　北安にて　宮井一郎／松村松次郎（絵）　160―166
旅の川柳　宇和川木耳（選）　167
旅の俳句　高山峻峰（選）　167
観光報知
奉天駅ホームに公衆電話／列車内時間表全廃／哈駅に裏口が出来る／埠頭待合所内にモダン案内所／牡鉄管内各駅に案内板／高句麗城趾発見／君山博士の蔵書図書館へ　168―169
汽車時間表　171―173
原稿募集　174
編輯後記　174

各地旅館案内 176―179
満洲ところ名物 180

第七巻第一〇号　一九四〇（昭和一五）年一〇月一日

表紙　河北西陵の図（＊画）　竹林　愛作　表紙
グラフの頁
熱河秋色／喇嘛廟の秋／長白山探勝（伊達良雄撮影）／
毛皮の隊商（岩崎柳路撮影）／猟季来る　(1)―(8)
扉　熱河の朝（＊画）　樋口　成敏　(11)
満人教育の思ひ出　安藤　基平　12―15
鏡泊湖と熱河離宮　田村　剛　16―19
満洲民籍法の新体制　新関　勝芳　20―23
軍用犬の血統　東条　向陽　24―27
熱河への旅　葛原しげる　28―33
随筆
詩心と国家の興隆　永見　広　34―35
風葬　本池　祐二　35―36
お土産　竹内　節夫　36―37
逞しき民族　西内　薫　37―38
ニーヤンの呼称　湊　朝夫　38―39
渾河河畔（短歌）　大崎　勝年　39
黒竜江を遡る　甲斐　政治　40―43
聖境五台山に登る　保科喜代次　44―47
蒙疆を行く　横田　一路　48―51
鶴（＊詩）　白　雲　生　48
（＊笑話）　51・58―59
職業野球と満洲　木谷　辰巳　52―54
音楽／舞踊　叢丘　水到　55
雲崗の石仏　筈見　武夫　56
文芸　宮井　一郎　57
満洲漫画案内（絵と文）　阪本　牙城　58―59
益都と濰県　加藤正之助　60―65
現代支那通貨の話　小山　明　66―69
草原バルガに住む　岡本　節　70―71
美術　佐藤　功　72
大陸ヱローペーパー
苗族の情死　73
満洲こよみ十月　73
支那小話　岩谷　宗隆　73
珍版三国史　第四集（作・画）　比　天　張　74―77
まんがのぺーぢ
高橋ふぢ雄／今村チカラ／前田かほる／靱としを　78―79
満支観光豆辞典――（カ）　78―79
旅の川柳漫画　大連の巻
宇和川木耳（抄）／陣内春夫（画）　80
第三回国展を観る　池辺　青李　82―86
スポーツ　木谷　辰巳　87
怪奇小説　巴西侯　桑原　英児　88―89
天津の宿（＊小説）　北林　透馬　90―96

映画　吉岡　金六　97
洋灯の下で（＊小説）　古川賢一郎／戸沢辰雄（絵）　98-103
観光報知
姿消す小盗児市場／満支直通を増発／小さくなる乗車券／姿消す大連観光バス／駅名札の新体制／白頭山の科学調査　編輯部　104-105
旅の俳句　高山峻峰（選）　106
旅の川柳　宇和川木耳（選）　106
汽車時間表　108-109
原稿募集　110
編輯後記　110
各地旅館案内　112-115
満洲ところ名物　116-117

第七巻第一一号　一九四〇（昭和一五）年一一月一日

表紙（＊画）　三好　正直　表紙
グラフ
満洲観光聯盟募集戦蹟写真入選作　戦蹟巡礼（佐藤恭・小川伝・永房政地・諸富進一撮影）　(1)-(3)
上海明闇譜／収穫（内田稲夫撮影）　(4)-(8)
扉　北京阜成門外（＊画）　石田　吟松　(11)
千山　五十嵐賢隆　12-17
〝七〟の縁起観　小林　胖生　18-23
山の秋——大和尚山にて（短歌）　柳生　昌勝　19
（＊笑話）　23・55
北満今昔物語　軍司　義男　24-29
新刊紹介
江実訳註『蒙古源流』／谷健二著『新生蒙古の首都』／満洲郷土色研究会編『満洲土俗人形』／真鍋五郎著『東辺道案内』　29・58-59
満洲に行はれてゐる迷信　滝沢　俊亮　30-35
随筆
黒河にて　木崎　竜　36-37
哈爾浜ぐりむぷす　晶埜　ふみ　37-38
電車風景　大岩　峯吉　38-39
流れの旅　藤森　章　40-41
蒙古人の経済分野進出　大橋　正己　42-43
秋の竜首山　大江孔水享　44-45
竜首山に登りて（俳句）　江水　享　44-45
奉天草分人ばかりの座談会
藤田九一郎／染谷保蔵／河野嘉吉／吉野雅重／斎藤邦造／峰節翁／志和俊陽／広瀬市郎／山下永幸／岩田鹿之助／高橋良太郎／中村政市／吉川是康　46-49
蘭印夜話　守安新二郎　50-53
満人には何故二号が多いか　而　冠　50-53
広西苗人の婚俗　石　万里　54-55
糖葫蘆礼讃（絵と文）　赤羽　末吉　56-57
満洲漫画案内（絵と文）　阪本　牙城　58-59
満洲国国展を選して　松本　一洋　60-61

満浦鎮の一夜　志賀　清一　62－64
満洲新涼吟（俳句）　高浜　年尾　65
象戯根元記　坂ノ上信夫　66－(69)
日本修学旅行の感想　呉　端　華　66－(69)
高粱刈り終ふ（俳句）　大野　審雨　(69)
山海関通過種々相　内野　達　70－71
スポーツ　木谷　辰巳　72
大陸エローペーパー
旅の川柳漫画　奉天の部
宇和川木耳（抄）／陣内春夫（絵）　73
人間万事塞翁物語　天野光太郎　74－75
まんがのぺーぢ
高橋ふじ雄／柏銀一／靭としを／北村邦／山田左久良
／上村きよし　76－77
満支観光豆辞典――（カ）　76－77
珍版三国史　第五集（作・画）　比　天　張　78－80
支那観劇予備知識　本田　善夫　82－83
シヨートストーリー　車中異変　伊藤長太郎　84－86
満洲演芸協会の発足　佐藤　蒼浪　87
文芸　富田　寿　88
美術　佐藤　功　89
連載　西太后奉天行啓物語　裕　徳　齢　90－93
小説　分所日記　青木実／佐藤功（絵）　94－100
川柳　宇和川木耳（選）　101
俳句　高山峻峰（選）　101
映画　吉岡　金六　102
音楽　叢丘　水到　103
悼　村岡楽童氏　103
長安の悪夢　田原豊二郎　103
観光報知
「あじあ」近く制限／埠頭に観光案内所／交通新体制／沙漠に駅車馬／全満ダイヤ改正／渡支制限更に強化／大安東市出現／満洲一の大太鼓／化石林を保存／軽い揚子江の水海洋気象台の発見／南嶺の動物園施設を完了／満洲戦蹟写真入選発表　104－107
汽車時間表　108－109
原稿募集　110
編輯後記　110
各地旅館案内　112－115
満洲ところ名物　116－117

第七巻第一二号　一九四〇（昭和一五）年一二月一日

表紙　万寿山（＊画）　二瓶　等観　表紙
グラフの頁
遮断された仏印ルート／濱越鉄道点描／石炭ここに在り（小川伝撮影）／興安路（北満〇〇部隊長撮影）／季節の頁・満洲色（岡哲生・青山繁次郎撮影）　(1)－(8)
扉　撫順島（＊画）　三好　正直　(11)
国民外交と観光事業　井上万寿蔵　12－15

記憶の満洲と現実　土田定次郎　16―19
宿営車冬蟄（短歌）　山本友一　19
温泉保護法の提唱　福田連　20―23
榎本武揚の旅とシベリヤ日記　松尾津代史　24―27
大陸随想
共栄圏の中心　野村亜佐夫　28―29
四等車の復活　内田寛一　29―32
満洲旅途雑感　尾崎虎四郎　32―35
玄冬（俳句）　佐々木有風　33
開け行く東辺道　伊藤隆吉　36―39
初冬の満支歌行脚　宮沢千代咲　40―43
街の体温　牡丹江　田中正人　42―43
カザツクの直系　古賀甚平　44―49
満洲紀行
満洲の印象断片　吉屋信子　50―52
満鮮文化行　岡部長景　52―54
観象台　藤原咲平　54―55
蒙疆地帯の土俗工芸品　外山卯三郎　56―61
蒙古兵隊と風習　岡本節　62―66
蒙古旅すりや（歌）　深町敏雄　65
新刊紹介
近藤春雄著『大陸航路』／衛藤利夫著『満洲夜話』　66・90―91
満洲漫画案内（文と絵）　阪本牙城　67
旅のノートから　満洲の童話的風景　武田雪夫　68―71
詩　はるばると来た季節　母里山正夫　70―71
スポーツ　木谷辰巳　72
カラーセクシヨン
旅の川柳漫画　宇和川木耳（抄）／陣内春夫（絵）　73
まんがのぺーぢ
藤井図夢／柏ぎん子／宮武竜三郎／高新為／高橋ふじ
雄／靱としを　74―75
少林寺の拳法　桑原英児　76―77
珍版三国史　完結篇（作・画）　比天張　78―80
ショート・ストーリー　犬も歩けば　稲月唯二　82―83
滇緬公路を走る　エヌ・ホワート　84―85
文芸　町原幸二　86
美術　佐藤功　87
秘められた七百年の謎　福島一郎　88―91
支那笑話　88―89・91
連載　西太后奉天行啓物語　裕徳齢　92―95
音楽　白根晃　96
映画　吉岡金六　97
小説　南京にて　山本和夫／荒木忠三郎（絵）　98―103
観光報知
汽車賃値上げ／交通会社の小冊子／観光バスは存続／同
善堂に銅像／山東名物の土産品／露天市場にも正札制／
無名三烈士の碑／満洲生活の栞　104―105
川柳　宇和川木耳（選）　106
俳句　高山峻峰（選）　106
汽車時間表　107―109

原稿募集　110
編輯後記　沢　110
各地著名旅館案内　112－115
満洲ところ名物　116－117

第八巻第一号〈新年特大号・中支那特輯号〉

一九四一（昭和一六）年一月一日

表紙　鎮江金山寺（＊画）　石田吟松　表紙
グラフ
漁村の曙（景山伸三郎撮影）／甦へる都市／長江を遡る／中支の民／廬山／酒の紹興／銭塘江二景　(1)－(12)
扉　杭州西湖（＊画）　松村天籟　(15)
中支那の概念　三角洲　16－20
街の体温
漢口　田佐和　21
杭州　青木茂子　53
中支雑感　上海の今昔　伊藤武雄　22－25
猶太人と上海租界　北川清之助　26－31
ユダヤ人の秘密――シオンのプロトコールから抜萃　31
冬月（短歌）　阿部才二　29
中支を繞る国際経済　長谷部照正　32－36
日支事変と中支経済界の変遷　塙雄太郎　37－38
スポーツ　木谷辰巳　39
中支のある農村　天野元之助　40－43
中支の稲と米　村上捨己　44－46
文芸
冬の江南情景　飯河知記　47
現地随想　後藤朝太郎　48－52
鉄路復興　井上剛　54－56
金針菜　内山完造　56－57
江南の黄昏　神尾茂　57－59
明日の中支那　江輪放童　60－62
音楽　白根晃　63
中支紀行
中支の思ひ出　片岡鉄兵　64－65
杭州西湖　下村海南　65
中支点描　武田雪夫　66－69
（＊笑話）　69・101・108・111
江南地誌漫筆　西村捨也　70－75
中支に拾ふ（絵と文）　甲南澄人　72－75
江南の別墅　薫竹生　76－79
はがき回答　中支那で(1)最も胸をつかれた戦跡／(2)長く滞在したいと思つた景勝地／(3)珍味・美味
島屋進治／高山謹一／早川正雄／青木実／下村海南／藤原定／市川修三／内山完造／島津四十起／失名氏／安原堯宣／芥川光蔵／小田嶽夫／大坪文治／田誠／山崎貞直／重信竹郎／今中次麿／小島憲市／福田千代作　76－79
山眠る（俳句）　筧鳴鹿　79
西湖梅信（絵と文）　松村天籟　80－81

江南の正月　岩沢　巌　82-87
没落し行く抗日紙　日高　万里　88-89
中支の航空網　金　世　昇　90-93
中支那の交通を語る　赤　沢　生　94-96
美術　浅枝　次朗　97
上海の映画界　川喜多長政　98-101
揚子江の珍魚　木村　重　102-105
中支の旅館と食物と乗物　市川　房枝　106-108
大陸カラーページ
旅の川柳漫画　宇和川木耳（抄）／陣内春夫（絵）　109
上海の味覚を描く　小久保獏人　110-111
安南の女性　110-111
裏から見た上海
上海暗黒面の秘密　守安新二郎　112-115
路地の別荘　野上　治夫　112-115
上海の生活面　宇知田　武　116-119
漫画新体制
高橋ふじ雄／内海路朗／白鳥洋／山田左久良／柏ぎん
一／北村邦　120-123
満支観光豆辞典――（カ）／（キ）　120-121
支那小話　122-123
映画　吉岡　金六　124
太平天国軍の中支攻略　藤原　定　126-130
強盗の仁義　桑原　英児　130
伝説　雷峰塔縁起　赤塚吉次郎（訳）／武原政教（絵）　132-139
帰還作家短篇小説
白映霞　上田広／樋口成敏（絵）　140-145
希望　竹森一男／小木時恵（絵）　146-151
揚子江　岩崎純孝／前沢一夫（絵）　152-159
俳句　高山峻峰（選・評）　160-161
川柳　宇和川木耳（選・評）　160-161
観光報知
綏佳線開通す／白雪の銀嶺翔る／国策観光馬車登場／年
末内地旅行心得／東洋一軍用犬養成所／世界稀有の鞘歯
竜　162-163
満洲支那汽車時間表　164-166
原稿募集　167
編輯後記　167
各地著名旅館案内　170-173
満洲ところ名物　174-175
別冊附録　中支那沿線案内　＊未見

第八巻第二号　一九四一（昭和一六）年二月一日

表紙　北京の玩具（＊画）　樋口　成敏　表紙
グラフ
銀嶺にいどむ／道教の竈祭（上村貴撮影）／スンガリー
採氷（望月大八郎撮影）／冬も愉し（柏崎武雄撮影）／
季節の頁・冬の表情　(1)-(8)

扉　支那風（＊画）　三好　正直　(11)
大陸の感懐　渡辺万次郎　12－15
異民族との接触面　西水　孜郎　16－19
支那の隣組保甲制度の話　渡辺三角洲　20－23
満人と科学教育　石原　純　24－26
一頁随筆
　短い旅の記　北村謙次郎　27
　低温生活の弁　金子麒麟草　45
　熱帯魚　磯部　秀見　57
　冬の寒さ　牽　牛　子　61
満洲の仏教美術　逸見　梅栄　28－31
満洲と地質
　満洲と地質家　藤本　治義　32－33
　地質調査と土性調査　中尾　清蔵　34－35
満洲の俳句　山口　青邨　36－38
満支歌行脚　宮沢千代咲　39－41
旧正の城内のぞ記（＊画と文）　小木トキヱ　40－41
三河地方踏査記　川瀬金次郎　42－44
（＊笑話）　44・47・66
川濵公路紀行　楊　任　農　46－47
謝罪と誓言　赤尾四六郎　48－51
二月ひとに逢ふ（俳句）　阪口　涯子　51
旧正の序幕から大詰まで　高　遵　義　52－56
趣味二題
　らくやき　柏　清祐　58－59
北京の筆　中島　荒登　59－60
豚送り　八木　杜朗　62－65
西蔵人と茶　64－65
冬の新京（短歌）　高山　照二　65
文芸　順　風　耳　66
映画　吉岡　金六　67
客車の話　小島　博　68－71
スポーツ　木谷　辰巳　72
大陸ヱローページ
　満洲の正月　井口呑湖（吟）／田川肇象（絵）　73
　シヨートストリイ　住宅難　靱　としを　74－75
　漫画新体制
　　竹内寒太郎／柏ぎん子／高橋ふじ雄／前田かほる／北村邦　76－77
　満支観光豆辞典――（キ）　76－77
　阿倍仲麿と娘々　重村　聖富　78－79
　スキー案内　80
廬山に登る　津島　一郎　82－83
満映スタヂオのぞき　織田　嶽夫　84－87
西太后奉天行啓物語　裕徳齢／清水汎愛（絵）　88－91
美術　林　黄太　92
音楽　白根　晃　93
小説　ハロンアルシヤン　中山美之／小谷丹平（絵）　94－101
流石は儒者　101
旅の川柳　井口呑湖（選・評）　103

旅の俳句　高山峻峰（選・評）　103
観光報知
吉林観光協会駅前案内所開設／銀幕に躍る興亜観光ルート「満支点描」完成／国内唯一の日刊蒙字紙／徳王も教鞭を執る蒙古学院開校／秘境熱河に新温泉／日満結ぶ三豪華船／島一面無数の蝮／脚光浴る欧亜ルート乗車券発行／東亜民族の聖地化　104－106
満洲支那汽車時間表　107－109
原稿募集　110
編輯後記　沢　田　110
各地著名旅館案内　112－115
満洲ところ名物　116－117

第八巻第三号　一九四一（昭和一六）年三月一日

表紙　熱河の棒垂山（＊画）　劉　栄　楓　表紙
グラフ
阜新・瑞応寺／黄陣大会（小川伝撮影）／蘇州／苦力／季節の頁・春を待つ　(1)－(8)
扉　祖母と小孩（＊画）　三好　正直　(11)
三国調整と満支経済　首藤　定　12－15
国都南京の甦生　小林　胖生　16－19
転業者と満洲入植　五十子巻三　20－24
上海手帖　松井　保治　25
（＊笑話）　25・30・53・56・72・75・80・91
創造と試煉と　大滝　重直　26－30
スポーツ　木谷　辰巳　31
随想　南方の景観　田所　耕耘　32－33
随筆
雪の中の祭　加藤　齢明　34－35
十六ミリ映画の旅　佐々木勝造　35－36
たつた一つの言葉　氏家　寿子　36－38
チチハル春秋　津田八重子　38－39
雪の鮮満　瀬古　確　40
文芸　坂井　艶司　41
満洲の煙草事業　杉本健太郎　42－47
開拓地冬の生活　猪岡きく子　48－51
遼陽点描　塔のある街　毛塚　璃光　52－53
消える奉天城　靱　十四雄　54－56
映画　吉岡　金六　57
奉天西郊戦蹟　今西　忠一　58－60
音楽　白根　晃　61
満洲を旅して
大連から承徳へ　西尾　敏夫　62－65
哈爾浜から東国境へ　奥津　春生　65－68
美術　池辺青李／浅枝青甸　69
新体制と道院　山田　文英　70－72
大陸カラー
空から見た大奉天　井口呑湖（吟）／田川肇象（画）　73
中国姑娘　矢島舷一郎　74－75

漫画新体制
　佐貝凡茶／柏ぎん子／北村邦／比天張／内海路朗／藤
　井図夢／海野涼一／丘洋一　76－77
ユーモア種々相　世界珍挨拶考　守安新二郎　78－79
新交通道徳標語選雑感　花本詩郎　80
漢口便り　中村信夫　82－83
支那小説と蛇　柴田天馬　84－88
西太后奉天行啓物語　裕徳齢　89－91
官員（＊小説）　劉爵青／藤田蓼花（訳）／武原政教（絵）　92－96
旅の川柳　村松魔古刀（選・評）　97
旅の俳句　高山峻峰（選）　97
哀愁の町（＊小説）　相原繁／佐藤功（絵）　98－103
観光報知
　世界に問ふ満洲観光資源／哈市名物モスコー商場／奉天
　城堰の解消／満洲最初の冬季漁業調査／北支旅行の携帯
　金五十円迄許可不要／満洲で白金発見　104－106
満支汽車時間表　107－109
原稿募集　110
編輯後記　沢田　110
各地著名旅館案内　113－116
満洲ところ名物　117－118

第八巻第四号　一九四一（昭和一六）年四月一日

表紙　吉林の竜潭山（＊画）　村上次也　表紙
アートの頁　消えゆく奉天城――満洲観光写真聯盟主催撮
　影会作品
　鳩のゐる風景（伊達良雄撮影）／大東門楼上より城内を
　望む（小川伝撮影）／葬列（内田稲夫撮影）／城壁（浅
　田繁男撮影）／床攤（青山敬次郎撮影）　(1)－(4)
扉　奉天北陵の碑楼（＊画）　松村松次郎　(7)
満洲国国立公園の提唱　新帯国太郎　8－11
北支農村考　中島三郎　12－16
文芸　宮津敏之　17
甜菜糖の話　今井仲治　18－22
観光の隣組満洲旅行倶楽部を通じて国策に協力致しませう
　／昭和十六年度四月中大連奉天旅行計画表　23
民族協和の大道場　嵯峨一郎　24－25
旅順の春（短歌）　島田のはぎ　25
大陸科学院参観記　天野光太郎　26－29
春光（俳句）　高山峻峰　29
随筆
　タゴール翁と柔道　高垣信造　30－31
　朱乙への旅　服部智子　31－32
　協和語　本田善吉　32－34
　ナハロフカ生活記　本池祐二　34－35
涅槃西風（俳句）　井口宗明　33
非常時の旅行さまざまを語る　座談会
　佐藤真美／安田新造／増本巌／安藤豊／木下忠三／渋谷
　芳蔵／嶺坂好之／恒成照代／実兼直一／高島六弥／市来

充／根崎弘／海田キヨ／中村ミユキ／高瀬正子／宮城調
明／北条保平／林重生／中根　36−45
旅行三態　湊　朝夫　48−50
恐るべき健忘症（＊漫画）　山田佐久良　50
スポーツ　木谷　辰巳　51
大陸瞥見——車窓から見た大陸の蜃気楼　望月　勝海　(52)−55
満洲を旅して
自然の景観と文化景観　村松　繁樹　56−59
満洲的最上の景趣　足立源一郎　60
満洲漫画漫歩（文と絵）　阪本　牙城　58−59
世は将に子宝時代！（＊漫画）
高橋ふじ雄／前田かほる／柏ぎん子／上村きよし　61
蒙疆路（写真と文）　岡本　節　62−63
中支を描く（絵と文）　鶴田　吾郎　64−65
浙東から西南へ　紀　若明　66−67
音楽　白根　晃　68
グラビアの頁
旅にも興亜の総親和／赤峰の宿（多田浩啓撮影）／甜菜
／海外ニュース・独の落下傘部隊　(69)−(76)
珍袖満洲話　下田　吉人　78−79
（＊笑話）　79・81・85・89
北支山東省の泥人形　加藤正之助　80−81
躍進の安東を見る
鴨緑江の鮮満交流化　田中　志隅　82−83
大安東の景観　玉田　苓草　84
不好！／翼賛一家大陸へ渡る（＊漫画）　西島武二郎　83・89
明朗拓土川柳　上河辺芳涼／藤井図夢（絵）　85
史跡を探る　虎皮駅（十里河）春秋　金小天／TO生（訳）　86−89
映画　織田　嶽夫　90
旅の川柳　井口呑湖（選・評）　91
旅の俳句　高山峻峰（選）　91
小説　弾痕ある木　楳本捨三／木村鏡平（画）　92−99
観光報知
大自然の健康道場／健康ハイキングコース／結ぶ科学の
東亜圏／国内緑化の問題／先進国に魁け印刷電信の装置
／お坊さんのゐない寺　100−101
美術　浅枝青甸／池辺貞喜　102
汽車時間表　103−105
原稿募集　106
編輯後記　沢　田　106
各地著名旅館案内　109−112
満洲ところ名物　113−114
別冊附録　ハイキング・コース　＊未見

第八巻第五号〈五月特大号・大陸の宗教特輯号〉

一九四一（昭和一六）年五月一日

表紙　熱河の喇嘛廟（＊画）　谷山　静生　表紙
アートの頁　峠の路／大陸花信（杏花・桜・リラ）　(1)−(4)

グラビアの頁　大陸の宗教
路傍の廟（小川伝撮影）／道教（橋爪秀一撮影）／回回／喇嘛／儒教（内田稲夫撮影）／基督教（伊達良雄撮影）／天理村　(5)－(16)
扉　大連天后宮（＊画）　大森　義夫　(19)
大陸の宗教を語る　座談会
房理家／孫高苑／福凌額／博倫図色／伯彦合色格／関伯華／省縁／釈恒学／張徳純／楊進之／鉄毓麟／今村茂一／滝沢俊亮／五十嵐賢隆／大井次郎／林重生　20－31
支那満洲に於ける類似宗教　山田　文英　32－37
見合日記（＊漫画）　高橋ふじ雄　35
支那の宗教と建築　村田　治郎　38－45
（＊笑話）　45・62・81・111・122・165
民間信仰から観た支那の動物崇拝　小林　胖生　46－50
漫画　各国宗教版　福山徳／藤井日出男　51
宗教と音楽　滝　遼一　52－56
音楽　白根　晃　57
喇嘛廟在留の日本僧　坂井栄三郎　58－62
活仏礼讃　三原　芳信　63－67
普陀宗乗廟に描く（絵と文）　谷山　静生　68－69
喇嘛　多田　等観　70－73
喇嘛教の経典　笠松　単伝　74－77
吉林の高大夫医院を訪ねて　千田　万三　78－81
ロマノフカ村旧教徒開拓民　山添　三郎　82－87
支那の基督教　比屋根安定　88－92
文芸　吉野　治夫　93
景教の遺蹟　佐伯　好郎　94－99
宗教川柳　井口　呑湖　98－99
連載漫画　天国特急　藤井　図夢　100－101
小河沿愛の学園参観記　三宅　豊子　102－107
猶太教の話　北川清之助　108－111
（＊漫画）　越路雪夫／花崎陽子／柏ぎん子　110－111
回教徒は団結するか！　中平　亮　112－116
映画　織田　嶽夫　117
仏教と支那民衆　結城　令聞　118－122
運動　木谷　辰巳　123
満洲に発達した道教　五十嵐賢隆　124－129
氷とけたり（短歌）　中島　新　129
随筆
五分の魂　佐藤岩之進　130－131
旅する心　大出　正篤　131－132
奉天の陵　坂本　綱市　132－133
熱河大仏寺（絵と文）　赤羽　末吉　131
熱河の普寧寺（俳句）　桂　樟蹊子　133
張家口三題
蒙疆首都早春賦　岩崎　継生　134－135
張家口案内書　今村　鴻明　136－137
張家口街・黄土の家・廟　岡本二三男　138－139
連載漫画　協平くん　高橋ふぢ雄　137・139
比島印象記　井久保良平　140－143

南満をうたふ歌人　宮沢千代咲　144―146
奉天附近の戦蹟物語　人見　順士　148―151
伝説物語　報恩白蛇伝　辻　忠治　154―157
花見の頃（＊漫画）　ヤマダサクラ　155
ハイキング二題（＊漫画）　潮ますみ／藤井日出男　157
小説　薔薇公園開園式　神戸悌／山口忠（絵）　158―165
美術　浅枝　青甸　166
川柳　井口呑湖（選・評）　167
俳句　高山峻峰（選）　167
観光報知
満洲に鶴の秘境／黒河にビユーロー開設／満航新ダイヤ編成／便利な回数入場券／建国忠霊廟スタムプ／ゴルフ場滑空練習場に転向／裏日本の日発制／ビユーロー伯林に駐在員派遣／南嶺に大規模な苗園計画／鍛へる鉄の魂大連にドイツ人学校／満洲でも桜は育つ／観光奉天の一大事北陵松に虫／名産〝山芋〟吉林駅で売出す／内地の寝台券は取扱はぬ　168―170
汽車時間表　171―173
原稿募集　174
編輯後記　沢　田　174
各地著名旅館案内　177―180
満洲ところ名物　181―182

第八巻第六号　一九四一（昭和一六）年六月一日

表紙　支那芝居の面（＊画）　宇野　千里　表紙
アートの頁　九頂鉄刹山／洗衣服　(1)―(4)
扉　北満の山と切株（＊画）　池辺　青李　(7)
満洲が緑化出来るか　竹内　亮　8―12
美術　浅枝　青甸　13
神農と薬草　新　馬　晋　14―17
野草を活した農産加工品　杉原　信助　18―21
中支の棉花　小林　貢　22―27
曲阜の孔子廟　樋口　次郎　28―31
大陸的成吉思汗ハイキング（＊漫画）　佐々木線子　29
観光と厚生　野間口英喜　32―35
国民学校教師の現地報告　土に生きる者　小見山美雄　36―39
大陸瞥見　中村慶三郎　40―42
初夏（短歌）　甲斐　雍人　43
千振野（俳句）　成田　凡十　43
満支ホテル・ラベル　桜井　昌輝　44―45
連載漫画　天国特急　藤井　図夢　46―47
随想　満洲風物抄　浅見　淵　48―49
蒙古人との旅　大野　光次　50―54
網打ち（＊漫画）　中条　啓介　51
川柳　井口呑湖（選・評）　55
俳句　高山峻峰（選）　55

華北の新線を行く　川越　行雄　56－59
石津運河とは？　斉藤　義治　60－61
随筆
善太と三平　渡辺美知夫　62－63
杏の果実　浜名　竜三　63－64
美しき街　横川　一成　64－65
観光の隣組を作りませう／旅行計画表　66
運動　木谷　辰巳　67
音楽　白根　晃　68
南京の茶館　K　生　68
グラビヤの頁
長廬塩の将来性（北村勝撮影）／山を下る牡丹江材（古川忠吉撮影）／五台山六月法会／蒙古人の水浴　(69)－(76)
支那女人図絵　帆形呂久郎　78－79
文芸　古川賢一郎　80
映画　渋谷　哲夫　81
三つの風景　青木実／樋口成敏（絵）　82－88
旅の川柳漫画　井口呑湖（抄）／田川肇象（画）　89
ショウト・ストウリイ　狐の相棒　福世　武次　90－91
（＊笑話）　91
短篇小説　師弟　門司勝／浅枝青甸（絵）　94－97
満洲観光写真懸賞募集　97
小説　曲線街の謎　耶止説夫／木村鏡平（絵）　98－103
観光報知
写真機携帯の乗船旅行者へ御注意／寝台券は前日発売不正旅客に封じ手／海の宝庫舟山叢島に日本漁業の粋を集む／名勝古蹟を保護民生部で法律制定／旅客誘致も新体制遊山団体割引は廃止／現金は二百円まで旅行者携帯金引下げ／呼倫湖々畔に蒙古魂の鍛錬場建立／嫩江祭の復活観光週間に開拓産業展　104－106
汽車時間表　107－109
原稿募集　110
編輯後記　沢　田　110
各地著名旅館案内　113－116
満洲ところ名物　117－118

第八巻第七号　一九四一（昭和一六）年七月一日

表紙　夾竹桃（＊画）　大森　義夫　表紙
グラフのページ
南風／荘河県の海（上村貴撮影）／夏の家　(1)－(4)
青空学校へ／緑の森へ！／湯山城の釣（市橋辰夫撮影）／紙屑更生／紙の誕生　(69)－(76)
扉　新京児玉公園（＊画）　山口　忠　(7)
満洲の農民信仰　大間知篤三　8－14
街の体温　若き街・錦州　松田　三郎　15
仏印最近の表情　日高　万里　16－20
ハルピンヨットクラブ　山崎　静男　21
満洲の印象　岸田日出刀　22－25
関帝廟の話――老爺廟として親まれる　渡辺三角洲　26－28

文芸　中山 美之　29
北満三江の船旅　白樺 幹夫　30–33
第二松花江を観る　蛯原 八郎　34–35
史蹟に富む赤山　清水 富夫　36–38
道教の霊域鉄刹山　荒木香寿夫　39–41
天幕生活の仕方　池谷 浩　42–43
壺中雑記　丸本十九瓶　44–48
運動　木谷 辰巳　49
澡塘洗渣　土谷 暢生　50–52
美術　浅枝 青甸　53
案内記　東湯温泉　池田 武男　54–55
連載漫画　天国特急　藤井 図夢　56–57
随筆
　新聞人の旅　太 原 生　58–59
　旅と本　橋本八五郎　59–60
　燕と雁の去来　橋本 良蔵　60–62
　関東神宮の御造営　細川 清　62–63
向日葵（俳句）　佐藤青水草　61
夏の陸軍病院（短歌）　永原いね子　63
釣の醍醐味　大岩 峯吉　64–67
映画　渋谷 哲夫　68
ツーリストビユーロー満洲支部十五年を語る　座談会
　藤次清二／平野博三／矢部英二／近藤斌／宮城／吉田／
　八木／片岡／増田／光安／清水／新木／佐長／林／阿曾
沼　78–83
音楽　白根 晃　85
漫画家の求婚（作並ニ絵）　森 比呂志　86–91
歩け！歩け！　柳 武夫　90–91
小説　旅情茫々　宮井一郎／松村松次郎（絵）　94–101
旅の川柳漫画　井口呑湖（抄）／杉田八太郎（画）　102
川柳　井口呑湖（選・評）　103
俳句　江口我孫子（選）　103
観光報知
　奉ビルにビユーロー出張所開設／内地の来満団体はビユーローで斡旋／満毛にハイク案内所／安くなる団体旅行／華北の交通網整備相踵ぐ自動車路の開通／滾々〝山東の別府〟温泉街になる威海衛／野外教室〝青空学校〟開設毎日曜に東陵で／仮令一銭一厘でも許可が要ります厳重になる山海関の税関／満洲名所ヨット倶楽部開場に備へる今年の新趣向／渾河畔の長堤見事完成奉天市を包む新城壁／大連科学工業館工業博物館を改組設立／禁制品の国外輸出厳禁　104–106
汽車時間表　107–109
原稿募集　110
編輯後記　沢 田　110
　正誤（＊六月号扉画の筆者）　110
各地著名旅館案内　113–116
満洲ところ名物　117–118

第八巻第八号　一九四一（昭和一六）年八月一日

表紙　松花江（＊画）　田口　正人　表紙
グラフの頁　奥千山踏破／明暗岐路／麦酒　(1)-(8)
扉　廬山（＊画）　鶴田　吾郎　(11)
大長山島貝塚発掘記　島田　貞彦　12-17
満洲産闘魚　柴田　清　18-21
鏡泊湖の漁業開始　北原　恒造　22-26
街の体温　斉斉哈爾　江藤　竹造　27
満人女性の社会進出　井口　八郎　28-31
（＊小話）　31・49・75
満洲演芸界雑感　楳本　捨三　32-37
北支の別天地北戴河　野上　増美　38-43
興城（絵と文）　矢追　万里　44-45
江南六日の旅　時松　一夫　46-47
娘子関　奈賀　井三　48-49
随筆
　哈爾浜食事録　今井　光雄　50-51
　満洲美の再認識　山下藤次郎　51-53
　思ひ出の旅　栗田　千足　53-54
吉林の旅にて（短歌）　西沢　流　52
胡地の夏（俳句）　松尾　呂青　54
文芸　野川　隆　55
はがき回答　我が駅はかくして浄化される
金州駅長／大田朝貞／泰来駅長／大栗子駅長／瀬田川為蔵／石井忠一／後藤金司／都築義雄／吉田政乗／下馬塘駅長／大内田義雄／朝陽駅長／寧年駅長／八田保男　56-57
仔雀の墓――早緑幼児園保姆の手記　小松なつ代／荒木忠三郎（絵）　58-62
　推薦者の言葉　中溝　新一　58
運動　木谷　辰巳　63
浙江の紹興酒　上田　経蔵　64-68
美術　浅枝　青甸　69
映画　渋谷　哲夫　70
健康盛夏の旅　上河辺芳涼／藤井図夢（絵）　73
ショート・ストーリー　姑娘のファインプレー
漫画　夏は狂ふ　福世　武次　74-75
　高橋ふじ雄／草純二／渡辺和俊／福山徳／甫李真／藤井日出男／千里道夫／藤井正意　76-77
連載漫画　天国特急　藤井　図夢　78-79
旅の川柳漫画　井口呑湖（抄）／杉田八太郎（画）　80
連載小説　さまよへる駅妓　坂上信夫／小木時恵（絵）　82-87
創作　長城線　大山直人／樋口成敏（絵）　88-95
創作　白い馬　斉藤みさを／小谷丹平（絵）　96-102
川柳　井口呑湖（選・評）　103
俳句　高山峻峰（選）　103
観光報知
　蓋平海水浴場の施設拡充／北京―上海間に航空急行便増

設／華豊、赤柴両炭礦に輝く鉄路／大連の観光バス復活
す／大連に防空地下道完成／開く大陸の相貌／〝同徳台〟
と御命令軍官学校所在地 104－106
汽車時間表 107－109
原稿募集 110
編輯後記 沢 田 110
各地信用ある旅館案内 113－116
満洲ところ名物 117－118
＊一〇七・一〇八頁は底本において欠落

第八巻第九号　一九四一（昭和一六）年九月一日

表紙 城壁（＊画） 二瓶 等観 表紙
グラフの頁
馬の秋／国展／東洋一を誇る新京動植物園（飯塚慶司撮
影）／誘ふ味覚 (1)－(8)
扉 初秋（＊画） 馬場 射地 (11)
北海道農業と満洲開拓 松野 伝 12－17
満洲の騎道を語る 三好 成雄 18－21
蒙古人の「みそぎ」 小林 胖生 22－27
第四回満洲国美術展覧会批評
国展第一部評 浅枝 青甸 28－29
国展第二部を観て 池辺 青李 29－31
満洲随想
開拓館？壁画のこと（絵と文） 小早川秋声 32－33
省略法の感 森 静子 34－35
旅順のあらまし 松村三柳子 36－37
味覚 那迦 三蔵 38－39
随筆
喫煙 今市 欽介 40－41
親善共助の提唱 渡会 貞輔 41－42
錦州の鴛鴦花子 梅津 芳夫 42－43
嫦娥（短歌） 林 孝吉 42
夾竹桃（俳句） 藤巻 伽村 43
旅客からの注文 列車の粉炭は防げぬか 夏野煤塵子 44－45
省展を観る――奉天省美術展覧会・評 三木彦四郎 46－48
美術 浅枝 青甸 49
南洋スマトラ島奥地探検記――食人種バタツク族の根拠地
を探りて 竹下 康国 50－52
文芸 麻生錬太郎 53
街の体温 北京 保科喜代次 54
運動 木谷 辰巳 55
漫画 戦時下の秋
中条啓介／上村きよし／前田かほる／塚原平二郎／山田
左久良／藤井図夢／藤井正意／高橋ふじ雄 56－57
連載漫画 天国特急 藤井 図夢 58－59
旅の川柳漫画 井口呑湖（抄）／杉田八太郎（画） 60
ショートストーリー ペルシヤ猫
無九伝／杉田八太郎（絵） 62－63
新刊紹介 鈴木直吉訳著『アジアの人と神秘』 63

映画　渋谷　哲夫　65
さまよへる駅妓（その二）　坂上信夫／小木時恵（絵）　66－71
小説　青竜の町まで　鈴木啓佐吉／前沢一夫（絵）　72－79
川柳　井口呑湖（選・評）　80－81
短歌　甲斐雍人（選・評）　80－81
俳句　高山峻峰（選）　80
詰将棋新題／詰碁新題／詰聯珠新題／解答　81・52
観光報知
　満洲情緒を盛る官製絵葉書売出し／〝興亡の夢さらば〟奉天城壁／興農政策完遂の大拠点四平省開設／映画になる産業満洲／農産公社設立三社統合実現　84－85
原稿募集　86
編輯後記　沢　田　86
各地信用ある旅館案内　89－92
満洲ところ名物　93

第八巻第一〇号　一九四一（昭和一六）年一〇月一日

表紙　満洲山の幸（＊画）　横山　繁行　表紙
グラフの頁
　わくら葉（小川伝撮影）／聖慈院の孤児達（飯塚慶司撮影）／時代の声／高麗山城踏破行（前田俊雄撮影）　(1)－(8)
扉　真昼の湯屋（＊画）　外河　武夫　(11)
満洲馬産の改善　遊佐　幸平　12－16
蒙古民族の旋風　大野　光次　17－20
訪日奇見　周　世　錚　21
エミグラント魂の祖国　渡辺善四郎　22－25
鞍山点描（短歌）　成島　ふみ　24－25
秋十題（俳句）　森　五味子　25
蘭印土民は何処へ行く　守安新二郎　26－28
音楽　鎌田　正　29
協和会と隣組　隠岐　淑夫　30－31
満洲蓄音器の特殊性　伊奈　文夫　32－33
新刊紹介『支那蒙疆旅行案内』　32－33
美術　浅枝　青甸　34
文芸　名倉　聞三　35
満洲の印象
　白系露人を描く　鑓田　研一　36－39
　平沙茫々　鈴木　文治　39－41
山と温泉（スケッチと文）　矢追　万里　42－43
随筆
　旅の思ひ出　小畑たけし　44－45
　モスクワの郊外　柏木弧矢郎　45－46
　老人の経験　長島　満　46－47
三宅豊子著『埘の歌』を読む　Y　生　47
満洲の野に咲く花　和気律次郎　48－49
朝鮮の旅より（絵と文）　今村　主税　48－49
日華異同弁　石原　巌徹　50－53
支那の古染付の鑑別　八木　杜朗　54－56
街の体温　済南　藤原　香　57

詩の重陽節　高　遵義　58-59
映画　渋谷　哲夫　60
味覚　犬塚　秀　61
薬用人蔘は何処が本場か　篠田　信二　62-67
漫画物語　旅で拾つた話　北村　邦　68-69
食用菌蕈は何故珍重されるか　温水　竹則　70-73
鉄の神様——鞍山興盛廟　五十嵐賢隆　74-78
運動　木谷　辰巳　79
ショート・ストーリー　さいならしました
関敏夫／荒木忠三郎（絵）　80-83
晩秋の漫画
杉田八太郎／山田左久良／塚原平二郎／緑川哲／佐貝凡
茶／高橋ふじ雄／藤井図夢／柏ぎん子／陣内春夫／中条
啓介　84-85
連載漫画　天国特急　藤井　図夢　86-87
旅の川柳漫画　井口呑湖（抄）／杉田八太郎（画）　88
愛路厚生船に乗る　芳賀日出男　90-95
郭公鳥（放送用脚本）　門司勝／小木時恵（絵）　96-102
観光報知
満鉄運賃値上げ／新通行税早わかり／水豊ダム完成／外
人旅客の関所／奉天観光案内所移転／農・畜ともに好成
績／賽犬愈よデビユー／満洲初の廻舞台　104-105
川柳　井口呑湖（選・評）　106-107
短歌　甲斐雍人（選・評）　106-107
俳句　高山峻峰（選・評）　106
詰将棋新題／詰碁新題／詰聯珠新題／解答　107・41
原稿募集　110
編輯後記　沢　田　110
各地信用ある旅館案内　113-116
満洲ところ名物　117

第八巻第一一号　一九四一（昭和一六）年一一月一日

表紙　遼陽の白塔（＊画）　天野　節　表紙
口絵
冬に入る胡同（上村貴撮影）／炕（金山清雄撮影）／黄
土の家／北支棉業　(1)-(8)
扉　支那芝居（＊画）　寄本　司麟　(11)
観光と保健を語る　座談会
千種峰蔵／藤森章／衛藤利夫／羽生秀吉／倉橋保彦／平
川保一／林重生／加藤治雄／酒井昇／吉田庄三郎／緒方
弥吉　12-19
北安附近　中谷　孝雄　20-23
大陸随想
疲れる目のやり場　大谷五花村　24-25
地の利と人の和　杉山元治郎　26-27
旅愁　赤坂　岩治　28-31
北京閑話　朱湘／大内隆雄（訳）　32-36
映画　渋谷　哲夫　37
映画人の見た北京——北京雑感　渋谷　実　38-39

淡介はかく加工される　青木　三雄　40―43
中国の紙　張　水　淇　44―47
随筆
無題　根本富士雄　48―49
ターニヤ　横川　一成　49―50
好去好来歌　山下藤次郎　51―53
新京遠近（短歌）　渡辺洪一郎　53
ウクライナ素描　山中　忠雄　54―56
秋の蝶（俳句）　三木　朱城　56
運動　木谷　辰巳　57
小清河を下る　荒木　孝雄　58―59
青島点描　加藤正之助　60―62
街の体温　朔州　三木藤四郎　63
哈爾浜物語　小幡　駿吉　64―65
音楽　坂井雅楽頭　67
遼陽の古蹟を探る　三宅　俊成　68―73
漫画　増産時代
伊馬耕平／中条啓介／山田左久良／杉田八太郎／高橋ふじ雄／鈴木基靖　74―75
満支観光豆辞典――（キ）　74―75
連載漫画　天国特急　藤井　図夢　76―77
旅の川柳漫画　井口呑湖（抄）／杉田八太郎（画）　78
美術　池辺　青李　79
官話　西廂記　木全徳太郎　80―83
ショートストーリー　大連航路の少女　三井　三吉　84―87
味覚　桑戸文二郎　88
（＊笑話）　88
翻訳小説　色孽報
祝子嘉／長江陽（訳）／荒木忠三郎（絵）　90―95
小説　開拓農民　第一回　小林実／田中文也（絵）　96―102
新刊紹介　『支那蒙疆旅行案内』／『文部省制定日本国民礼法要項』　102・105
文芸　山川　清　103
川柳　井口呑湖（選・評）　104―105
短歌　甲斐雍人（選・評）　104―105
俳句　高山峻峰（選）　104
詰将棋新課題／詰碁新課題／詰聯珠新課題／解答　105・53
観光報知
満洲文化の花旅順の石塚に科学のメス／大仏山に珍らしい甲型ドルメン／〝満鉄創業館〟開館公開する大陸発展史／出来たぞ・満洲山スキー吉林製・三百台がお目見得／大陸文化の為に〝象牙の塔〟を公開／満洲の温泉に折紙医療効果百％の泉質／ブラゴヴエシチエンスキー寺院新装成る／発掘にしのぶ文化の跡　106―108
原稿募集　110
編輯後記　沢　田　110
各地信用ある旅館案内　113―116
満洲ところ名物　117

第八巻第一二号　一九四一（昭和一六）年一二月一日

表紙　金州南山風景（＊画）　山城　竹次　表紙
口絵
冬の部落（坂本克己撮影）／鏡泊湖漁業開拓民／山東の石仏／冬の味覚　(1)－(8)
扉　満洲産山鶉（＊画）　栗山　博　(11)
喇嘛と度牒制度　三原　芳信　12－15
湖南要衝の地・長沙　城本　保　16－21
満洲随想
満洲今昔感　松山　基範　22－24
東満を旅して　岡上　美樹　25－27
剃頭的の話（絵と文）　赤羽　末吉　28－29
随筆
南嶺現地報告　出原　佃　30－31
ハルビンと釣と猟　後藤　春吉　31－32
国境に住む人々　貞松　恒郎　32－34
ロシアパン　関　敏夫　34－35
旅の手帖（絵と文）　富岡　喜夫　32－33
黒陶の壺　藤田　亮策　36－38
美術　浅枝　青甸　39
北支の陸塩　大友　喜八　40－44
満支の冬（短歌）　原　真弓　43
文芸　津野　健平　45
南洋の刑務所商売　竹下　康国　46－49
街の明暗二題
北満の古都　本池　祐二　50－53
南満の近代都市　田中　志隈　50－53
味覚　大野　三平　54－55
炉扇雑筆　森　定雄　56－59
満洲移駐工場とその経過　菅生　数馬　60－62
（＊笑話）　62
運動　木谷　辰巳　63
シナリオ漫画　忘れ物　佐貝　凡茶　64－65
漫画新体制　佐貝凡茶／南伸／宇津美／高橋ふじ雄　66
非常時交通緩和策三題　藤井　図夢　67
満支観光豆辞典——（キ）　66－67
旅の川柳漫画　井口呑湖（抄）／鈴木もとゐ（画）　68
鄂倫春綺談　羽柴　増穂　70－75
翻訳小説　色孽報（その二）　祝子嘉／長江陽（訳）／荒木忠三郎（絵）　76－81
西太后奉天行啓物語　裕　徳　齢　82－88
音楽　坂井雅楽頭　89
小説　開拓農民　第二回　小林実／田中文也（絵）　90－97
官話　西廂記　木全徳太郎　98－101
映画　渋谷　哲夫　103
川柳　井口呑湖（選・評）　104－105
短歌　甲斐雍人（選・評）　104－105
俳句　高山峻峰（選）　104－105

詰将棋新題／詰聯珠新題／詰碁新題／解答 105・27
観光報知
親しみ易く変る満洲税関吏服装／文化や景勝地を古蹟と共に保存／白露系開拓団ニコライエフカ村／名も興農風車誇る開拓の原動力／耳寄りな話大東港にラヂウム／満洲に八十八箇所心身の修練道場／草を喰ふさかな美味しい珍魚／陸地になる黄海一年間に約一粁半／観光バス復活 106－108
原稿募集 110
編輯後記 沢田 110
各地信用ある旅館案内 113－116
満洲ところ名物 117

第九巻第一号〈新年特大号・満洲の城壁特輯号〉

一九四二（昭和一七）年一月一日

表紙 奉天城大南門（＊画） 谷山 知生 表紙
特輯グラフ
満洲の城 遼東の鎮（景山伸三郎・前田俊雄・小川伝・綱本守・坂本克己撮影）／満洲の古城（小川伝・橋爪秀一撮影）／遼西の護（内田稲夫・小川伝撮影）／北の備（内田稲夫・前田俊雄・本田親邦撮影）／高句麗城址（小川伝・伊達良雄・前田俊雄撮影） (1)－(11)
勅題・連峰の雲（蟻川工撮影） 斎藤 茂吉 (12)
扉 勅建大安禅林（＊画） 池尻 一郎 (15)
城の今昔 村田 治郎 16－20
東亜観光写真聯盟趣旨 東亜観光写真聯盟 20
はがき回答 満洲の城壁で是非残したい城壁
尊田是／黒田源次／杉謙亮／張世謙／足立長三／渋谷三郎／筒井雪郎／斎藤直友／武村清／営口観光協会／章俊民／宮学曾／山崎末次郎／復県公署／柴田信次／竹内正一／鞍山観光協会長／錦州省民生庁長／土肥嶺／温継嶠／竇毓清 21
支那の城壁と日本の城 鳥羽 正雄 22－26
奉天と遼陽 鴛淵 一 27－32
奉天城秘話 新 馬 晋 33－38
捷報（＊短歌） 天野 耿彦 38
熱河詠草（俳句） 大場白水郎 39
随筆
めぐりあひ 野島 一朗 40－41
ホロンバイルの旅 岩崎 二郎 41－42
手品 柴田 直光 42－43
満洲の古今城壁考 八木奘三郎 44－51
高句麗城址 島田 好 52－55
間島省の山城土城 鳥山 喜一 56－62
文芸 福家富士夫 63
撫順から興京へ――古城趾発見行 渡辺 三三 64－69
満洲随想
画布の旅 石井 柏亭 70－71
満洲の都市 夏川大二郎 71－72

冬さび（短歌）　三井　実雄　73
倭寇と望海堝城　島田　貞彦　74－76
映画　渋谷　哲夫　77
高句麗の城郭と撫順新城　三上　次男　78－84
運動　木谷　辰巳　85
長城とその秘話　村上　知行　86－92
満蒙の遺蹟と支那の古陶磁　小山富士夫　94－101
満洲の温泉を語る　高安　慎一　102－107
凍る松花江　中村　博　108－110
スキーヤに快報　110
音楽　坂井雅楽頭　111
哈爾浜の祭典　ガリーツイン　112－114
新春漫画
陣内春夫／藤井正意／高橋ふじ雄／今村チカラ／鈴木もとゐ／佐貝凡茶　116－117
満支観光豆辞典――（キ）　116－117
ショート・ストーリー
姑娘純愛譜　富岡　喜夫　118－119
峰といふ男　南桂華／荒木忠三郎（絵）　120－121
（＊笑話）　121
連載小説　開拓農民　第三回　小林実／田中文也（絵）　122－127
小説　花と哨烟　棵本捨三／松村松次郎（絵）　128－134
官話　西廂記　木全徳太郎　136－139
川柳　井口呑湖（選・評）　140－141
短歌　甲斐雍人（選・評）　140－141
俳句　高山峻峰（選）　140
詰碁新題／詰将棋新題／詰聯珠新題／解答　141・114
満支汽車時間表　142－143
観光報知
今年も割引運賃降雪まつスキー場／華北交通網一斉にダイヤ変更／聯銀以外鋳貨の流通を禁止／満洲開拓農場法制定世襲家産制度を確立／甦へる千里の美田荘河の大干拓完成／安奉沿線は林檎栽培に好適／動く博物館と旧蹟誌保存協会来年の事業　144－145
原稿募集　146
編輯後記　沢田　146
各地信用ある旅館案内　149－152
満洲ところ名物　153

第九巻第二号　一九四二（昭和一七）年二月一日

表紙　熱河（＊画）　上原　之節　表紙
グラフの頁
灯節／雪二景（小川伝・内田稲夫撮影）／行けスキーへ！　(1)・(4)－(5)・(8)
元宵節（絵と文）　赤羽　末吉　(2)－(3)
娘子関（絵と文）　小磯　良平　(6)－(7)
扉　満洲の冬の子供（＊画）　荒木忠三郎　(11)
戦時下共栄圏の再検討
大陸認識の時局性　近藤　春雄　12－16

共栄圏の北と南　春山行夫　16―20
文芸　青木実　21
満洲開拓民の越冬生活　岡野甲四郎　22―25
満洲の冬の狩猟
銃猟外道　八木杜朗　26―28
猟の醍醐味　金田詮造　28―31
工人の冬期食物　飯島満治　32―37
北京の英米系会社事業　池田鮮　38―43
香港とは何んな所か　前田俊雄　44―47
満洲に於ける漢代の城址　駒井和愛　48―51
満洲の城壁と伝説　三宅俊成　52―57
大陸随想
満支の薬店　刈米達夫　58―59
無限の美声　滝庸　60―63
机上冬（短歌）　桃北好澄　63
随筆
東亜大の日本人　井辺一家　64―65
北京と広重　高橋司　65―66
虎頭にて　桃北好澄　66―67
映画　渋谷哲夫　69
戦乱の欧洲を旅して　北条保平　70―73
戦時下の漫画
さくま・あきら／南伸子／内海みち郎／今村チカラ／藤
井図夢／伊馬耕平　74―75
満支観光豆辞典――（キ）　74―75
美術　浅枝青甸　76
物語　西太后奉天行啓物語（第十二回）　裕徳齢　78―82
体育　木谷辰巳　83
大陸生活講座　満人の衣服　古川賢一郎　84―86
音楽　坂井雅楽頭　87
官話　西廂記　木全徳太郎　88―91
ショート・ストーリー　不具の少女　泉直哉　92―93
図們案内所臨時移転／新設案内所　93
連載小説　開拓農民（第四回）　小林実／田中文也（絵）　94―100
川柳　井口呑湖（選・評）　102―103
短歌　甲斐雍人（選・評）　102―103
俳句　高山峻峰（選）　102
詰碁新課題／詰将棋新課題／詰聯珠新課題／解答　103・100
観光報知
東郷さんの愛用双眼鏡発見／星ケ浦豆トンネル開通／日露役終結の戦跡地保存／熱河で造林計画／路面列車の完成／輯安に古蹟陳列館／本社、総局一元強化満鉄機構改革断行必至／満洲入植十一万戸超ゆ／丈夫な開拓青年型／鏡泊湖が凍りました／満鉄線寝台料値上げ　104―106
旅の川柳まん画　井口呑湖（抄）／戸沢辰雄（画）　107
汽車時間表　108―109
原稿募集　110
編輯後記　沢田　110
各地信用ある旅館案内　113―116
満洲ところ名物　117

第九巻第三号　一九四二（昭和一七）年三月一日

表紙（＊画）　荒木忠三郎　表紙

目次カット　戸沢　辰雄　目次

グラフの頁

明けゆく熱河（小川伝撮影）／英霊に禱る　(1)・(4)－(5)・(8)

熱河・興隆（絵と文）　阪本　牙城　(2)－(3)

春待つ松花江／吉林の春（絵と文）　佐藤　功　(6)－(7)

慶祝建国十週年　謹告　東亜旅行社満洲支部　(10)

扉　義県の万仏堂（＊画）　津田　治七　(11)

漢人の満洲開拓　魏崇陽／大内隆雄（訳）　12－16

文芸　金井　坑三　17

新嘉坡素描　山口海旋風　18－22

戦の深処（＊短歌）　天野　耿彦　22

蒙古の母胎　無　九　伝　23－27

索倫人見参記　大谷　勇夫　28－33

産業小戦士　井口　八郎　34－37

雲南より香港への旅　隆　恕　38－43

日本海航路の今昔　畠中　隆輔　44－47

旅と防犯　座談会

山本虎一／佐野一郎／清水繁雄／若松富男／杉山新吾／大成鳩補／福山治一／小出啓法／深江兵次／堀口晴弥／吉田森助／石畑一登／丹羽記一　48－53

大陸随想

磽确の地　松村　松年　54－55

印象断片　今村　豊　56－59

三月のうた（短歌）　中島葉杜子　59

随筆

写真の行方　柴田　博陽　60－61

大陸人は財産家　玉井　静一　61－62

蒙古人　井手俊太郎　62－63

春の果て（俳句）　都馬　北村　63

満洲建築の特質　高　尊　義　64－65

満洲国の羊毛　米田　富　66－68

映画　織田　嶽夫　69

音楽　鎌田　正　71

愛読者のまんぐわ

高橋ふじ雄／佐貝凡茶／内海みち朗／柏ぎん子／佐久間晃　72－73

満支観光豆辞典――（キ）　72－73

旅の川柳まん画　井口呑湖（抄）／戸沢辰雄（画）　74

大陸生活講座　満人の常食（大陸生活研究会）　古川賢一郎　76－78

支那料理八珍　76－77

味覚　安彦　砂人　79

官話　西廂記　木全徳太郎　80－83

小説　迎春花――清太祖記　工清定／田村素亮（絵）　84－94

体育　木谷　辰巳　95

連載小説　開拓農民（第五回）　小林実／田中文也（絵）　96－103

川柳　井口呑湖（選・評）　104－105

短歌　甲斐雍人（選・評）　104―105
俳句　高山峻峰（選・評）　104―105
詰碁新課題／詰将棋新課題／詰聯珠新課題／解答　105・47
観光報知
遺勲偲ぶ第一師団戦蹟記念碑建立／市民の郷土認識に古蹟保存陳列館設置／建国の春飾る瑞雲十字章／将来は開拓大学幹部養成所新設／万寿節をトップに十月中旬まで続く／大陸花嫁塾三箇所に新設決定／満系基督教会も敵性勢力を十字架から一掃／唐山駅前案内所営業開始　106―107
汽車時間表　108―109
原稿募集　110
編輯後記　沢田　110
著名旅館案内　113―116
満洲ところ名物　117

第九巻第四号　一九四二（昭和一七）年四月一日

表紙（＊画）　佐藤　功　表紙
グラフの頁
北を護る！（柏崎武雄撮影）／甕の缸窯鎮（金山清雄撮影）／楽土早春（坂本克己撮影）　(1)・(4)―(5)・(8)
梨（絵と文）　横山　繁行　(2)―(3)
満洲の印象（絵と文）　足立源一郎　(6)―(7)
扉　承徳普寧寺境内にて（画）　三井　正登　(11)
満洲支那の婚姻制度　吉田　公平　12―15
新京―昭南島間の鉄道を如何に結ぶか　道岡　太郎　16―20
文芸　金井　坑三　21
蔣政権のたそがれ――蔣政権の奥地遷都と援蔣輸血路の変遷　小林　胖生　22―27
北京住宅考　小山内　匠　28―31
熱河興隆まで（絵と文）　阪本　牙城　32―37
沿岸封鎖（＊短歌）　阿部　良介　37
北満穀倉地帯の旅　大川　進　38―40
草の息（短歌）　渡辺三角洲　40
美術　浅枝　青甸　41
満洲随想
奉天所感　窪川　稲子　42―43
承徳と喀喇沁王府　天野　利武　43―45
旅館巡礼　鑓田　研一　46―47
南方の奇習　前田　俊雄　48―51
音楽　鎌田　正　52
映画　織田　嶽夫　53
戦争と観光事業　勝俣　勉　54―57
随筆
南の国の蜂　高山　謹一　58―59
北支看板行脚　堀越　喜博　59―60
冬の橋頭　大場白水郎　60―61
昼餐時（俳句）　保坂　文虹　61
壺中雑記――甕の缸窰鎮　丸本十九瓶　62―64
（＊笑話）　64

体育　木谷　辰巳　65
漢医と漢薬　侯　俊　業　66―67
時局漫画
宮武竜三郎／佐貝凡茶／緑川哲／高橋ふじ雄／蛙一笑　68―69
満支観光豆辞典――（ク）　68―69
ショートコメディ　俳優　中山　文雄　70―71
大陸生活講座　満洲の民家（大陸生活研究会）　古川賢一郎　72―74
釣――四月の釣場　75
旅の川柳漫画　井口呑湖（抄）／戸沢辰雄（画）　76
官話　西廂記　木全徳太郎　78―81
小説　迎春花――清太祖記　工清定／田村素莞（絵）　82―92
連載小説　開拓農民（第六回）　小林実／田中文也（絵）　94―101
川柳　井口呑湖（選・評）　102―103
短歌　甲斐雍人（選・評）　102―103
俳句　高山峻峰（選・評）　102
詰碁新課題／詰将棋新課題／詰聯珠新課題／解答　103・101
観光報知
建国十周年旅行事務所を特設／内地旅行案内全面的に新料金／興亜の話題共栄圏縦貫鉄道／旅にも決戦の心構へ客荷輸送訓練旬間／新しき家族の建立親属継承法要綱成る／胸拡ぐ春の跫音早くも鴨緑江解氷／〝乾隆の華〟を再現映画に熱河離宮の宝物／満洲にも確に仏法僧が棲む／科学満洲の誇り新装中央博物館再開館　104―106
汽車時間表　108―109
原稿募集　110
編輯後記　沢　田　110
著名旅館案内　112―115
満洲ところ名物　116

第九巻第五号〈山東特輯号〉

一九四二（昭和一七）年五月一日

表紙　済南千仏山（＊画）　久野　福馬　表紙
グラフ　特輯山東
山東の名山／津浦線を行く／膠済線の街／渤海に臨む街／窯業の博山／山東の産業　(1)―(12)
扉　小清河附近（＊画）　久野　福馬　(15)
孔子と現代儒教　石原　巌徹　16―22
山東省と道教　道端　良秀　23―27
山東省の窯業資源　門田　重行　28―37
山東省鳥瞰図　38―39
八幡船と山東　小谷　忠義　40―43
山東の生んだ三大奇書――『水滸伝』『金瓶梅』『聊斉誌異』　藤沢　由蔵　44―49
山東省の古代芸術　井出　黒潮　50―51
山東共産軍踏査行雑話　小山内　匠　52―57
リヒトホーフエンの支那旅行　大内　直之　58―63
乞食と泰山　62―63
青島不動産今昔物語　武下　大介　64―65
中心となる青島　増満　繁雄　66―67

唄ふ青島　中瀬鮎之介　68―69
詩　済南站　飛鳥川光亮　69
泰安と済寧――山東の土俗人形を訪ねて　中島　荒登　70―71
済南の尼寺興隆庵を訪ふ　沐　滑　散　人　72―73
詩　大明湖素描　織田　旗男　72―73
山東の名山　川端　与吉　74―77
秦の始皇帝と山東　馬場春吉／浅枝青甸（絵）　78―84
文芸　青木　実　85
山東の伝説　牡丹の妖　柴田天馬／佐藤功（絵）　86―90
密輸あの手この手　樋口　滋朗　90
鞏道士の袖　拈華堂主人　91―95
山東歌集　95
髑髏綺譚　織田　旗男　96―100
港都句集／済南句集　100
現地の回答　山東に於ける名勝、旧蹟、名産物、支那事変
　戦蹟
　下津春五郎／松岡茂雄／済南市長／青島日本商工会議所　101
小説　建設の一頁　和久井登／樋口成敏（絵）　102―106
慶祝建国十週年　謹告　東亜旅行社満洲支部　107
戦乱下の香港を廻りて　西村　忠郎　108―111
南の追憶　森　東也　112―115
随筆
　車中瞥見二景　高山　照二　116―117
　旅　高橋　源重　117―118
　戦なき如く　三井　実雄　118―119
たび　三木　朱城　119―120
　観光事業への提唱　玉井　静一　121―123
五月の歓喜（短歌）　橋本　浅夫　123
ユフタ実戦記　佐藤　真美　124―125
大陸生活講座　満洲の民謡（大陸生活研究会）　何　冰　江　126―128
慈覚大師の遺蹟　128
美術　池辺青李／浅枝青甸　129
体育　木谷　辰巳　130
音楽　鎌田　正　131
連載小説　迎春花――清太祖記　工清定／田村素亮（絵）　132―142
映画　織田　嶽夫　143
連載小説　開拓農民（完結篇）　小林実／田中文也（絵）　144―151
愛読者漫画集
　陣内春夫／山田佐久良／須賀ゐさを／長原白竜／佐貝凡
　茶／高橋ふじ雄　152―153
満支観光豆辞典――（ク）　152―153
釣　太　公　望　154
川柳　井口呑湖（選・評）　156―157
短歌　甲斐雍人（選・評）　156―157
俳句　高山峻峰（選・評）　156―157
詰碁新題／詰将棋新題／詰聯珠新題／解答　157・77
観光報知
　満鉄旅客運賃の改正五月一日より実施／赤帽の運搬料金
　一個十銭に値上／清朝の夢を解く紫禁城の解剖／密林に
　綻ぶ山桜満開五月上旬葦河県の新名所／喰べられる石天

狗の麦飯か錦州で発見／一本足で走る列車劃期的研究論文成る／新鉱石発見関東州地下資源に朗報／上海航路に愈々税関吏を便乗　158-159
汽車時間表　160-161
原稿募集　162
編輯後記　沢田　162
著名旅館案内　164-167
満洲ところ名物　168

第九巻第六号　一九四二（昭和一七）年六月一日

表紙　罌粟咲く平原（＊画）　三好正道　表紙
グラフ
閭山宝林楼（画）　津田治七　(1)
梨花の医巫閭（内田稲夫撮影）／聖体行列（川瀬尊弘撮影）／華北の民芸／初夏の景物・菖蒲人形　(2)-(8)
扉　温泉寺初夏（＊画）　横山繁行　(11)
北方農業と南方農業の比較　千葉豊治　12-17
慶祝建国十周年　東亜旅行社満洲支部　17
今日の沙面——移管された旧英租界を見る　池田享　18-21
ハルビン建築ノート　高原一秀　22-24
文芸　金井坑三　25
山東の生んだ三大奇書——『水滸伝』『金瓶梅』『聊斉誌異』　藤沢由蔵　26-31
北支の民芸　中島荒登　32-33
太行越えの夢　佐藤亮一　34-35
アラフラ海　橘香印　36-38
映画　織田嶽夫　39
呂宋太閤記——経略の巻　坂ノ上信夫　40-44
音楽　鎌田正　45
随筆
新緑まで——ハルピン　横川一成　46-48
まるい地平線　関敏夫　48-49
楡銭抄（俳句）　石原沙人　47
蒙地（短歌）　佐伯仁三郎　49
弥栄村の記　島守敏夫　50-54
体育　木谷辰巳　55
西太后奉天行啓物語　裕徳齢　56-60
釣　太公望　61
官話　西廂記　木全徳太郎　62-65
泰山植物雑記　品川鉄摩　(66)-69
連載　迎春花　工清定／田村素莞（絵）　70-81
満鉄沿線駅発旅客へお知らせ——内地、朝鮮、支那行連絡切符について　東亜旅行社満洲支部　81
朱乙温泉（絵と文）　矢追万里　82-83
愛読者漫画集
柏ぎん子／高橋ふじ雄／草芽萌／須賀ゐさを／中川蚊巣／渡辺昇　84
川柳　井口呑湖（選・評）　86-87
短歌　甲斐雍人（選・評）　86-87

俳句　高山峻峰（選）　86－87
詰碁新題／詰将棋新題／詰聯珠新題／解答　87・33
観光報知
十周年飾る式典場南嶺運動場と本決り／軍教する若き回教徒／絢爛栄華の名残り熱河離宮の秘蔵宝物／貴重な喇嘛教聖典興安北省で発見／義州、雲峰ダム建設鴨電・愈六月着工／満洲旅行も安心南京虫予防注射みごと成功／壁画「神仙像」遼陽で発見／考古学界に新しい話題熱河から獅子狩の画像石現る／近く炭層調査開始鶴岡炭田満鉄の開発方針　88－90
東亜旅行社の夏期施設　91
汽車時間表　92－93
原稿募集　94
編輯後記　沢田　94
著名旅館案内　96－99
満洲ところ名物　100
＊九七・九八頁は底本において欠落

第九巻第七号　一九四二（昭和一七）年七月一日

表紙　松花江の女（＊画）　野田　信　表紙
口絵
巌頭に釣る（上村貴撮影）／渤海の波（上村貴・芳賀日出男撮影）／緑の森へ青空学校へ！（鈴木行撮影）／夏の味覚・錦県の小菜（大江田勝久撮影）　(1)・(4)－(8)
北京の夏／新京の夏（絵と文）　池辺青李　(2)－(3)
扉　万寿山の瑠璃塔（＊画）　二瓶等観　(11)
大東亜共栄圏と回教の動向　宮坂好安　12－15
黄竜　小林胖生　16－23
佳木斯の発展性　城本　保　24－28
盛夏（短歌）　富田　充　29
南支那海の女頭目　佐藤亮一　30－33
哈倫阿爾山温泉（俳句）　森　五味子　33
ハルビン建築ノート　高原一秀　34－35
随筆
白樺　七馬永康　36－37
旅行と読者　福家富士夫　38－39
柳絮（俳句）　志和斗史　39
弥栄村の記（その二）　島守敏夫　40－44
文芸　青木　実　45
満洲随想　白日夢片々　生田花世　46－49
国都に観光馬車の登場　49
音楽　鎌田　正　51
大陸生活講座　満洲の点心（大陸生活研究会）　古川賢一郎　52－54
新刊紹介『大東亜聖戦勝利の記録』　54
映画　織田嶽夫　55
官話　西廂記　木全徳太郎　56－59
街の体温　開封　谷城義弘　60
青空学校　石畑一登　61
体育　木谷辰巳　62

論文募集　拾年後の東亜共栄圏観光構想　63
美術　浅枝　青甸　65
呂宋太閤記——貿易の巻　坂ノ上信夫　66-70
連載　迎春花　工清定／田村素莞（絵）　72-83
慶祝建国十周年　東亜旅行社満洲支部　83
詩　旅順戦跡詩帳——二竜山堡塁　杉山　真澄　84
旅の川柳漫画　井口呑湖（抄）／戸沢辰雄（画）　85
愛読者漫画集
　内海みち朗／尾沢正人／森比呂志／海野涼一／山田佐久良　86
川柳　井口呑湖（選・評）　88-89
短歌　甲斐雍人（選・評）　88-89
俳句　高山峻峰（選・評）　88-89
詰碁新題／詰将棋新題／詰聯珠新題／解答　89・35
観光報知
　薫風切つて都大路観光馬車現る／アルカリ地帯〝盤山〟に世紀の凱歌／珍花〝黄い芍薬〟ノモンハンに開花／淡彩幽艶の絵巻物世に出る百駿図／華北宣伝聯盟北京で大東亜博覧会開催／飛躍する日露の古戦場遼陽郡邑計画第二次へ　90-91
汽車時間表　92-93
原稿募集　94
編輯後記　沢　田　94
著名旅館案内　96-99
満洲ところ名物　100

第九巻第八号　一九四二（昭和一七）年八月一日

表紙　遼陽（＊画）　池田　直輔　表紙
口絵
　大陸帰農（柏崎武雄撮影）／綏中佐渡漁農開拓団（鈴木行撮影）　(1)-(3)・(6)-(8)
　斉斉哈爾の夜市（絵と文）　水島爾保布　(4)-(5)
扉　橙子（＊画）　馬場　射地　(11)
孟子とその母　石原　巌徹　12-15
慶祝建国十周年　東亜旅行社満洲支部　15
揚子江三峡の偉観　高山　謹一　16-19
草原の祭典　土井　三三　20-23
炎暑（短歌）　津田八重子　23
東亜共栄圏の映画動向　織田　嶽夫　24-31
文芸　名倉　聞三　32
音楽　鎌田　正　33
随筆
　父ありき　今西　忠一　34-35
　若葉のかげ　島田のはぎ　35-36
　喇嘛廟雑感　浜谷　軍治　36-37
　科学せらるべき土　池田　実　38-39
蒙古野（絵と文）　阪本　牙城　38-39
漫画　井戸端会議は踊る　佐貝　凡茶　40-41
北戴河　芳賀日出男　42-45

海浜に拓く人々――綏中佐渡漁農開拓団を見る　沢田　道義　46―51
二葉亭四迷と満洲　杉本健太郎　52―55
街の体温　牡丹江　本池　祐二　56
美術　浅枝　青甸　57
大陸生活講座　暖房器具（大陸生活研究会）　古川賢一郎　58―59
映画　織田　嶽夫　61
ショートストーリー　火車でゆく男　藤原香／荒木忠三郎（絵）　62―65
官話　西廂記　木全徳太郎　66―69
小説　縄　鈴木啓佐吉／樋口成敏（絵）　70―76
体育　木谷　辰巳　77
連載小説　迎春花　工清定／田村素莞（絵）　78―88
原稿募集　拾年後の東亜共栄圏観光構想　90
募集に就て　野間口英喜　91
愛読者漫画集
内海みち子／山本たかし／藤井図夢／吉田博祐／高橋よし雄／尾沢正人　92
旅の川柳漫画　井口呑湖（抄）／陣内春夫（画）　94
川柳　鵜崎一芥（選・評）　96―97
短歌　甲斐雍人（選・評）　96―97
俳句　高山峻峰（選・評）　96―97
観光報知
やがて満洲名物にマロニエの花／全満一の鍾乳洞奉天近郊に発見／立派になる孝子墳純白石塔形の墓碑に改築／南方新占領地に国際観光局の活躍／後世に残す一文字山の史蹟日華協力〝聖地〟を保存／吉林省下の薬草資源　98―99
満支汽車時間表　100―101
原稿募集　102
編輯後記　102
八面六臂　沢田／戸沢／三宅／申　102
著名旅館案内　104―107
満洲ところ名物　108

第九巻第九号〈特輯「建国拾年満洲」〉

一九四二（昭和一七）年九月一日

表紙　栄ゆる満洲（＊画）　三井　正登　表紙
特輯口絵
楽土の民（内田稲夫・岩崎柳路・大石重好・堀野正雄・柏崎武雄撮影）／満洲暦／建民報国　(1)―(8)
扉絵　王道楽土満洲　石田　吟松　(11)
国土を基礎とする厚生文化　近藤　春雄　(12)―15
満人教育と背後　安藤　基平　16―22
文芸　金杉　一郎　23
微笑む牝狼の像　小林　胖生　24―31
満洲の名山と名湖　新帯国太郎　32―39
十年前の満洲を回想して
思ひ出の満洲　新妻伊都子　40―42
新緑の想ひ出　中沢　弘光　42―43

再遊を期したい　田辺　至　43－44
張作霖爆死直後　新居　格　44－46
回想満洲ところどころ　富田　砕花　46－49
忘れられぬ婦人問題　山高しげり　49－50
笑話　50
建国前の満洲絵姿　51
雨の遼陽城内／夜の長春駅頭　細木原青起　52－53
三十年前の満洲所見　池部　鈞　54－57
奉天の郊外／遼陽の衛門　宮尾しげを　56－57
思ひ出すくさぐさ　水島爾保布　58－59
北満旅帖の内より　前川　千帆　60・51
往時満洲の姿　61
満洲都市の発達　服部　亮英
康熙帝と北方政策　城本　保　62－67
建国の史蹟を偲ぶ――十周年記念に当り　弥吉　光長　68－73
満洲の交通文化　三宅　俊成　74－79
十年前の私　植村　静栄　80－85
南正樹／山崎元幹／広瀬寿助／石川留吉／馮涵清／三谷清／甘粕正彦　81－84
共栄圏を負担する満洲地下資源　笹倉　正夫　86－93
建国十周年（短歌）　伊東千鶴子　90－91
開拓五箇年の実績　縄田　一美　94－98
エミグラントの福祉施設　黒沢　忠夫　99－103
映画　織田　嶽夫　105
東亜共栄圏の映画動向（その二）　織田　嶽夫　106－111
東北通信（その一）　大谷　宏　112－116
音楽　鎌田　正　117
随筆
童心を育むもの　鹿島　鳴秋　118－119
水田のある風景　大森　志朗　119－120
旅を憶ふ　鈴木　直吉　120－121
旅行は昼汽車　出原　佃　121－123
花野（俳句）　佐藤　眉峰　123
体育　木谷　辰巳　125
大陸生活講座　訪問客（大陸生活研究会）　古川賢一郎　126－128
釣　磯田　一静　129
愛読者漫画集
緑川哲／佐貝凡茶／海野涼子／高橋良雄／尾沢正人／内海みち朗　130
日系軍官記　軍神工藤少校　楳本　捨三　132－138
原稿募集　138
連載小説　迎春花（第七回）　工清定／田村素莞（絵）　140－151
川柳　井口呑湖（選）　152－153
短歌　甲斐雍人（選・評）　152－153
俳句　高山峻峰（選・評）　152－153
観光報知
展く世紀の大東亜博躍進満洲の進軍譜／〝厚生旅行館〟開く／国際観光局移行／渤海湾は〝魚の生簀〟／消える黒竜将軍の居城　154－155
汽車時間表　156－157

編輯後記 158
八面六臂 三宅／沢田／辰／申 158
各地著名旅館案内 160−163
満洲ところ名物 164

第九巻第一〇号　一九四二（昭和一七）年一〇月一日

表紙　崔家屯（＊画） 池尻　一郎 表紙
口絵
鍾乳洞探検／ロマノフカの秋（柏崎武雄撮影）／巷の素描・奉天 (1)−(5)・(8)
熱河民芸窓花様子 斉藤　武一 (6)−(7)
扉　鍾峰落照（＊画） 松村松次郎 (11)
満洲文芸史話 秋　蛍 12−17
にちまんじんかたぎくらべ 野上　増美 17
西域へ旅せし人々 稲葉　亨二 18−20
音楽 鎌田　正 21
満洲の交通文化（その二） 植村　静栄 22−26
映画 織田　嶽夫 27
蒙疆の旅 中村　元節 28−32
体育 木谷　辰巳 33
満洲随想
映画人の見た満洲 清水千代太 34−36
大陸寸感集 丸山　義二 42−44
哈爾浜通信 島谷　正亮 37
遼陽古墳発掘記 島田　正郎 38−39
回教民族の自覚 張　徳　純 40−41
満支観光豆辞典 40−41
文芸 金杉　一郎 45
秋の満洲を歌ふ 宮沢千代咲 46−47
笑話 47
随筆
奉天の想ひ出 岩切　三雄 48−49
私の楽しみと旅 近藤　徹 49−50
阿蘇に登る 泉　芳政 50−51
温泉行の思ひ出 大久保鹿次郎 51−53
奉天に歌ふ（短歌） 杉山　善一 52
吉林の秋（俳句） 楠部　南崖 53
支那劇　岳飛精忠伝 赤塚吉次郎 54−58
訪日外人引率者に聞く　座談会
広松新／藤原欽爾／久保茂／日野邦彦／宮本政夫／筧隆男／林／沢田 60−66
哈爾浜建築ノート――校倉様式の装飾 高原　一秀 68−69
秋のハルピン（スケッチと文） 三木　実 70−71
京漢線の旅と伝説 木戸　斌 72−73
東北通信（その二） 大谷　宏 74−78
大陸生活講座　賞銭（大陸生活研究会） 古川賢一郎 80−81
官話　西廂記 木全徳太郎 82−85
愛読者漫画集
海野涼一／藤井図夢／佐貝凡茶／吉田博祐／高木クラ／

森比呂志　86
風雲　鶴田　和平　88－91
迎春花（完結篇）　工清定／田村素莞（絵）　92－103
川柳　井口呑湖（選・評）　104－105
短歌　甲斐雍人（選・評）　104－105
俳句　高山峻峰（選・評）　104－105
短篇　生涯へ　斉雀海／大谷正一（訳）　106－107
観光報知
車内の回覧板／お目見得した女子改札係／珍祭礼「虎林の鮭祭」／抹殺された米英色／〝大陸ふぐ〟も科学して食へばうまい／大東亜映画の新発足大陸映画聯盟の誕生　108－109
編輯後記　110
さいらく　三宅／黒川／辰／申　110
各地著名旅館案内　112－115
満洲ところ名物　116

第九巻第一一号　一九四二（昭和一七）年一一月一日

表紙　飯店（＊画）　樋口　成敏　表紙
口絵　村の収穫／天壇／簍子　(1)－(4)
扉　奉天城内（＊画）　田口　正人　(7)
拾年後の東亜共栄圏観光構想　市川　元一　8－13
当選篇　中村　信夫　14－19
選外佳篇
満洲の在家裡　棚橋　直三　20－23
苦力募集の苦心　三枝　暢道　24－27
（＊笑話）　27・37
東北満の生産者――産業報道隊の手記　神戸　悌　28－35
袁世凱とその墓　藤井　顕孝　36－37
決戦下客貨輸送特別訓練
交通機関への要望
後藤春吉／安藤基平／青木実／朱城／中溝新一／小林実／大内隆雄／松山亀城／丸山海介　38－45
旅客への要望
丸山勇一／安東駅小荷物主任／三宅博／深沢鉄造　38－45
満洲随想
無稽な空想　浅見　淵　46－48
ハルピンにて　張　赫宙　48－50
北満の桃源郷　鈴木　亜夫　51－53
随想　東辺道　網野　菊　54－57
双葉義勇隊開拓団（文と絵）　阪本　牙城　58－61
秘境承徳（俳句）　福田　窓花　60
東西（短歌）　高橋　房男　61
文芸　金井　坑三　63
京漢線の旅と伝説　木戸　斌　64－66
映画　織田　嶽夫　67
奉天鬼話　長谷川兼太郎　68－69
詰碁新課題／詰将棋新課題／詰聯珠新課題／解答　69・82
随筆
草削り　薗村　光雄　70－71

十年
旅の生活技術　湊　朝夫　71-72
呉淞の思ひ出　宮林　照葉　72-73
偽画と画の見方　摩耶　勲平　73
秋色　永原　織治　74-75
得利寺　金崎　賢　75
音楽　門司　勝　76-78
大陸都市二題　鎌田　正　79
新京は何処にある　山田　紅一　80-82
新しい北京　江守　保平　83
官話　西廂記　木全徳太郎　84-87
短篇二題
或る労務者の死　小松　貞二　88-90
支那服　峰　一雄　90-91
実話　李杜公館　川口　直樹　92-95
体育　木谷　辰巳　97
愛読者漫画集
尾沢正人／山田佐久良／吉田博祐／須賀ゐさを／山本たかし／岩菅安太郎　98
川柳　井口呑湖（選・評）　100-101
短歌　甲斐雍人（選・評）　100-101
俳句　高山峻峰（選・評）　100-101
観光報知
開拓農家の営農状態／人造大湖水の出現／待望の開拓会館誕生／満洲綴れ織の定説覆る／鏡泊湖は富栄養湖　102-103
汽車時間表　104-105
編輯後記　106
さいらく　106
各地著名旅館案内　三宅／黒川／沢田／申　108-111
満洲ところ名物　112

第九巻第一二号　一九四二（昭和一七）年一二月一日

表紙　冬の街頭（＊画）　大森　義夫　表紙
口絵
銀盤を切る！／冬に鍛へよ！（磯田一静撮影）／山楂子売（坂本克己撮影）　(1)-(4)
扉　冬の街（＊画）　大石　紀夫　(7)
林東紀行——遼の古蹟を探る　三宅　俊成　8-17
十二月八日を回顧して
冷汗三斗の思ひ　高橋　源重　18-19
短くて長い一年　紫藤貞一郎　19-20
天運恢宏の朝　田所　耕耘　20-21
神風　大場白水郎　21-22
十二月八日の連続　森脇　襄治　22-23
討つべきを討つ　金子麒麟草　23-24
眠られぬ夜　弥吉　光長　24-25
病を忘る　稲葉　長七　25-26
み民の末の一人　島田のはぎ　26-27
大いなる現在　牛島　春子　27-28

和魂もいまは荒魂　渡辺三角洲　28－29
交友録　五十子巻三　29－30
雪と共に　三井　実雄　30－31
興安嶺十首（短歌）　田山　一雄　31
拾年後の東亜共栄圏観光構想　選外佳篇　前田　俊雄　32－39
満洲随想　よたよた歩き　湯浅　克衛　40－43
決戦下客貨輸送特別訓練視察記　三井　実雄　44－45
交通機関への要望
辻忠治／佐藤真美／富田寿／飯島満治／東辺道男／塙田
若蘭／新関勝芳／筧鳴鹿／赤塚吉次郎／藤森章　46－53
旅客への要望
植田満／今井博之／市村久／有田栄／春野友一／松村三
春／河端千代八／和歌英一／迫保雄／寺本生　46－53
京漢線の旅と伝説　木戸　斌　54－56
文芸　金井　坑三　57
凍土層観測所のある日の記録　山田　秋義　58－60
映画　織田　嶽夫　61
皮筏子　小林　胖生　62－66
冬の狩猟　志和　俊陽　67
アイスヨット　磯田　一静　68－71
冬ところどころ（俳句）　角　菁果　70
大同石仏寺の開鑿　服部　信道　72－77
聾者の旅　岩田鎌太郎　78－80
音楽　鎌田　正　81
時の話題　満洲中央銀行の改組　中西　仁三　82－83
ヤンキーの鞄・ジヨンブルの行李　桜井　昌輝　84－86
美術　浅枝　次朗　87
小説　慰霊花　加藤　秀造　88－95
愛読者漫画集
市橋鉄夫／尾沢正人／吉田博祐／中川蚊巣／山本富夫／
藤井図夢　96
川柳　山下岸柳（選・評）　98－99
短歌　甲斐雍人（選・評）　98－99
俳句　高山峻峰（選・評）　98－99
体育　木谷　辰巳　101
観光報知
汗の奉仕稔る満洲に「報国農場」を新設／許される土産
品この程度ならの税関手引き／広覚寺を観光ルートに／
一望千里稲の切株鮮系土の訓練地安家／瓦斯木炭の生産
に老爺嶺資源を活用／アルカリ地帯埋幹法愈よ有望／
「ヒトラー道路に劣らぬ」高速度自動車専用路　102－103
汽車時間表　104－105
編輯後記　106
さいらく　三宅／黒川／沢田　106
各地著名旅館案内　108－111
満洲ところ名物　112

第一〇巻第一号〈特輯・白系露人の生活〉

一九四三（康徳一〇）年一月一日

表紙　哈爾浜（＊画）　スチエバノフ　表紙
グラフ　白系露人の生活相
朝の鐘（川瀬尊弘撮影）／カザックの後裔（小川伝撮影）
／祭の日／家庭生活／街の協和色　(1)－(8)
国民訓　(11)
扉絵　瑞雲　浅枝　青甸　(11)
ロシア人に学ぶ北方生活　小石　春生　12－15
ロシヤ人と基督正教　竹内謙三郎　16－19
分裂派の生活　姉川　盤根　20－24
社告　財団法人東亜旅行社　25
ロマノフカ村開拓過程　藤山　一雄　26－29
白系ロシア文学について　上脇　進　30－34
文芸　青木　実　35
白系露人の民芸　山内忠三郎　36－39
哈響の芸と人　小野崎　仁　40－42
音楽　鎌田　正　43
エミグラントの迷信と伝説　黒沢　忠夫　44－47
露人街の素描
大連　鮨が大好物　田中　順一　48－49
奉天　彼らの性格　田代　卓　49－50
新京　露人街　大内　隆雄　50－51
哈爾浜　総本山　山中　忠雄　51－52
ガダーニエ　松山哈爾男　53
白系露人の隣組と三色旗　松原　雅弘　54－55
イワーノフ夫人のダーチヤ　安藤　英夫　56－59
ロシヤ民謡　裏の畑で　57
座談会　サモワールを囲んで
ガリツイン／グラジリーナ／デヤコフ／シリニツカヤ　60－61
哈爾浜小景（絵）　アマニ・ルーフ　61
哈爾浜を彩る人々　ニーナ・シリニツカヤ　62－63
白系露人の年中行事を拾ふ　62－63
随筆
昔語り　浜名　慶夫　66－67
平凡な感想　三浦　武美　67－68
華語　菅　健次郎　68－69
斜に乗る　村上　国平　69－70
静かなる感激　日高　為政　70－71
冬の戸外運動に何を実行されてゐますか　はがき回答
渡辺三三／高橋源重／滝沢俊亮／門司勝／紫藤貞一郎／
大森義夫／三好正直／楠部南崖／小林実／二階堂一種／
松村勇夫／橋本八五郎／横山敏行／古川賢一郎／小林勝
／鎌田正／今西忠一／城本保／三井実雄／上野凌嵱／三
好成雄／阿部才二／志和斗史／伊東千鶴子　72－74
新年（短歌）　甲斐　雍人　75
交通機関への要望
山口海旋風／建策生／井口呑湖／巽六郎／門司勝／阪本

牙城／富杏城／前田生／大森よしを／紅谷美津／田代正治　76−81
旅客への要望　Hホテル支配人　76−78
大陸生活講座　日常生活の迷信（大陸生活研究会）
古川賢一郎　82−83
詰碁新課題／詰将棋新課題／詰聯珠新課題／解答　83・74
体育　木谷　辰巳　84
白系露人の体育　イ・エヌ・ドウナエフ　85
林東紀行――遼の古蹟を探る　三宅　俊成　86−94
軍国新春譜（俳句）　高山　峻峰　95
実話　支配人物語　川原与惣右衛門　96−101
特輯読物
何故彼女は黙つてゐたのか？
ナターリア・レズニコーワ／上脇進（訳）　102−109
作者について　上　脇　生　109
救ひ　ミハイル・シユメイセル／宇山禄郎（訳）　110−116
砂金
ゲー・ナウーモフ／高田憲吉（訳）／樋口成敏（絵）　118−125
白系露人にきく　はがき回答
ウエー・ポーノソフ／イ・ア・ミランドフ／ゲ・ゲ・ラドマン／エム・イ・ニキチン／ウエ・ウエ・セリセニノフ／イ・ゲ・バラノフ／ウユ・ウエ・セレブリヤコフ／ウエ・ウエ・エ・アーネルト／レフ・オセチンスキー／ウエ・ウエ・ガリツン／ゲ・ラヂガエフ／エヌ・イ・バイトワ／ア・デ・ポポフ／エム・ペ・クレンコフ／エム・エム・ヤレコフ　114−115・132
映画　渋谷　哲夫　117
篤農家　山田清三郎／松村松次郎（絵）　126−132
美術　浅枝　青甸　133
愛読者漫画集
寺尾知文／南伸子／鈴木耕輔／吉田博祐／市橋鉄男／山本たかし／佐貝凡茶　134
川柳　山下岸柳（選・評）　136−137
短歌　甲斐雍人（選・評）　136−137
俳句　高山峻峰（選・評）　136−137
観光報知
哈爾浜旅行倶楽部新発足／大遼河治水工事明年より着工／日満航路新運賃／銃を斧に持換へ満洲国軍除隊兵が入植／山西に二千年前の木乃伊／五教を調和帰一斉斉哈爾近郊に大伽藍／温泉協会が厚生利用の打合せ　138−139
汽車時間表　140−141
編輯後記　142
さいらく　三宅／黒川／沢田　142
各地著名旅館案内　144−147
満洲ところ名物　148

第一〇巻第二号　一九四三（康徳一〇）年二月一日

表紙　凍る渤海（＊画）　横山　敏行　表紙
口絵　春節／穀倉満洲（内田稲夫撮影）／冬山へ！　(1)−(4)

扉　穀倉（＊画）　寄本　司麟　(7)
（＊短歌）　平野　国臣　(7)
満洲国の国民勤労奉公制　半田　敏治　8-9
水力電気鮮満北支とところ〴〵　山口　本生　10-13
旅順（俳句）　森脇　襄治　13
華北の河川に沿ふ都邑　藤井　顕孝　14-15
ニューギニヤのローマンス　川上虎男（訳）　16-23
屯子の過節——満洲農村のお正月　菅　忠行　24-26
体育　木谷　辰巳　27
随筆
共栄圏の民族指導　青柳　国雄　28-29
旅の思ひ出　芝田　研三　29-30
泉　有野　学　30-31
雨の朝陽に宿る　去　来生　31-33
靄（短歌）　安藤　英子　33
大東亜共栄圏旅行日程　長沢　英雄　34-39
文芸　青木　実　40
音楽　鎌田　正　41
薩爾滸戦　渡辺　三三　42-49
短篇　名剣　桑原　英児　50-53
支那笑話　53
満洲随想
満洲は満洲　兼常　清佐　54
感謝　引田　一郎　55
紅鱒のさしみ（絵と文）　吉田　忠雄　56-57
厳冬の哈爾浜　横川　一成　58-59
アンドレ　南　桂華　59-60
漫画　時局展望　森　比呂志　61
明日の女の旅　星沢寿美子　62-63
半拉城の遺蹟　斎藤甚兵衛　64-67
満支人気質
中国人中学生気質　古川　原　68-70
満支人の街道喧嘩考　南条　三郎　68-70
街の体温　錦州　松田　三郎　71
短篇　山海関まで　三木藤四郎　72-73
開豊「あじあ」（絵と文）　西方　麹呂　74-75
京漢線の旅と伝説——涿県の巻（上）　木戸　斌　76-79
交通機関への要望
鎌田正／高敬賢／筒井俊一／大岩峯吉／小沢俊康／中西
仁三　80-83
小説　マリアンナガンの事件
カー・サブーロフ／高田憲吉（訳）／樋口成敏（絵）　86-89
小説　青い汚点　耶止　説夫　90-97
二月の漫画集
海野涼子／内海みち朗／佐久間晃／寺尾知文／市橋鉄男
／吉田博祐／広瀬蟹平　98
川柳　山下岸柳（選・評）　100-101
短歌　甲斐雍人（選・評）　100-101
詩　塩田風物詩　田賀健一郎　100-101
映画　渋谷　哲夫　103・

観光報知
　奉天に大山会館建つ／金華の水神塔再建／湿地とアルカリ地帯を開発／顕影の史蹟三十五ケ所決る／大陸科学院に低温試験室／満業公館が迎賓館に改名　104－105
汽車時間表　106－107
編輯後記　108
さいらく　三宅／沢田／申　108
各地著名旅館案内　109－112
満洲ところ名物　113

第一〇巻第三号　一九四三（康徳一〇）年三月一日

表紙　奉天の街頭（＊画）　田村　素莞　表紙
グラフ　密林を開く／春近き開拓地　(1)－(4)
扉　浅春の童児（＊画）　小木　時恵　(7)
（＊短歌）　多治比鷹主　(7)
健民錬成と厚生旅行　木村　五宏　8－11
勧農模範場の使命と理想　横内　友之　12－15
興城亘理漁農開拓団を訪ふ（絵と文）　横山　繁行　16－19
中国国民党が成立するまで　荻原五郎（訳）　20－25
満洲先住民族の冬期生活と保健問題　杉浦　正俊　26－30
文芸　金井　坑三　31
めぬけのあら汁（カットと文）　黒沢　忠夫　32－34
満支観光豆辞典　34
北海描春（俳句）　金子麒麟草　35
湿地帯の改良と増産　千種　虎正　36－37
満洲行車中漫筆　萩原　広吉　38－40
体育　木谷　辰巳　41
随筆
　囲碁と戦争　早川　和男　42－43
　雪中の松　星　直利　43－44
　南方を視て北方を憶ふ　浅井　恵風　44－45
　読書随感　本池　祐二　45
孟子の聖蹟を訪ねて　野上　増美　46－49
一面坡　清山　健一　50－52
映画　渋谷　哲夫　53
薩爾滸戦　渡辺　三三　54－61
京漢線の旅と伝説――涿州の巻（下）　木戸　斌　62－65
興城（絵と文）　田口　正人　64－65
交通機関への要望
　滝沢俊亮／山崎元幹／旅子／田口稔／天野節／甲斐雍人／西野幸庵／東条向陽／呑空生　66－70
音楽　鎌田　正　71
旅行中のチップを何うするか　はがき回答
　新帯国太郎／須知善一／出口平吉／杉村勇造／失名氏／天野光太郎／佐伯仁三郎／大岩峯吉／鈴木直吉／福富菁生／首藤定／失名氏／大野斯文／大野審雨／田所耕耘／亀山孝平／金崎賢／赤瀬川安彦　72－73
丘の上の学校（或る長編の一部）　高木恭造／松村松次郎（絵）　74－82

旅（＊小説）　梅娘／大内隆雄（訳）／荒木忠三郎（絵）　84－87
萎え草（＊小説）　丸木雀夫／佐藤功（絵）　88－98
三月の漫画集
山本富夫／佐貝凡茶／鈴木耕輔／高橋喜尊／吉田博祐／
市橋徹男／横川清美　99
川柳　山下岸柳（選・評）　100－101
短歌　甲斐雍人（選・評）　100－101
俳句　高山峻峰（選・評）　100－101
観光報知
小村侯の遺芳伝ふ記念図書館増築成る／九連城の戦跡保
存／州内に日本開拓団／壺蘆島を漁港に／先史満洲へメ
ス／景勝〝鏡泊湖〟に開発協会の誕生　102－103
汽車時間表　104－105
編輯後記　106
さいらく　豊子／黒川／山城守　106
各地著名旅館案内　109－112
満洲ところ名物　113

第一〇巻第四号　一九四三（康徳一〇）年四月一日

表紙　春のきざし（＊画）　浅枝　青甸　表紙
グラフ　橋頭の硯／支那の小鳥（西森三好撮影）　(1)－(4)
扉　古色銹花女鞋（＊画）　赤羽　末吉　(7)
満洲造林の設計
満洲に於ける林野行政の重大性　伊藤荘之助　8－13
興安西省と造林　玉手三棄寿　13－15
人口の集中と疎散　田所　耕耘　16－18
文芸　青木　実　19
渤海漁業の将来　野沢　重一　20－25
関東軍報道隊員の手記
監視哨に立つ　筒井　俊一　26－29
朔北　神戸　悌　30－36
冬の対店訓練所　鈴木啓佐吉　37－43
復活祭の御馳走　小林　栄　44－45
随筆
吉野博士と序文　竹之内安巳　46－47
食べものの心理　津田八重子　47－49
山楂糕　原　三千代　49
満洲の印象　小林千代子　50－51
京漢線の旅と伝説――高碑店の巻　山本　成子　52－53
春の点景（短歌）　欅田　正東　53
交通機関への要望
啓生／城本保／岩崎二郎／光生／出原佃／MA生／本池
祐二　54－57
共栄圏の厚生旅行　伊藤長太郎　58－63
印度の心臓　ジエー・エッチ・カール／川上虎男（訳）　64－69
印度　亀山　孝平　69
道中人足としての雲助　坂ノ上信夫　70－74
体育　木谷　辰巳　75
薩爾滸戦　渡辺　三三　76－84

映画　渋谷　哲夫　85
小説　碧雲天外　予且／豈然（訳）／荒木忠三郎（絵）　86－90
音楽　鎌田　正　91
小説　氷花の街　小林実／樋口成敏（絵）　92－98
釣　磯田　一静　99
四月の漫画集
佐貝凡茶／広瀬蟹平／尾沢正人／鈴木耕輔／山本富夫／林共平／市橋鉄男　100
川柳　山下岸柳（選・評）　102－103
短歌　甲斐雍人（選・評）　102－103
俳句　高山峻峰（選・評）　102－103
詰碁新課題／詰将棋新課題／解答　103・36
観光報知
人形造りの姑娘／国都に硬質陶器お目見得／観光も新発足／凍土ホロンバイル曠原に脚光／満鉄旅客運賃に劃期的改正／四月一日より外食券登場／中国青少年団統合／回教徒が黒ダイヤ戦線へ／密林の話題〝七不思議〟　104－105
編輯後記　106
さいらく　黒川／岡崎　106
各地著名旅館案内　109－112
満洲ところ名物　113

第一〇巻第五号　一九四三（康徳一〇）年五月一日

表紙　アカシア（＊画）　野田　信　表紙
グラフ
遼河に拓く（柏崎武雄撮影）／起ち上る全満回教徒（鈴木行撮影）　(1)－(4)
扉　街頭の靴修理（＊画）　岡田　敬二　(9)
満洲の柞蚕を語る　伊達　禎一　10－15
共産八路と農民と婦女　小山内　匠　16－21
近刊紹介
『満洲産業叢書』／『厚生旅行叢書』／『満洲鉄道沿線旅館調』　21・38・45
上海新なり　秋田　正男　22－25
船窓記　田口　稔　26－29
満洲に於ける巨石遺物（絵と文）　前田　俊雄　30－34
大東亜の北と南のお話　新帯国太郎　35－38
文芸　金杉　一郎　39
松花江　花柳章太郎　40－45
春の閭山／廃墟（絵と文）　加藤泰次郎　44－45
随筆
柳の芽を吹く風　高橋　源重　46
転換期に立ちて　黒沢　忠治　47
日本語の普及　山中　胤次　48
母を讃へる　門原　真沢　49
科学力技術力　阿部　俊男　50－51
楠の火鉢――八紘開拓団の一夜（文と絵）　阪本　牙城　52－55
一千年前の満洲旅行家　北川房次郎　56－60
各地観光バス案内　60

外食券と旅行者　松浦喜久太郎　61－64
映画　渋谷　哲夫　65
京漢線の旅と伝説――易州の巻　山本　成子　66－67
山東省臨沂への旅　生野　庸雄　68－69
道中人足としての雲助　坂ノ上信夫　70－74
体育　木谷　辰巳　75
千山　鞍山観光協会　76－79
旅行の知識　村野　民夫　80－81
現行各鉄道旅客運賃率一覧　81
小説　二人の船頭　沫南／大内隆雄（訳）／荒木忠三郎（絵）　82－88
音楽　鎌田　正　89
小説　北支の旅　牛島春子／樋口成敏（絵）　90－96
釣　磯田　一静　97
五月の漫画集
内海みち郎／寺尾知文／蛙一笑／広瀬蟹平／吉田博祐／
佐貝凡茶／市橋鉄男　98
川柳　山下岸柳（選・評）　100－101
短歌　甲斐雍人（選・評）　100－101
詩　霧の宴　石垣　保　100
詰碁新課題／詰将棋新課題／解答　101・55
観光報知
満鉄船車一貫経営／外食販売は旅行切符所有者のみ／間
島市力強く誕生／満洲に無尽蔵「薬草の峰」／大栗子に
新鉱脈発見／北安で湿地の大開墾／応召する資源「白頭
山」／満洲拓士への福音／軍票の新規発行廃止／出蒙旅
客の携帯金改正さる　102－103
汽車時間表　104－105
編輯後記　106
さいらく　豊／沢田／山城守　106
各地著名旅館案内　109－112
満洲ところ名物　113

第一〇巻第六号〈特輯・北支の農業〉

一九四三（康徳一〇）年六月一日

表紙　初夏（＊画）　荒木忠三郎　表紙
グラフ
農村北支／黄土更生／運河と民船／地の幸／日日是好日　(1)－(8)
扉　万寿山（＊画）　折田　勉　(9)
皇帝陛下安東地方巡狩あらせらる　10－11
北支農業に於ける風土性　錦織　英夫　12－19
北支那の農民生活　山県　千樹　20－26
山二題（俳句）　福田　窓花　25
文芸　青木　実　27
北支の農業と灌漑　大枝　益賢　28－32
蝗害　道家　信道　33－40
社業宣伝ポスター原画懸賞募集　40
釣　磯田　一静　41
北支の畜産　千田　英二　42－47

北支の農産資源　岸本　光男　48―56
蘇州行即興（短歌）　城所　英一　55
映画　渋谷　哲夫　57
北支に於ける愛路工作　田尻末四郎　58―62
体育　木谷　辰巳　63
随筆
旅　木畑　辰夫　64―65
農業山西断片　伊東　竜雄　65―66
新京想ひ出噺　神崎　邦治　66―67
観光地区制度の設立　小栗　忠七　68―72
音楽　鎌田　正　73
同胞の性格　斎藤　清衛　74―75
道中人足としての雲助　その三　坂ノ上信夫　76―81
小説　家郷の護り　赤木敏治／荒木忠三郎（絵）　84―90
日満婦人文化交驩会の記――東亜旅行社主催　93
小説　血脈――或る俘虜の記録　斉藤芳郎／樋口成敏（絵）　94―101
川柳　山下岸柳（選）　102―103
短歌　甲斐雍人（選・評）　102―103
俳句　高山峻峰（選・評）　102―103
観光報知
その名も旅館送迎人巻脚絆で新発足／ゆかりの迎賓館聴水亭と改名／伝統の戒律破り喇嘛僧の兵隊さん／吉兆の珍魚〝鰐魚〟興安北省で捕獲／奉天の名鐘も応召／吉林名所旧軍閥悪政の遺跡取毀し／懐しい八十八箇所横道河子にお札所設く／名物〝流し〟も今暫し、哈市の自動車もメーター制に／揚子江に河底トンネル華中鉄道で計画　104―105
汽車時間表　106―107
編輯後記　108
さいらく　黒川／岡崎／沢田　108
各地著名旅館案内　113―116
満洲ところ名物　117

『旅行雑誌』

第一〇巻第七号　一九四三（康徳一〇）年七月一日

表紙　千山（＊画）　鈴木　道太　表紙
口絵　密林の生態（川瀬尊弘撮影）　(1)－(4)
扉絵　馬　佐藤　功　(5)
錬成旅行と情操訓育　藤森　章　6－10
米英撃滅詩　一発の砲弾となりて　八木橋雄次郎　10
食用になる満洲の野草　竹内　亮　11－15
旅と伝染病　寺田文次郎　16－17
紀行
旅情散在　打木　村治　18－21
南京紀行　山田清三郎　24－27
推薦する夏の錬成場
北安　関　平吾　22
大連　別宮　秀夫　23
森の都（俳句）　江川　三昧　27
神と土と人間　木村　五宏　28－31
海（短歌）　中島　新　31
蒙古来寇とその水軍　北川房次郎　32－36
映画　渋谷　哲夫　37
随筆
歴史　玉利　貞道　38
黙禱　諫山　郷視　39－40
甲骨卜辞　島田　貞彦　40－41
詩　征旆の歌　噩疋／大内隆雄（訳）　40－41
初夏の復州城　古川賢一郎　42－43
決戦下の旅装　神山　栄子　42－43
蒙古草原を行く　植村　武郎　44－49
草原の花嫁（絵と文）　大西喜美子　49
音楽　鎌田　正　50
文芸　青木　実　51
京漢線の旅と伝説――易州の巻　山本　成子　52－53
釣　磯田　一静　54
体育　木谷　辰巳　55
小説　血脈（承前）――或る俘虜の記録　斉藤　芳郎　56－63
美術　河津　鳴節　65
旅行報道
協和会に統務室、文化部を新設／増産に開拓列車現る／「バカ」興安わかさぎと改名／大東亜旅行館を哈爾浜博に特設／斉々哈爾大乗寺落成大開帖／六つの渤海殿趾発掘さる　66－67
短歌　甲斐雍人（選・評）　66
俳句　高山峻峰（選・評）　66－67
川柳　川本戦車（選・評）　67
改題の辞　『旅行雑誌』編輯部　68
詰碁新題／詰将棋新題／詰聯珠新題／解答　68・49
編輯後記　68

汽車時間表　70
各地著名旅館案内　77-80
満洲ところ名物　81

第一〇巻第八号　一九四三（康徳一〇）年八月一日

表紙　熱河（＊画）　三好　正直　表紙
口絵　軍官学校の生活（岡哲生撮影）　(1)-(4)
扉絵　炎天の勤労　樋口　成敏　(5)
転業者と満洲開拓の問題　近藤　春雄　6-11
夏をゆく旅（短歌）　牛窪忠二郎　11
遼河の治水計画と産業　照井隆三郎　12-15
米英撃滅詩　東亜に光明復る　冷歌／大内隆雄（訳）　14-15
戦争と演劇　野田　源六　16-19
雷雲――大屯爆撃実況見学（俳句）　森　五味子　19
国軍軍官学校の一日　小田野　喬　20-23
旧奉天皇宮拝観（俳句）　大場白水郎　23
推薦する夏の錬成場　新京観光協会／鞍山観光協会　24-25
興安嶺の錬成釣　山岸　守永　26-27
七夕と支那の伝説　子　松　28-29
随筆
　蘭陵美酒の記　藤沢　由蔵　30-31
　耳に聴く満洲　田中　俊介　31-32
　満洲旅中入院記　大滝　重直　32-33
旅客専務の見た戦時下の旅客　藤井　正彦　34-37
旅と服装　堀江　清司　37
ホテルから見た最近の旅客相
　玄関子／安田ひさ子／細川ミツヱ　38-39
西蔵の生活　リンチェン・ハモ／橋口三郎（訳）　40-43
文芸　青木　実　44
映画　渋谷　哲夫　44
マリベレスの思出――比島従軍記の一節　摩耶　勲平　45-47
交通道徳標語当選発表　47
京漢線の旅と伝説　山本　成子　48-49
我が社はかく錬成する
　決戦意識の具体化　清田　年尾　50-51
　職場戦死　園田　正文　51-52
　戦場に通ずる信念　満洲電信電話株式会社　52-53
大東亜戦争完遂哈爾浜大博覧会　53
音楽　鎌田　正　54
美術　河津　鳴節　54
実話　妖狐奇譚　大山　黙笑　55-58
体育　木谷　辰巳　59
釣　磯田　一静　59
小説　補充兵　田上　東　60-66
旅行報道
　海浜健民道場開設／新京に開拓会館誕生／満洲初の馬の開拓村／急行列車の指定制実施／奉天に防空学校　68-69
短歌　甲斐雍人（選・評）　68
俳句　高山峻峰（選・評）　68-69

川柳　山下岸柳（選・評）　69
各地著名旅館案内　76―79
満洲ところ名物　80
汽車時間表　83
旅行問答　84
詰碁新題／詰将棋新題／詰聯珠新題／解答　84・58
編輯後記　84

第一〇巻第九号　一九四三（康徳一〇）年九月一日

表紙　瑠璃塔（＊画）　二瓶　等観　表紙
口絵
満洲源流（金山清雄撮影）／挺身南北・比島建設の日本娘／挺身南北・草原を拓く奉仕隊（柏崎武雄撮影）　(1)―(4)
扉　北京前門外（＊画）　富山　衛　(5)
豪農張九齢を訪ふ　和田　伝　6―10
辻小説
手紙　井上　郷　10
組長　青木　実　15
大人の童話　神戸　悌　18
長白山の思ひ出　万代　源司　11―15
秋の衛生と旅行　金子　麟　16―18
文芸　青木　実　19
体育　木谷　辰巳　19
旅行映画の構想　織田　嶽夫　20―23
私の手帖から　秋の徒歩旅行　楠部　南崖　22―23
満洲の養蜂とその経営　窪野　逸治　24―27
厚生旅行と戦時生活　寺井　武　27
満洲の滑空界　山口　清　28―31
新刊紹介
東亜旅行社奉天支社編『厚生旅行叢書』／阪本牙城著『鍬の兵隊』　31・57
推薦する我が省の錬成場　毛利　卓　32―34
座談会　開拓地に勤労奉仕隊を訪ねて
長谷川濬／筒井俊一／上野市三郎／山田清三郎　35―40
音楽　鎌田　正　41
映画　渋谷　哲夫　41
鮎つり　池田　武男　42―43
帰還兵の園芸（＊漫画）　寺尾　知文　43
随筆
黄　上田　官治　44―45
攻撃壕　藤井　顕孝　45―46
中国の野菜市場　藤田　謹次　46―47
協和会の今昔　何　春魁　48―53
秋灯（俳句）　三木　朱城　53
大車の旅　小林　実　54―57
車の宿／部落の門（文と絵）　阪本　牙城　55・57
実話　妖狐奇譚　大山　黙笑　58―61
灯下（短歌）　西沢　流　61
小説　補充兵（その二）　田上　東　62―67

望郷（短歌）　天野　耿彦　67
旅行報道
北支合作社の強化編成／駅弁は長距離客にのみ販売／マニラに日本文化会館設置／鏡泊湖底から伝説の金の鏡発見　68–69
短歌　甲斐雍人（選・評）　68
俳句　高山峻峰（選・評）　68–69
川柳　山下岸柳（選・評）　69
各地著名旅館案内　76–78
満洲ところ名物　79
汽車時間表　83
旅行問答　84
詰碁新題／詰将棋新題／詰聯珠新題／解答　84・27
編輯後記　84

第一〇巻第一〇号　一九四三（康徳一〇）年一〇月一日

表紙　西塔（＊画）　田口　正人　表紙
口絵
熱河の集家工作（磯江政一撮影）／南海に生きる若人　(1)–(4)
扉　通州の古塔（＊画）　大森　義夫　(5)
南方圏と鉄道　清野謙六郎　6–9
東陵と千山（俳句）　角　菁果　9
聖焔旗翻るところ――勤奉隊現地報告　青木実／松村松次郎（絵）　10–13
新刊紹介
青木実著『幽默』／『厚生旅行叢書』／『大陸旅行知識』　13・25
産業戦士と厚生旅行　藤原　一男　14–16
辻小説
洋杖　筒井　俊一　16
女児出生　上野市三郎　41
文芸　金杉　一郎　17
映画　渋谷　哲夫　17
沿線映画行　菅　忠行　18–23
随筆
熱河行　井幡　弥生　22–23
量と質　新津　靖　48–49
満洲詩情（一）　久保田宵二　24–25
蒙古平原横断記　弥吉　光長　26–29
巴林蒙古雑記　戸沢　辰雄　30–33
私の手帖から　秋の徒歩旅行　紫藤貞一郎　32–33
深井農事指導員　葉山　嘉樹　34–37
秋（短歌）　三井　実雄　37
小姑家の自然と人　小林　義雄　38–41
戦ふ満洲の鉱産資源　蛯原　八郎　44–49
音楽　鎌田　正　50
美術　河津　鳴節　50
ガダルカナルの勇将古宮部隊長を語る　古河　近義　51–53
物語　湖畔譚　神戸　悌　54–57
体育　木谷　辰巳　58

釣　磯田　一静　58
石河駟　田口　稔　59―61
詩　敵機来たれ我れ撃たん　城　小碓　61
推薦する我が省の錬成場　征山　晋介　64―65
勤奉隊通信　或る勤奉隊員の手記　王　世　恩　64―65
旅行報道
　定食一本槍満鉄食堂車の決戦調／満洲国を目指す転業者
　帰農希望者が続出／誇る肇国理想世に出た古事記の漢訳
　／南ボルネオ奥地秘境の探検成る　66―67
短歌　甲斐雍人（選・評）　66
俳句　高山峻峰（選・評）　66―67
川柳　山下岸柳（選・評）　67
短篇小説　女の首途　大庭さち子／荒木忠三郎（絵）　68―73
各地著名旅館案内　77―79
満洲ところ名物　80
旅行問答　84
詰碁新題／詰将棋新題／詰聯珠新題／解答　84・41
編輯後記　84

第一〇巻第一一号　一九四三（康徳一〇）年一一月一日

表紙　唐獅子（＊画）　橋本　勝　表紙
口絵
　坑内採鉱（中田司陽撮影）／揺ぎなし我が兵器陣（中田
　司陽撮影）／興安蒙古の少年（満洲国通信社写真部撮影）　(1)―(4)
扉　露人墓地（＊画）　樋口　成敏　(5)
戦時下の重点輸送と厚生旅行　黒沢　忠夫　6―9
冬の栄養生活　久保　正雄　10―13
冬と健民運動　斎　辰雄　14―16
辻小説
　決戦日記　高木　恭造　16
　南瓜と向日葵の種　鈴木啓佐吉　21
　蓖麻の花　町原　幸二　39
音楽　鎌田　正　17
体育　木谷　辰巳　17
冬の職場錬成
　三位一体の錬成　別宮　秀夫　18―19
　錬成即歓喜力行　波多　久　18―19
　職場と思想錬成　藤原　一男　20―21
開拓文学の新段階　加藤　信也　22―24
随筆
　柿　藤田　謹次　24―25
　釣の秋　荘原　信一　52―53
　我等決戦下に在り　谷　捨吉　58―59
満洲の冬と野菜　田中　静一　26―29
温泉寺紀行　伊藤　馨　29
冬の蒙古宿　橋口　三郎　30―33
葛根廟の日本僧　上野　凌嵱　34―35
北支の炭礦巡り　大石　三郎　36―39
文芸　青木　実　41

映画　渋谷 哲夫　41
満洲詩情　奉天と新京　久保田宵二　42-43
応召する仏像　豊島牛之助　43
諺と民族性格——研究調査旅行日記の中から　安倍 三郎　44-45
南興安嶺を行く（短歌）　池田辰次郎　45
あの頃の思ひ出——中支での出来事　戸倉 勝人　46-47
鞭つくる家（文と絵）　阪本 牙城　47
太子河の淡水漁を探ねて　木村 五宏　48-53
望郷抄（短歌）　堀尾 貫文　51
演劇　野田 源六　55
美術　河津 鳴節　55
熱河省の古代文化と遺跡　斉藤 武一　56-59
新刊紹介『厚生旅行叢書』　59
旅行報道
史蹟顕彰記念碑建つ／眠れる塩湖の資源起つ／大興安嶺に白系男子修道院発見／観光バスが戦蹟巡拝自動車に／昔の名「青泥窪」大連の前身貴重な資料発見　60-61
短歌　甲斐雍人（選・評）　60
俳句　高山峻峰（選・評）　60-61
川柳　山下岸柳（選・評）　61
翻訳小説　遺書　爵青／大内隆雄（訳）／樋口成敏（絵）　62-68
小説　寡婦　長谷川 濬　70-75
汽車時間表　83
旅行問答　84
詰碁新題／詰将棋新題／詰聯珠新題／解答　84・68
編輯後記　84

第一〇巻第一二号　一九四三（康徳一〇）年一二月一日

表紙　工業の満洲（＊画）　大森 義夫　表紙
社告　財団法人東亜交通公社　前付2
口絵
大空を守る（金山清雄撮影）／陸軍興安学校／高砂族の錬成　(1)-(4)
学徒を征途に送る
人生至高の快心事　佐藤政二郎　9-10
この身己に国体　青山 白水　10-11
幸なる哉学徒　渡辺美知夫　11
不惜身命の境地　大野弥曾次　12
干城忠烈の学徒　堤 耕造　13-14
百万の味方　家原小文治　14
文芸　青木 実　15
映画　渋谷 哲夫　15
詩　十二月八日に寄す
旅にて　大野沢緑郎　16-17
十二月八日に　松畑 優人　16-17
空襲と満洲建築　矢崎 高儀　18-22
旅行決戦体制　神山 栄子　22
防衛生活と隣組　田中 美之　24-25
決戦下の映画と健民娯楽　坪井 与　26-29

満洲の狩猟と冬の鍛錬　志和　俊陽　28－29
興農吉林の横顔　辻　英武　30－32
随筆　鳥瞰と車窓　菊池　貞二　32
音楽　鎌田　正　33
体育　木谷　辰巳　33
分郷開拓団への増産奉仕を終へて　座談会
渡辺哲弥／近野周蔵／丸子千代松／後藤勇助／加藤清九郎／安孫子林助／工藤富雄／阿部源三／青山きよの／伊豆田きよし／山田汎野／森谷ち江子／佐藤さん／堀尾貫文　34－39
詩　田舎にて　堀尾　貫文　36－37
冬と闘ふ列車　片岡　清一　40－41
詩　開拓の歌――拓士戦士に贈る　木村　梅治　41
満洲詩情（三）　五常の花嫁部隊　久保田宵二　42－43
辻小説　一把頭　竹内　正一　43
陸軍興安学校見聞記　岡崎　静夫　44－49
東亜交通公社（旧称東亜旅行社）健民荘のお知らせ　49
演劇　野田　源六　51
美術　河津　鳴節　51
太子河の淡水魚を探ねて　木村　五宏　52－57
冬のうた（短歌）　井幡　弥生　57
旅行の知識　旅行者御注意外食券の手続変る　57
江北の段丘遺蹟　佐竹　仲七　58－62
闘ふ林場（俳句）　楠部　南崖　61
熱河の遺蹟と遺物　森　常雄　64－67
小説　作柄　田上　東　68－72
東亜交通公社（旧称東亜旅行社）の兌換取扱について　72
小説　煙草会社　菅忠行／大森義夫（絵）　74－79
旅行報道
旅客を護る待避壕奉鉄局管内で駅毎に／伊藤公像由縁の図書館へ坐る／各地観光バスの冬季運行状況　80－81
短歌　甲斐雍人（選・評）　80
俳句　高山峻峰（選・評）　80－81
川柳　山下岸柳（選・評）　81
旅行問答　84
詰碁新課題／詰将棋新課題／詰聯珠新課題／解答　84・72
編輯後記　84

第一一巻第一号〈特輯・長白山の相貌〉

一九四四（康徳一一）年一月一日

表紙　北辺の護り（＊画）　野田　信　表紙
目次（＊画）　樋口　成敏　目次
社告　財団法人東亜交通公社　前付2
口絵
海上日出（小川伝撮影）／霊峰長白山の相貌（金山清雄・伊達良雄撮影）／戦ふ輸送船団　(1)－(4)
決戦正月
決戦の春　吉野　治夫　9－10
紙飛行機など　町原　幸二　10－11

昔の正月今の正月　横田　文子　11―12
捷春　山崎　元幹　12―13
神前結婚の話　林田　茂雄　13―14
決戦の春　藤山　一雄　14―15
文芸　青木　実　16
映画　渋谷　哲夫　16
猿（絵と文）　甲斐巳八郎　17
雪と山と（絵と文）　池辺　青李　18―19
長白山の植物　竹内　亮　20―21
長白山の森林　福渡　七郎　22―24
新刊紹介　青木実著『幽黙』　24
長白山と温泉　中村彦四郎　26―31
東亜交通公社（旧称東亜旅行社）健民荘のお知らせ　31
長白山の昆虫　阿部　襄　32―36
海上日出（俳句）　金子麒麟草　35
音楽　室町　三郎　37
体育　木谷　辰巳　37
長白山に棲む動物　村山　醸造　38―42
長白山の健民性とその実践　藤森　章　44―46
随筆
旅は憂いもの　湯浅三二郎　46
拓地随筆　村の祭日　竹内　正一　50―51
名つけ親　丸山修一郎　56―57
演劇　野田　源六　47
美術　河津　鳴節　47
山村記　万代　源司　48―52
健民のための映画問題　根岸　寛一　54―58
東亜交通公社（旧称東亜旅行社）の兌換取扱について　58
戦時下における厚生問題　村上　賢三　60―61
決戦下の旅行は斯くありたい　はがき回答
鈴木直吉／宮井一郎／鈴木啓佐吉／弥吉光長／藤山一雄／望月百合子／成田凡十／金崎賢／高木恭造／甲斐雍人／藤森章／杉村勇造／浅枝青甸／古川賢一郎／津田八重子／三木朱城／秋原勝二／山田清三郎／金子麟／藤井貫一　62―64
小説　極北の町　筒井俊一／樋口成敏（絵）　66―67
小説　戦ひなれば　井上郷／松村松次郎（絵）　68―71
小説　峰――訪友記その一　牛島春子／田口正人（絵）　72―79
決戦第三年（短歌）　渡辺三角洲　77
旅行報道
愛路女子青年隊鉄路を護る満系女性／防空塔も赤襷奉天萩町広場の巨人像／讃仰する「開拓の父」東宮大佐の記念碑建立／千山の保健道場温泉医院近く開院／立農興国に生抜く土に帰る昭和松陰塾　80―81
短歌　甲斐雍人（選・評）　80
俳句　高山峻峰（選・評）　80―81
川柳　編輯部（選）　81
汽車時間表　83
旅行問答　84
詰碁新課題／詰将棋新課題／詰聯珠新課題／解答　84・52

編輯後記　84

第一一巻第二号　一九四四（康徳一一）年二月一日

表紙　冬魚売り（＊画）　横山　繁行　表紙
目次（＊画）　樋口　成敏　目次
東亜交通公社（旧称東亜旅行社）の兌換取扱と健民荘について　前付2
口絵　巨木応召（金山清雄撮影）／若人よ空へ／雪山　(1)－(4)
長期戦下の実業教育　金崎　賢　9－12
公社の国家的意義　村井藤十郎　13－18
演劇　野田　源六　19
美術　河津　鳴節　19
在満邦人住居と冬の健康生活　沢島英太郎　20－23
随筆
　名前談義　渡辺美知夫　22－23
　南京の戦跡　赤江橋栄吉　71
寒地生活と健民　小西　俊夫　24－26
東亜交通公社直営の東亜賓館　26
文芸　青木　実　27
映画　渋谷　哲夫　27
温泉と厚生問題　秋月　正一　28－31
戦時映画の文化的意義　高原富次郎　32－35
開拓地に於ける文化運動　柏崎　武雄　36－37
二月雑詠（俳句）　松尾　呂青　37
大陸の花嫁女塾を語る　熊井　竹代　38－40
勤労女性気質　晶埜　ふみ　42－43
旅行と空襲　竹田　譲　44－45
冬とたたかふ鉄道
　酷寒に挑む　小川　新市　46－48
　冬将軍と列車　大石　暁　48－49
紀行
　満洲詩情（四）　浜綏線　久保田宵二　50－51
　満洲雑感　満洲と農村　常松　栄　52－54
音楽　室町　三郎　55
体育　木谷　辰巳　55
大興安嶺踏査記　中村　幸雄　56－60
冬の歌（短歌）　高山　照二　59
小説　洋鬼　楳本捨三／田口正人（絵）　62－63
小説　靉陽　第一章　加藤秀造／桑原宏（絵）　64－71
小説　伶人　神戸　悌　72－79
旅行報道
　国民皆スキー行軍各地で一斉に挙行／聖戦に協力誓ふ白露人部隊除隊式／世界一奉天市の出現新たに瀋陽県を併合／満洲戎克初の南海乗切り／スマトラ朗景宵は楽しいバッサルマラム　80－81
短歌　甲斐雍人（選・評）　80
俳句　高山峻峰（選・評）　80－81
川柳　高橋月南（選）　81
旅行問答　84

詰碁新課題／詰将棋新課題／詰聯珠新課題／解答　84・35
編輯後記　84

第一一巻第三号　一九四四（康徳一一）年三月一日

表紙　池辺早春図（＊画）　大森　義夫　表紙
口絵　完勝に邁進する満洲　(1)－(4)
輸送制限と決戦倫理　浜本　一人　9－13
決戦と民族協和　藤山　一雄　14－18
文芸　青木　実　19
映画　渋谷　哲夫　19
消費生活の理想と実践　中西　仁三　20－24
詩　国境の街　井上　麟二　25
大陸の自動車点描　清野謙六郎　26－27
都市疎開の必然性　薬師神栄七　28－31
随筆
随感片々　菅原　達郎　30－31
陣頭指揮　草刈　虎雄　61
国民手帳制度の意義とその特異性　中野吉一郎　32－33
早春（短歌）　甲斐　雍人　33
決戦食糧の再検討　堀部　三郎　34－37
紀行
満洲随想　墓　斎藤　瀏　36－37
満洲詩情　綏芬河　久保田宵二　62－63
達頼湖の漁業　青木　三雄　38－40
演劇　野田　源六　41
体育　木谷　辰巳　41
戦力増強と体力　末吉　弥吉　42－45
健民施策の要諦　守中　清　46－47
東亜交通公社温泉寺健民荘　47
勤労演劇の方向——職場厚生問題識者並職場演劇関係者へ
訴ふ　成田　凡十　48－53
旅と読書　楠田五郎太　50－51
壁小説　戦場挺身隊　長岡　優　53
音楽　室町　三郎　55
美術　河津　鳴節　55
満系女性と決戦生活　田中　清子　56－58
早春譜——ヤマトホテル詠草（俳句）　大場白水郎　57
連載小説　鬖陽　第二章　加藤秀造／樋口成敏（絵）　64－69
洗礼祭　伊藤　馨　70
小説　墓参　上野市三郎　72－80
満緬両国青少年交驩文　バ・ルイン／バ・ジヤン　80
旅行報道
日満貨物通関手続き簡捷化／ゴビに挑む緑の城東漸を阻む雄大な構想／演劇文化の発展に白系劇団の統合実現／逞しい満洲の姿官製の絵葉書になりました／開拓学校生る特技伝習へ斬新な教育　82－83
短歌　甲斐雍人（選・評）　82
俳句　高山峻峰（選・評）　82－83
川柳　高橋月南（選・評）　83

旅行問答　84
詰碁新課題／詰将棋新課題／詰聯珠新課題／解答　84・63
編輯後記　84

第一一巻第四号　一九四四（康徳一一）年四月一日

表紙　空を護る女（＊画）　野田　信　表紙
目次（＊画）　荒木忠三郎　目次
口絵
開拓地の春（金山清雄撮影）／満洲の電力／南方通信・
ジヤワの運河建設　(1)－(4)
大東亜宣言と満洲国　花輪　義敬　9－14
満洲国の国民貯蓄と国民所得　高倉　正　15－18
儲蓄と民族性　笠井　円蔵　18－19
節約と儲蓄　野副　重勝　20－25
戦時下の儲蓄と工夫　米田健次郎　26－30
随筆
長城のことども　岡部　善修　30
我が家の決戦生活　三井　実雄　46
北京への旅　八東　清貫　57
一穂の苞米　清山　健一　72－73
文芸　金井　坑三　31
映画　渋谷　哲夫　31
空襲下の覚悟　山口　正　32－35
航空決戦と神経戦　井上　一郎　36－40
舞踊　室町　三郎　40
職場の攻撃点　紀井　一　42－46
陽春譜（俳句）　成田　凡十　44
音楽　村松　道弥　47
美術　河津　鳴節　47
女性の職場交替とその精神　難波　宗治　48－52
紀行
伝統と劃期――満洲分村の元村歩き　湯浅　克衛　54－57
満洲農村紀行　大滝　重直　58－59
満洲詩情（六）　東京城　久保田宵二　60－62
たたかひを思ふ（短歌）　岸野　愛子　62
小説　野の若者たち　小林実／今井一郎（絵）　64－70
東亜交通公社温泉寺健民荘　70
演劇　野田　源六　71
体育　木谷　辰巳　71
詩　構内の群線　太田石五郎　73
連載小説　鑁陽　第三章　加藤　秀造　74－80
旅行報道
標準語は吉林言葉松花江流域地方の満語に決定／東京伯
林を結ぶ亜欧横断鉄道基礎調査進む／マライに模範農場
華僑亜欧人等で建設　82－83
短歌　甲斐雍人（選・評）　82
俳句　三木朱城（選・評）　82－83
川柳　高橋月南（選・評）　83
連載漫画　ガンバリ一家　佐久間　晃　83

旅行知識　通行税の改正について　84
決戦下の旅行　84
詰碁新課題／詰将棋新課題／詰聯珠新課題／解答　84・30
編輯後記　84

第一一巻第五号　一九四四（康徳一一）年五月一日

表紙　勤奉隊湿地に挑む（＊画）　横山　繁行　表紙
目次（＊画）　荒木忠三郎　目次
口絵　播種／春耕／南方通信・デリーへデリーへ　(1)－(4)
決戦と産業人の結集　椎名　義雄　9－12
強き国土（短歌）　中島　新　12
増産完遂と科技聯の課題　赤瀬川安彦　13－18
告示板
車内隣組制度実施／交通公社出張所新設／鮮満支案内所改称　18
文芸　金杉　一郎　19
映画　渋谷　哲夫　19
増産と科学技術　突永　一枝　20－23
日満旅行者に福音――簡単になる税関検査　23
増産に挑む開拓地　鈴木　芳郎　24－28
音楽　村松　道弥　29
美術　河津　鳴節　29
産業戦士の戦力と錬成　伊吹　咬三　30－33
増産に敢闘する満洲農民　渡辺　泰臣　34－36
健民と闘魂　野倉　武　38－42
戦時旅行覚え帖　移転家具の荷造り　42
我が家の決戦生活　青木　実　44
決戦下の大陸と交通　北条　秀一　45－46
新樹吟（俳句）　末石　休山　46
演劇　野田　源六　47
体育　木谷　辰巳　47
塞ぐな必勝の道――戦時鉄道輸送の非常措置に就て　筧　隆男　48－51
満華間の抑制も強化――興城承徳以西旅行に証明書制実施　51
紀行
炭礦地帯　岩本　修蔵　52－54
現地随筆　伐採紀行　八木橋雄次郎　56－58
紅卍字会の孤児院　禱　克巳　54
戦時生活と家庭　福田　憲六　60－62
戦力資源と日常生活
電力即戦力　押川　一郎　62－64
瓦斯は戦争資源だ　越山央之助　64－65
南方視察行（一）――仏印ところどころ　清水　好雄　66－69
大東亜青少年歌募集　協和会中央本部青少年部　69
小説　窓口（上）　清山　健一　70－75
撫順歓楽園出張所新設　75
連載小説　鬖陽　加藤　秀造　76－81
旅行報道
満洲製鉄・満洲電業新発足／国民厚生機関拡充新たに厚

生研究所を設立／日本語とローマ字に全訳成る清朝史／
海南島へ開拓移民、多角営で本格的入植／満鉄自給農場　82－83
短歌　甲斐雍人（選・評）　82
俳句　三木朱城（選・評）　82－83
川柳　高橋月南（選・評）　83
連載漫画　ガンバリ一家　佐久間　晃　83
旅行知識　84
詰碁新課題／詰将棋新課題／詰聯珠新課題／解答　84・62
編輯後記　84

第一一巻第六号　＊未見

第一一巻第七号　一九四四（康徳一一）七月一日

表紙　勤奉隊湿地に挑む（＊画）　横山　繁行　表紙
目次（＊画）　荒木忠三郎　目次
口絵
沃野を拓く／列車隣組／南方通信・日章旗に集ふ南方住民　(1)－(4)
扉絵　敵戦闘機　富山　衛　(5)
巻頭言　戎衣の生活　(5)
敵機は満洲を狙つてゐる　白川　豊　6－8
建国神廟御創建第五年を迎へて　橋本虎之助　9－11
空襲と放送　金沢覚太郎　12－15
旅行中空襲に遭遇したら
街頭では　中央防空訓練所　16－19
車中では　満鉄旅客課　19－20
旅行の携帯食は家庭防衛食を　16－20
夏の防空服装心得　20
華北交通の創意〝お座敷列車〟――長旅はこれに限る　21
国防と自動車道路　重村　聖富　22－24
七月抄（俳句）　石倉　啓補　24
文芸　金杉　一郎　25
映画　渋谷　哲夫　25
鉄火に挑むもの――防衛と敢闘精神　平井　仁八　26－29
我が家の防衛生活　先づ健康を希ふ　島田のはぎ　29
隣組の防衛生活　中井　重義　30－33
時事解説　国の動き　橋本　忠彦　34－35
夏の保健と伝染病　山口　清治　36－37
戦時下の女性　安部　亮一　38－43
支那古習俗雑話（一）　唾壺　滝川政次郎　44－46
都市防衛と義勇奉公隊　石村　竴　47
誌上科学講座　戦争と視力　喜早　圭吾　48－50
音楽　室町　三郎　51
演劇　野田　源六　51
戦記　転進　斉藤　芳郎　52－56
戦時の家庭経済　中村　真智　58－59
決戦即応の錬成　新関　勝芳　60－63
随筆　海南島の女ども　西村　好夫　62－63

紀行　アンペラ――私の目撃した増産戦線　菅　忠行　64-67
美術　河津　鳴節　69
体育　木谷　辰巳　69
小説　縁の下の力持ち　松原　一枝　70-79
旅行報道
　輸出入手続の再認識／手小荷物取扱ひの改正／決戦輸送に協力要望／転任者の空瓶　82-83
短歌　甲斐雍人（選・評）　82
俳句　三木朱城（選・評）　82-83
川柳　高橋月南（選・評）　83
連載漫画　ガンバリ一家　佐久間　晃　83
旅行知識　防空下令下の旅客心得――華北交通制定　84
詰碁新課題／詰将棋新課題／詰聯珠新課題／解答　84・20
編輯後記　84

第一一巻第八号　一九四四（康徳一一）年八月一日

表紙　蒙古草原（＊画）　野田　信　表紙
目次（＊画）　荒木忠三郎　目次
口絵
　滑空挺身／聖焔旗の下に／大陸画信・南京中央軍官学校　(1)-(4)
扉絵　学徒勤労　富山　衛　(5)
巻頭言　一日作さざれば一日食はず　(5)
国本と建国精神　金崎　賢　6-8
青葉の翳（短歌）　島田のはぎ　8
文芸　金井　坑三　9
映画　渋谷　哲夫　9
蒙古特輯
　草洋経済　金久保　雅　10-14
　ブリヤート蒙古人　今村　勝三　16-19
　包の生活――ブリヤート部落から　田上　学　20-23
　蒙古の神話と伝説　小川　三直　24-27
美術　河津　鳴節　15
体育　木谷　辰巳　15
交通時事解説　旅行者と時局特別刑法　日高　洋　28-29
街頭展覧会「決戦旅行展」　29
通関手続の改正と旅行者　斉藤弘二郎　30-32
音楽　室町　三郎　33
演劇　野田　源六　33
職場の親切
　親切七則　瀬藤　邦治　34-35
　親切は誠意から　荒木謙次郎　35
「戦時旅行を語る」芸能人座談会
　大島伯鶴／柳家権太楼／鏡味小仙／荻野幸彦／牧野周一／小笠原久夫／籾山一郎／林／中川　36-42
月間時事　国の動き　橋本　忠彦　44-45
在満学徒の勤労挺身は如何に行はれて居るか
　日本側学徒は　松下　寛一　46-47
　満洲国側学徒は　福田　繁　47-50
我等斯く奉仕せり――学徒勤奉日誌　51-55

支那古習俗雑話（二）　生歯改元　滝川政次郎　48–50
書評　筒井俊一著『北の国境物語』　北川　鉄夫　50
誌上科学講座　農地造成とアルカリ地　中島彦九郎　56–59
満洲と大東亜　川崎　万博　58–59
本誌減頁に就て　編　輯　部　59
武道と錬成　小谷　澄之　60–61
防空の生活化　清水　信一　62–65
おことわり　65
空襲と血液型　二階堂一種　64–65
満系の儲蓄を語る　高橋　精一　66–68
白塔（俳句）　野島　島人　67
小説　ちちはは　第一回　秋原勝二／富山衛（絵）　70–74
従軍記　転進　斉藤　芳郎　76–81
告知板
華北来住旅客はコレラ予防注射証明八月一日より実施／千円までは自由に送金、旅費の制限を緩和／戦列へ進出赤帽、靴磨き東鉄で廃止／満鉄、民営貨物自動車一体化　82–83
短歌　甲斐雍人（選・評）　82
俳句　三木朱城（選・評）　82–83
川柳　高橋月南（選・評）　83
連載漫画　ガンバリ一家　佐久間　晃　83
旅行知識　心せよ旅行電報防諜かうした不注意が船を覆す　84
詰碁新課題／詰将棋新課題／詰聯珠新課題／解答　84・27
編輯後記　殿　上　人　84

第一一巻第九号　一九四四（康徳一一）年九月一日

表紙　開拓地の稔り（＊画）　大森　義夫　表紙
口絵
馬肥ゆ／稔る／大陸画信・木造船建造に挺身する中国人（＊扉絵）　トミヤマ　(1)–(4)
巻頭言　生活の焦点　5
輸送戦陰の人　機関区の巻　千葉　寅雄　6–7
荷物事故を退治る　白石　博　8–10
告知板
旅行には認識標／新潟清津航路中止／満鉄で母子客車／山海関税関検査／内地も割箸廃止／輸送特令実施／荷物には連絡先を／華北交通小型切符／関門隧道、第二線隧道開通／奉天に拓士の家　11
旅行と親切　仲島忠次郎　12–13
旅行中親切にされた話　はがき回答
北村謙次郎／矢崎高儀／秋原勝二／鈴木啓佐吉／吉原一三／町原幸二／金崎賢／野田源六／横田文子　14–15
スパルタ式教育と戦時錬成　城本　保　16–19
我が家の決戦生活　井幡　弥生　19
増産に闘ふ開拓地婦人　中村孝二郎　20–22
初秋に禱る（短歌）　柳生　昌勝　21
辻小説　戦友丸　長岡　優　22
大孤山と人形師（絵と文）　小木　時恵　23

野の祭――水曲柳開拓団にて（絵と文） 阪本 牙城 24―25
暗視器
　文芸 青木 実 26
　錬成 鈴木 良徳 26
　映画 渋谷 哲夫 26―27
　音楽 室町 三郎 27
　演劇 野田 源六 27
支那古習俗雑話（三） 東満の鷹 滝川政次郎 28―31
倭寇と上陸作戦 小林 胖生 32―35
連載小説 ちちはは 第二回 秋原勝二／トミヤマ（画） 36―39
短篇 山宗軍曹の話 宮城 敬三 40―42
鴨緑江遡航（俳句） 藤巻 伽村 42
待合室 詰碁／詰将棋／詰聯珠／なぞなぞ／解答 43・10
本誌改題題名懸賞募集 43
連載漫画 突撃小僧（出現の巻） 殿上人（案）／小馬三吉（画） 43
あとがき 殿 上 人 43
汽車時間表 44
＊以降未見

〈復刻版と原本の対照表〉

復刻版	原本巻号数	発行年月
第1巻	第1巻第1号～第2巻第4号	昭和9年6月～10年7月
第2巻	第2巻第5号～第3巻第8号	昭和10年9月～11年9月
第3巻	第3巻第9号～第4巻第1号	昭和11年10月～12年1月
第4巻	第4巻第2号～第5号	昭和12年2月～5月
第5巻	第4巻第6号～第9号	昭和12年6月～9月
第6巻	第4巻第10号～第5巻第1号	昭和12年10月～13年1月
第7巻	第5巻第2号～第5号	昭和13年2月～5月
第8巻	第5巻第6号～第9号	昭和13年6月～9月
第9巻	第5巻第10号～第6巻第1号	昭和13年10月～14年1月
第10巻	第6巻第2号～第5号	昭和14年2月～5月
第11巻	第6巻第6号～第9号	昭和14年6月～9月
第12巻	第6巻第10号～第12号	昭和14年10月～12月
第13巻	第7巻第1号～第3号	昭和15年1月～3月
第14巻	第7巻第4号～第6号	昭和15年4月～6月
第15巻	第7巻第7号～第9号	昭和15年7月～9月
第16巻	第7巻第10号～第8巻第1号	昭和15年10月～16年1月
第17巻	第8巻第2号～第5号	昭和16年2月～5月
第18巻	第8巻第6号～第9号	昭和16年6月～9月
第19巻	第8巻第10号～第9巻第1号	昭和16年10月～17年1月
第20巻	第9巻第2号～第5号	昭和17年2月～5月
第21巻	第9巻第6号～第9号	昭和17年6月～9月
第22巻	第9巻第10号～第10巻第1号	昭和17年10月～18年1月
第23巻	第10巻第2号～第5号	昭和18年2月～5月
第24巻	第10巻第6号～第10号	昭和18年6月～10月
第25巻	第10巻第11号～第11巻第3号	昭和18年11月～19年3月
第26巻	第11巻第4号～第8号	昭和19年4月～8月

※第5巻第4号より『観光東亜』、第10巻第7号より『旅行雑誌』に改題。
※第2巻第6号、第3巻第1～3・6・7号、第11巻第6号は未収録です。
※第1巻第3号は補遺として復刻版第26巻に収録しております。

解説執筆者紹介

高媛（こう・えん）

1972年生まれ　駒澤大学グローバル・メディア・スタディーズ学部教授

主要著書

『岩波講座　近代日本の文化史６――拡大するモダニティ』〈共著〉岩波書店、2002年
『岩波講座　アジア・太平洋戦争４――帝国の戦争経験』〈共著〉岩波書店、2006年
『満蒙開拓青少年義勇軍の旅路――光と闇の満洲』〈共著〉森話社、2016年
『日記文化から近代日本を問う――人々はいかに書き、書かされ、書き遺してきたか』〈共著〉笠間書院、2017年

田島奈都子（たじま・なつこ）

1968年生まれ　青梅市立美術館学芸員

主要著書

『明治・大正・昭和　お酒のグラフィティ――サカツ・コレクションの世界』〈共著〉国書刊行会、2006年
『大正レトロ・昭和モダン　広告ポスターの世界――印刷技術と広告表現の精華』〈共著〉国書刊行会、2007年
『プロパガンダ・ポスターにみる日本の戦争――135枚が映し出す真実』勉誠出版、2016年
『上海モダン――『良友』画報の世界』〈共著〉勉誠出版、2018年

岩間一弘（いわま・かずひろ）

1972年生まれ　慶應義塾大学文学部（東洋史学専攻）教授

主要著書

『上海近代のホワイトカラー――揺れる新中間層の形成』研文出版、2011年
『上海大衆の誕生と変貌――近代新中間層の消費・動員・イベント』東京大学出版会、2012年
『上海――都市生活の現代史』〈共編著〉風響社、2012年

『旅行満洲』解説・総目次・索引

2019年４月25日　第１刷発行
定価（本体3,000円＋税）
ISBN 978-4-8350-7995-0

解　説　高媛・田島奈都子・岩間一弘
発行者　小林淳子
発行所　不二出版株式会社

東京都文京区水道２-10-10
電　話　03（5981）6704　　ＦＡＸ　03（5981）6705
振　替　00160-2-94084
組版・印刷・製本／昴印刷

Ⅲ　索引

執筆者索引・凡例

一、『旅行満洲』（第一巻第一号～第五巻第三号）・『観光東亜』（第五巻第四号～第一〇巻第六号）・『旅行雑誌』（第一〇巻第七号～第一一巻第九号）の執筆者索引を収録した。

一、第二巻第六号、第一一巻第九号は収録許可の都合により復刻版には収録していない。

一、本索引は配列を五十音順とし、外国人名も姓を基準とした。

一、旧漢字、異体字はそれぞれ新漢字、正字に改めた。

一、表記は、巻数―号数―頁数の順とした。

一、頁数表記の「附」は付録を示し、原本に頁数表記のない場合は、頁数に（）を付した。

一、〔　〕は編集部の補足であることを示す。

（編集部）

執筆者索引

《あ》

アーネルト，エ・エ　10-1-114
相賀兼介　5-5-50
相川　澪　7-6-32
相原　繁　8-3-98
相原荘蔵　4-6-30, 5-5-75, 5-6-50
青木茂子　8-1-53
青木恒一　5-11-(2), 6-12-(4), 7-1-附3
青木三雄　7-9-66, 8-11-40, 11-3-38
青木　実（→金井坑三、金杉一郎、名倉聞三）　3-4-32, 4-3-28, 4-12-98, 5-9-31, 6-1-82, 7-8-47, 7-11-94, 8-1-76, 8-6-82, 9-2-21, 9-5-85, 9-7-45, 9-11-40, 10-1-35, 10-2-40, 10-4-19, 10-6-27, 10-7-51, 10-8-44, 10-9-15・19, 10-10-10, 10-11-41, 10-12-15, 11-1-16, 11-2-27, 11-3-19, 11-5-44, 11-9-26
青野　滋　2-3-48
青野徳三郎　6-6-72
青柳国雄　10-2-28
青山きよの　10-12-34
青山敬次郎　6-12-(2), 7-1-附20, 8-4-(4)
青山繁次郎　7-12-(8)
青山白水　10-12-10
青山春路　7-1-附13
赤井輝雄　5-7-42
赤江橋栄吉　11-2-71
赤尾四六郎　2-5-74, 3-9-68, 3-10-74, 3-11-54, 4-1-128, 4-2-48, 4-3-62, 4-4-152, 4-5-92, 8-2-48
赤木千介　4-8-51
赤木寿男　6-12-64
赤木敏治　10-6-84
赤坂岩治　8-11-28
赤 沢 生　8-1-94
赤瀬川安彦　6-7-86, 7-9-102, 10-3-73, 11-5-13
赤塚吉次郎　6-3-70, 6-9-104, 7-2-88, 8-1-132, 9-10-54, 9-12-52
赤羽末吉　1-2-29, 1-3-41, 3-5-58, 7-2-表紙, 7-6-62, 7-11-56, 8-5-131, 8-12-28, 9-2-(2), 10-4-(7)
秋田里子　6-7-(8)
秋田豊作　4-4-60
秋田正男　10-5-22
秋月正一　11-2-28
秋原勝二　5-5-108, 6-1-84, 11-1-64, 11-8-70, 11-9-14・36
秋吉　亘　5-8-(14)
芥川光蔵　5-1-43, 8-1-78
アケチ道秀　4-3-54, 4-4-23・144,

4-5-86, 4-6-80・82, 4-7-77, 4-9-82・84, 4-10-72, 4-12-76, 5-1-92, 5-3-80
アケチ芳雄　5-5-80, 5-6-79, 5-7-87, 5-9-80, 5-10-80, 5-11-80
浅井恵風　10-3-44
浅枝次朗(→浅枝青甸)　6-9-112, 7-8-表紙, 8-1-97, 9-12-87
浅枝青甸(→浅枝次朗)　4-7-87, 5-3-(13), 5-5-40, 6-9-66, 7-6-(11), 8-3-69, 8-4-102, 8-5-166, 8-6-13・94, 8-7-53, 8-8-69, 8-9-28・49, 8-10-34, 8-12-39, 9-2-76, 9-4-41, 9-5-78・129, 9-7-65, 9-8-57, 10-1-(11)・133, 10-4-表紙, 11-1-63
朝岡　健　3-9-32
あさき・ゆめみ　3-10-77
朝倉幸一　6-1-128
浅田繁男　7-1-附17, 7-2-58, 8-4-(4)
浅野倫彦　7-9-32
朝日奈一男　6-11-62
浅見　淵　8-6-48, 9-11-46
朝美戸澄夫　2-2-31
蘆田守一　7-4-94
飛鳥川光亮　9-5-69
足助恭一　5-11-72, 6-8-28
東　竜子　3-5-21
麻生錬太郎　8-9-53
阿　曾　沼　8-7-78
足立映二郎　6-8-(8)
安舘菊三　6-3-41
足立源一郎　8-4-60, 9-4-(6)
足立長三　7-1-46, 9-1-21
姉帯定助　6-6-52
姉川盤根　10-1-20
安彦砂人　9-3-79
安孫子林助　10-12-34
阿部源三　10-12-34
阿部才二　8-1-29, 10-1-74
安倍三郎　10-11-44
阿部　襄　11-1-32
安倍季雄　6-1-32, 7-9-103
阿部俊男　10-5-50
阿部知二　2-1-48, 6-11-12, 7-9-103
安部亮一　11-7-38
阿部良介　9-4-37
阿部礼次　2-1-80
甘粕正彦　9-9-84
天田　高　3-8-70
天津珍兵　7-3-48
天野耿彦　9-1-38, 9-3-22, 10-9-67
天野光太郎　3-4-42, 4-6-37, 4-7-39, 4-12-16, 5-11-56, 7-11-74, 8-4-26, 10-3-72
天野　節　8-11-表紙, 10-3-67
天野利武　9-4-43
天野元之助　8-1-40
網野　菊　9-11-54
荒井　清　6-3-81, 6-4-65
新井参二　6-1-75, 6-6-42
新井翠苔　5-12-86
新井清五郎　5-12-82, 6-1-110, 6-2-74, 7-2-78
新井弥代　5-11-86
新井弥生　6-12-77
荒川石楠花　6-3-117
荒川　竜　3-9-64

新　木　8-7-78
荒木香寿夫　8-7-39
荒木謙次郎　11-8-35
荒木孝雄　7-8-44, 8-11-58
荒木　巍　5-11-46
荒木忠三郎　7-1-146, 7-12-98, 8-8-58, 8-10-80, 8-11-90, 8-12-76, 9-1-120, 9-2-(11), 9-3-表　紙, 9-8-62, 10-3-84, 10-4-86, 10-5-82, 10-6-表紙・84, 10-10-68, 11-4-目次, 11-5-目次, 11-7-目次, 11-8-目次
新　善治　7-5-152
有井渾治　7-1-附4
蟻川　工　9-1-(12)
有島生馬　1-1-11・20・21
有田　栄　9-12-48
有野　学　6-9-56, 10-2-30
有哉是也　7-6-78, 7-9-143
粟屋四郎　6-1-68
粟屋秀夫　6-5-82
鞍山観光協会　10-5-76, 10-8-24
鞍山観光協会長　9-1-21
鞍山市長　7-4-42
安藤岩喜　5-10-51
安藤英子　10-2-33
安東　盛　6-6-58
安藤　忍　3-9-18
安藤秀雄　6-11-102, 7-2-86
安藤英夫　10-1-56
安藤基平　7-10-12, 9-9-16, 9-11-39
安藤　豊　8-4-36
安東駅小荷物主任　9-11-39
安東駅長　7-5-51
安楽武定　5-10-107
韋　煥　章　5-1-84
E　・　N　3-9-38・65
飯尾　禎　5-2-31
飯河知記　8-1-47
飯　島　生　2-2-34
飯島　正　2-1-48
飯島満治　7-6-54, 7-9-38, 9-2-32, 9-12-48
飯多義一　3-4-28
飯田実雄　2-1-77, 3-4-15, 3-5-26
飯田蛇笏　7-6-41, 7-9-103
飯塚慶司　8-9-(6), 8-10-(2)
飯淵　弘　7-1-30
飯村梅四郎　4-5-104
一面坡駅案内係　7-4-43
飯山達雄　6-2-84, 7-2-54
家原小文治　10-12-14
伊賀植人　5-7-40
五十嵐賢隆　5-10-16, 5-12-51, 6-1-20, 6-3-90, 7-7-40, 7-11-12, 8-5-20・124, 8-10-74
五十嵐牧太　5-7-30, 5-12-48, 6-4-14
幾岡　渡　5-11-19
生島横渠　6-5-(60), 6-6-40
生田花世　9-7-46
井口呑湖　5-3-86, 5-5-90, 5-9-93, 6-3-83, 8-2-73・103, 8-3-73, 8-4-91, 8-5-98・167, 8-6-55・89, 8-7-102・103, 8-8-80・103, 8-9-60・80, 8-10-88・106, 8-11-78・104, 8-12-68・104, 9-1-140, 9-2-102・107, 9-3-74・104, 9-4-76・102, 9-5-156, 9-6-86,

9-7-85・88, 9-8-94, 9-9-152, 9-10-104, 9-11-100, 10-1-77
井口八郎 8-8-28, 9-3-34
井口宗明 8-4-33
生野庸雄 10-5-68
井久保良平 7-6-48, 8-5-140
池尻一郎 9-1-(15), 9-10-表紙
池田　享 9-6-18
池田一郎 4-5-77, 4-7-98, 4-10-92, 4-12-(22)
池田一朗 4-11-76
池田コング 4-8-74, 4-9-76
池田　鮮 9-2-38
池田武男 7-2-50, 8-7-54, 10-9-42
池田辰次郎 10-11-45
池田直輔 9-8-表紙
池田　実 9-8-38
池谷　浩 8-7-42
池淵鈴江 6-3-112, 6-4-41
池辺貞喜(→池辺青李) 5-5-50, 8-4-102
池辺青李(→池辺貞喜) 3-5-28, 3-8-(13), 3-9-(15), 3-10-(19)・30・31, 3-11-(13)・36, 4-1-表紙・36, 4-2-(11)・20, 4-3-表紙・(11)・22, 4-4-(13)・124, 4-5-表紙・26, 4-6-46, 4-8-48, 4-9-30・44, 4-11-22, 4-12-20, 5-1-(13), 5-2-14, 5-3-目次・94, 6-3-52, 7-5-(9), 7-10-82, 8-3-69, 8-6-(7), 8-9-29, 8-11-79, 9-5-129, 9-7-(2), 11-1-18
池部　鈞 7-1-35, 9-9-54
諫山郷視 10-7-39
伊沢道雄 6-10-30
石井萩人 4-10-76
石井忠一 8-8-56
石井柏亭 9-1-70
石垣　保 10-5-100
石川千代松 2-1-53
石川留吉 9-9-83
石川正男 5-12-60
石川道彦 6-8-29
石倉啓補 11-7-24
石黒敬七 5-11-70, 7-1-49
石島　渉 6-9-48, 6-10-71, 6-12-40, 7-1-36, 7-3-26, 7-6-86
石　田 7-8-34
石田吟松 1-2-44, 3-5-43, 4-1-64, 4-12-(11), 6-1-表紙, 6-9-(11), 7-11-(11), 8-1-表紙, 9-9-(11)
石田貞蔵 5-3-23, 5-11-102, 6-3-16, 6-4-84, 6-5-106, 6-6-64, 6-7-66, 6-8-88, 6-9-94, 6-10-100, 6-11-96, 6-12-82, 7-1-74, 7-4-88, 7-5-68, 7-6-88, 7-7-88, 7-8-69
石塚秀二 6-8-96
石橋丑雄 4-1-66, 4-3-12, 5-7-46, 6-5-21, 6-8-96
石橋輝雄 7-5-144
石畑一登 9-3-48, 9-7-61
石　原 1-2-3
石原秋朗(→石原巌徹、石原沙人、石原青竜刀、林君彦) 6-8-96
石原巌徹(→石原秋朗、石原沙人、石原青竜刀、林君彦) 3-4-44, 3-5-20, 3-8-48, 3-9-38, 3-10-32, 3-11-16, 4-1-42, 4-3-32, 4-4-60,

4-12-19, 5-3-18, 5-6-46, 5-7-22, 6-1-72, 6-11-66, 8-10-50, 9-5-16, 9-8-12
石原沙人(→石原秋朗、石原巌徹、石原青竜刀、林君彦) 6-11-30, 9-6-47
石原　純 8-2-24
石原青竜刀(→石原秋朗、石原巌徹、石原沙人、林君彦) 1-1-14, 1-2-15, 1-3-49, 2-1-76, 2-2-50, 2-3-50, 2-5-44, 4-12-82, 5-6-88, 5-8-82, 5-9-63, 5-10-81
石村　皞 11-7-47
石山鉄男 2-2-57
石森延男 5-2-28, 6-1-107
伊豆田きよし 10-12-34
泉　生 3-8-84
泉　直哉 9-2-92
泉　芳政 9-10-50
伊勢　勉 6-4-27
磯井道晴 1-2-44
磯江政一 10-10-(1)
磯田一静 9-9-129, 9-12-(2)・68, 10-4-99, 10-5-97, 10-6-41, 10-7-54, 10-8-59, 10-10-58
磯部秀見 8-2-57
井田潑三 5-5-43, 7-1-20
板倉操平 6-1-59
板橋敬一 4-2-22
市井　武 7-4-44
市岡光葉 7-1-附4
市川元一 9-11-8
市川修三 8-1-77
市川房枝 8-1-106
市来　充 8-4-36
市瀬　亮 2-6-48
一ノ宮敦子 3-5-22
市橋辰夫 8-7-(72)
市橋鉄男(市橋鉄夫) 9-12-96, 10-1-134, 10-2-98, 10-3-99, 10-4-100, 10-5-98
市村　力 4-10-(13)
市村　久 9-12-47
一　路→武田一路
市呂丈太 3-11-30
一　郎→今井一郎
一 竿 生 4-6-106
井出黒潮 9-5-50
井手俊太郎 9-3-62
出原　佃 8-12-30, 9-9-121, 10-4-56
伊藤　馨 10-11-29, 11-3-70
伊藤義教 6-3-74
伊藤順三 1-1-19・33, 1-2-32, 2-2-表紙・9, 4-4-表紙, 5-5-82, 5-6-84, 5-7-80, 5-8-78, 5-9-84, 5-10-82, 5-11-82, 6-1-86, 6-2-100, 6-3-108
伊藤荘之助 10-4-8
伊東祐信 5-7-30
伊藤　整 6-9-24, 7-1-45・133
伊藤武雄 8-1-22
伊東竜雄 10-6-65
伊藤多度作 5-11-94
伊東千鶴子 6-6-67, 9-9-90, 10-1-74
伊藤長太郎 7-11-84, 10-4-58
伊藤隆吉 7-12-36
伊奈文夫 8-10-32
稲川利一(稲川) 1-1-21, 4-4-59,

5-6-66
稲次義一 7-9-146
稲月唯二 7-12-82
稲葉君山 7-1-46
稲葉亨二 2-4-32, 3-9-55・56, 3-10-59, 3-11-42, 4-3-27, 4-8-(13), 4-11-60, 5-9-(17), 9-10-18
稲葉長七 9-12-25
稲村豊二郎 4-4-58
乾　隆 6-5-70
犬塚　秀 1-3-38, 2-1-36, 8-10-61
井野英一 6-7-74
井上一郎 11-4-36
井上　郷 10-9-10, 11-1-68
井上長三郎 3-9-表紙
井上　剛 8-1-54
井上万寿蔵 7-12-12
井上　靖 7-5-122
井上芳雄 4-6-14
井上麟二 1-1-22, 2-4-34, 2-5-28, 2-6-36・48, 3-4-27, 4-1-100, 4-7-35, 5-1-28, 11-3-25
猪岡きく子 7-4-32, 8-3-48
猪俣正房 7-6-48
禱　克巳 11-5-54
井幡弥生 10-10-22, 10-12-57, 11-9-19
伊原青々園 2-1-48
伊吹咬三 11-5-30
井伏鱒二 2-1-48
井伏満洲二 2-6-62
井辺一家 9-2-64
伊馬耕平 8-11-74, 9-2-75
今井一郎(一郎) 2-1-39, 2-2-38, 2-3-30・53, 2-4-63・65, 2-5-31・66・68, 3-4-58・62, 3-9-43, 3-10-72, 3-11-56, 4-1-124, 4-2-51, 4-3-45・47・54, 4-4-53・56・69・85・131・133, 4-5-45・47, 4-6-39・103・105, 4-7-表紙・49, 4-9-27, 4-10-78, 7-1-68, 11-4-64
今井健五郎 3-9-18
今井三郎 6-1-54
今井順吉 5-3-66, 5-9-76, 6-1-58, 6-11-35
今井仲治 8-4-18
今井博之 9-12-47
今井光雄 8-8-50
今市欽市 5-7-98
今市欽介 8-9-40
今枝折夫(→加藤郁哉) 2-6-18, 3-4-50, 4-6-39, 5-8-50, 5-10-38, 5-11-92, 5-12-92, 6-1-106, 6-2-80, 6-5-70
今門松二 6-12-52
今　島 7-2-42
今戸熊彦 7-4-25
今中次麿 8-1-79
今西忠一 8-3-58, 9-8-34, 10-1-73
今道潤三 2-6-50
今村勝三 11-8-16
今村　清 6-3-39
今村鴻明 8-5-136
今村ちから(今村主税、今村チカラ) 7-3-60, 7-10-79, 8-10-48, 9-1-117, 9-2-74
今村茂一 8-5-20
今村　豊 9-3-56

五十子巻三　7-6-34, 8-3-20, 9-12-29
入　江　1-2-3
入江康行　7-9-104
岩　井　7-2-42, 7-8-34
岩切三雄　9-10-48
岩　佐　7-2-42
岩崎二郎　9-1-41, 10-4-55
岩崎純孝　8-1-152
岩崎継生　6-5-64, 8-5-134
岩崎柳路　7-10-(6), 9-9-(1)
岩沢　巌　8-1-82
岩菅安太郎　9-11-98
岩田鎌太郎　9-12-78
岩田鹿之助　7-11-46
岩田秀則　6-8-96
岩谷宗隆　7-4-50, 7-10-73
岩間徳也　3-8-86
岩本幾太郎　5-1-43
岩本修蔵　11-5-52
于 晴 軒　5-5-50
上沢謙二　6-11-17
上田官治　10-9-44
上田恭輔　1-3-12, 5-5-67, 5-11-36
上田経蔵　5-3-52, 5-8-94, 5-10-44, 5-11-66, 6-4-20, 6-5-100, 7-2-28, 8-8-64
上田　広　8-1-140
植田　満　9-12-46
上野市三郎　10-9-35, 10-10-41, 11-3-72
上野由人　2-5-72, 6-3-85
上原之節　9-2-表紙
上村きよし　7-3-59, 7-4-74, 7-5-57, 7-6-79, 7-8-78, 7-9-142, 7-11-77, 8-4-61, 8-9-56
植村静栄　9-9-80, 9-10-22
上村　貴　8-2-(2), 8-7-(2), 8-11-(1), 9-7-(1)・(4)
植村武郎　10-7-44
上脇　進(上脇生)　10-1-30・102・109
鵜崎一茶　9-8-96
宇佐美喬爾　2-5-18, 3-4-14・43, 3-5-44, 4-4-14
氏家寿子　8-3-36
潮　壮介　5-3-44
潮ますみ　5-5-81, 5-6-78, 5-7-86, 5-8-76, 5-9-80, 5-11-79, 6-5-84, 6-10-78, 6-11-78, 6-12-76, 7-1-71, 7-5-56, 7-7-79, 8-5-157
牛久昇治　6-4-40
牛窪忠二郎　10-8-11
牛島春子　7-4-37, 9-12-27, 10-5-90, 11-1-72
臼田亜浪　6-8-56, 7-1-49
打木村治　7-2-12, 7-9-103, 10-7-18
打越定男　5-1-(101)
内田稲夫　5-8-(2)・24, 6-4-(10), 7-1-附8, 7-11-(6), 8-4-(2), 8-5-(12), 9-1-(6)・(7)・(8), 9-2-(4), 9-6-(2), 9-9-(1), 10-2-(2)
内田寛一　7-12-29
内田恵太郎　7-6-36
内田慎蔵　6-7-43・98
内田武臣　7-1-附10
宇知田武　5-1-78, 5-2-32, 5-4-46, 5-6-34, 5-11-58, 6-4-60, 6-7-20, 8-1-116

内田洋行　7-8-34
内野　達　7-11-70
内山完造　5-3-28, 5-4-23, 8-1-56・77
靭としを（靭十四雄）　7-10-79, 7-11-76, 7-12-75, 8-2-74, 8-3-54
宇津美　8-12-66
内海寿夫　7-7-45
内海みち子　9-8-92
内海路朗（内海みち朗、内海みち郎）　8-1-121, 8-3-77, 9-2-74, 9-3-73, 9-7-86, 9-9-130, 10-2-98, 10-5-98
鵜殿　樸　4-5-33
宇野千里　7-3-表紙, 8-6-表紙
梅田あさ子　3-8-84
梅田政雄　5-10-41, 6-3-66
梅田満洲雄　5-10-27
梅津芳夫　8-9-42
梅原秀次　4-10-94, 7-2-58
楳本捨三　8-4-92, 8-8-32, 9-1-128, 9-9-132, 11-2-62
宇山禄郎　10-1-110
烏　有　4-1-38
宇和川木耳（宇和川杢次）　5-2-68, 5-4-90, 5-5-44, 5-7-94, 5-10-91, 5-11-53・91, 5-12-63・91, 6-1-49・105, 6-2-67・79, 6-3-27・84, 6-4-79・82, 6-5-81・93, 6-6-84, 6-7-80・111, 6-8-80, 6-9-80・102, 6-10-97, 6-11-72・80, 6-12-72, 7-1-72・82, 7-2-80・110, 7-3-64・108, 7-4-80・110, 7-5-60・87, 7-6-80・111, 7-7-80・111, 7-8-80・96, 7-9-144・167, 7-10-80・106, 7-11-73・101, 7-12-73・106, 8-1-109・160
海野十三　2-1-48
海野涼一　8-3-77, 9-7-86, 9-10-86
海野涼子　9-9-130, 10-2-98
A　生　5-3-43
営口観光協会　9-1-21
営口猟友生　4-5-41
H（H生）　1-1-11, 4-3-88, 4-4-176, 4-5-120, 4-6-120, 4-8-116, 4-9-132, 4-10-120, 4-11-122, 4-12-92
H・H生　6-5-65
H・O・K　1-1-19
Hホテル支配人　10-1-76
江川憲二郎　1-2-31
江川三昧　5-2-30, 5-9-23, 6-5-20, 6-10-115, 10-7-27
江口我孫子　6-11-80, 8-7-103
江口隆哉　4-3-30
江崎重吉　7-9-78
絵島白衣　7-1-94, 7-2-21, 7-9-118
S→沢田
S・F・S　4-11-68
S　・　K　2-6-41
S　子　2-6-16
XYZ（X・Y・Z）　1-3-22, 2-5-79, 4-12-96, 5-6-102
江藤竹造　7-9-154, 8-8-27
衛藤利夫　5-4-31, 5-9-18, 6-1-58, 7-1-46, 8-11-12
江波良介　6-11-44
N・R・M　5-2-65

Ｎ・Ｈ→羽室
江原又七郎　5-8-68, 5-9-102
蛯原八郎　5-6-100, 8-7-34, 10-10-44
江水　享　7-11-44
Ｍ　生　2-6-56
ＭＡ生　10-4-56
Ｍ・Ｃ生　6-1-43
ＭＹ生　1-2-28
江守保平　9-11-83
江輪放童　8-1-60
閻伝紱　5-8-44
円城寺進　5-5-50
遠藤繁清　6-5-66
及川六三四　6-5-82
王世恩　10-10-64
王仲子　7-4-75, 7-6-79
王魯彦　7-3-82
扇小僧　4-5-59・60, 4-6-82, 4-9-103, 5-7-87
横道河子駅長　7-5-51
近江　清　6-6-34
Ｏ・頓平　4-1-116, 4-2-54, 4-3-56, 4-4-142, 4-5-84
大井二郎　5-9-64
大井次郎　8-5-20
大石　暁　11-2-48
大石義三郎　5-10-48
大石三郎　7-9-131, 10-11-36
大石重好　9-9-(2)
大石紀夫　9-12-(7)
大出正篤　8-5-131
大岩峯吉　4-8-98, 5-7-35, 7-11-38, 8-7-64, 10-2-82, 10-3-72
大内隆雄　3-4-26, 3-5-14, 4-6-36, 6-6-108, 6-7-98, 6-8-104, 7-5-90, 8-11-32, 9-3-12, 9-11-43, 10-1-50, 10-3-84, 10-5-82, 10-7-40, 10-8-14, 10-11-62
大内直之　9-5-58
大内田義雄　8-8-57
大浦孤舟　4-7-24
大江孔水享　7-11-44
大江田勝久　9-7-(8)
大枝益賢　10-6-28
大川　進　9-4-38
大串豊治　7-3-(5)
大久保鹿次郎　9-10-51
大倉千代子　3-5-23
大黒河竜　6-11-20
大崎勝年　7-10-39
大崎虎二　6-12-29
大里甚三郎（大里生）　7-5-132・137
大下宇陀児　2-1-49
大島長三郎　7-5-168
大島伯鶴　11-8-36
大島比左尚　7-9-114
大島夫人　6-8-96
太田石五郎　11-4-73
大田朝貞　8-8-56
大滝重直　6-11-24, 7-7-20, 8-3-26, 10-8-32, 11-4-58
大谷勇夫　9-3-28
大谷正一　4-6-62, 4-7-56, 4-8-66, 4-9-66, 4-10-86, 4-11-98, 5-2-62, 5-3-102, 5-5-102, 5-6-112, 5-8-102, 5-9-106, 9-10-106
大谷健夫　5-6-118
大谷寿雄　6-12-42

大谷　宏　1-2-28, 4-9-109, 4-10-98, 5-1-112, 5-2-36, 5-3-60, 9-9-112, 9-10-74
大谷藤子　4-11-19, 6-1-37, 7-1-146
大塚義雄　4-9-60
大塚令三　1-3-12
大槻憲二　2-1-49
大槻洋四郎　6-4-93
大坪　正　2-6-49
大坪文治　8-1-78
大坪要三郎　2-3-59
大戸陽三　6-7-(11)
大友喜八　8-12-40
大成鳩補　9-3-48
大西喜美子　10-7-49
大西　洋　4-8-36, 5-2-22
大沼幹三郎　6-10-72
大野光次　7-3-36, 8-6-50, 8-10-17
大野三平　8-12-54
大野斯文　1-1-34, 1-2-32, 2-2-52, 3-4-36, 3-8-31, 4-2-12, 4-3-24, 4-4-113, 4-11-24, 5-5-48, 6-2-48, 6-12-52, 10-3-73
大野審雨　7-11-(69), 10-3-73
大野弥曾次　10-12-12
大野沢和子　7-7-35
大野沢緑郎　6-12-60, 7-6-16, 10-12-16
大庭さち子　10-10-68
大庭武年　4-7-104, 5-6-106
大場白水郎　6-12-33, 7-1-40, 7-8-53, 9-1-39, 9-4-60, 9-12-21, 10-8-23, 11-3-57
大橋松平　4-2-28
大橋正己　7-11-42
大平正美　7-5-158
大　藤　1-2-3
大間知篤三　8-7-8
大宮太郎　4-8-26
大村卓一　6-2-14
大森志朗　6-11-23, 9-9-119
大森彦六　6-9-(8)
大森義夫（大森よしを）　6-11-(11), 7-1-表紙, 8-5-(19), 8-7-表紙, 9-12-表紙, 10-1-72・80, 10-5-(5), 10-12-表紙・74, 11-3-表紙, 11-9-表紙
大谷五花村　8-11-24
大山直人　8-8-88
大山彦一　7-6-22
大山黙笑　10-8-55, 10-9-58
岡　丈紀　6-9-82
丘　襄二　5-11-30
岡　第三　5-3-(62), 7-6-48
丘　大三　5-10-96
岡　哲生（岡哲夫）　7-1-附23, 7-12-(8), 10-8-(1)
丘　洋一　8-3-77
岡上美樹　8-12-25
岡　崎　10-4-106, 10-6-108
岡崎静夫　10-12-44
小笠原久夫　11-8-36
岡　島　5-11-89, 5-12-89
岡田敬二　10-5-(9)
岡田文雄　2-6-49, 4-4-119, 4-7-49
緒方弥吉　8-11-12
岡田勇治　6-3-39, 6-7-82
岡野甲四郎　9-2-22
岡野精之助　7-9-58

岡部勇雄 6-3-41
岡部善修 11-4-30
岡部長景 7-12-52
岡本綺堂 2-1-49
岡本　節 7-10-70, 7-12-62, 8-4-62
岡本俊磨 3-9-62
岡本二三男 8-5-138
岡山　進 2-3-36
小川幸一 7-4-(5)
小川三三 6-8-60
小川新市 11-2-46
小川健夫 6-12-52
小川　伝 7-1-附12, 7-3-(1), 7-11-(2), 7-12-(4), 8-3-(2), 8-4-(2), 8-5-(5), 8-10-(1), 9-1-(4)・(5)・(7)・(10), 9-2-(4), 9-3-(1)・(4)・(5), 10-1-(2), 11-1-(1)
小川三直 11-8-24
小木時恵(小木トキヱ、小木トキエ) 5-2-62, 5-6-32, 6-2-104, 6-3-表紙・112, 6-4-102, 6-5-110, 6-6-(15)・102, 6-8-112, 7-1-140, 7-5-90, 7-9-134, 8-1-146, 8-2-40, 8-8-82, 8-9-66, 8-10-96, 10-3-(7), 11-9-23
隠岐淑夫 8-10-30
荻野幸彦 11-8-36
荻原五郎 10-3-20
奥　行雄 1-2-31, 1-3-40, 4-4-144, 4-5-87, 4-6-80・82, 4-7-77, 4-8-76, 4-9-80・101, 4-11-82, 4-12-74・98, 5-1-86・120, 5-3-72, 5-5-79・80, 5-11-80
奥田直栄 7-9-92
奥津春生 8-3-65
奥村正雄 6-1-110
奥村義信 2-6-51, 5-1-24, 7-9-102
小倉円平 1-2-3, 2-4-28
小倉　勉 5-12-66
小栗忠七 10-6-68
小栗半平 6-1-58
小黒善雄 6-11-54, 7-7-57
尾崎虎四郎 7-12-32
小山内匠 9-4-28, 9-5-52, 10-5-16
小山内竜 6-1-94・95, 7-1-47
長永義正 7-1-48
小沢開策 5-11-50
小沢俊康 7-5-46, 10-2-82
小沢宣義 4-4-58
尾沢正人 9-7-86, 9-8-92, 9-9-130, 9-11-98, 9-12-96, 10-4-100
小沢正元 2-2-40
押川一郎 11-5-62
鴛淵　一 9-1-27
オセチンスキー, レフ 10-1-132
小田嶽夫 6-12-14, 7-1-140, 8-1-78
織田嶽夫 8-2-84, 8-4-90, 8-5-117, 9-3-69, 9-4-53, 9-5-143, 9-6-39, 9-7-55, 9-8-24・61, 9-9-105・106, 9-10-27, 9-11-67, 9-12-61, 10-9-20
織田旗男 9-5-72・96
小田野喬 10-8-20
小田原檳榔子 6-6-39
鬼木　魁 6-4-66, 7-9-100
オヌマ・コウーシチ 3-5-34
小野朱三 5-8-88
小野崎仁 10-1-40

小幡駿吉　8-11-64
小畑たけし　8-10-44
折田　勉　3-4-表紙, 4-5-目次, 4-7-目次, 4-12-表紙, 5-3-76, 5-7-表紙, 5-8-(15), 5-12-(15), 6-5-表紙, 7-5-表紙・148, 10-6-(9)
温 継 嶠　9-1-21

《か》

何 春 魁　10-9-48
何 冰 江(→古川賢一郎)　9-5-126
ガ ー デ　6-11-90
カール，ジエー・エツチ　10-4-64
豈　然　10-4-86
甲斐政治　7-10-40
甲斐又雄　1-1-24, 2-1-47
甲斐水棹　1-2-14, 5-9-49
甲斐巳八郎　1-1-25, 1-2-16・19, 2-3-24, 2-4-20・44, 2-5-58, 2-6-49, 3-5-16, 3-11-14, 4-4-24, 4-8-42, 4-11-(13), 5-1-40, 5-4-26, 5-5-32, 5-10-(15), 11-1-17
甲斐雍人　8-6-43, 8-9-80, 8-10-106, 8-11-104, 8-12-104, 9-1-140, 9-2-102, 9-3-104, 9-4-102, 9-5-156, 9-6-86, 9-7-88, 9-8-96, 9-9-152, 9-10-104, 9-11-100, 9-12-98, 10-1-75・136, 10-2-100, 10-3-68・100, 10-4-102, 10-5-100, 10-6-102, 10-7-66, 10-8-68, 10-9-68, 10-10-66, 10-11-60, 10-12-80, 11-1-63・80, 11-2-80, 11-3-33・82, 11-4-82, 11-5-82, 11-7-82, 11-8-82
甲斐　芳　5-5-32
貝瀬謹吾　1-2-18, 4-9-25, 5-1-29, 5-6-28, 6-1-59, 6-10-12
海田キヨ　8-4-36
蛙　一笑　9-4-69, 10-5-98
鏡味小仙　11-8-36
香川郁夫　5-11-31
香川閑洋　5-7-83, 5-11-93
柿沼　介　5-4-28, 5-12-45, 6-10-60
柿沼　実　1-2-22, 4-4-160, 4-8-50, 4-9-54, 4-11-34, 4-12-36
柿 の 家　2-4-32
賀　来　7-2-42
鼉　疋　10-7-40
格 武 生→西田格武
楽 童 生→村岡楽童
筧　隆男　9-10-60, 11-5-48
筧　太郎　3-8-28, 4-11-14, 5-1-30, 6-1-51
筧　蛇楼　1-2-37
筧　鳴鹿　1-2-37, 8-1-79, 9-12-51
景山伸三郎　7-1-附5・附19, 8-1-(1), 9-1-(1)
笠井円蔵　11-4-18
笠置山勝一　7-6-42
風間　阜　6-5-82
笠松単伝　8-5-74
加治伊三郎　6-8-96
樫葉　勇　5-11-48, 6-2-54
鹿島鳴秋　4-6-100, 4-11-27, 6-6-68, 9-9-118
樫村洋太郎　6-11-(8)
柏　清祐　8-2-58

柏　銀一（柏ぎん一）7-11-76, 8-1-122
柏ぎん子　7-12-74, 8-2-76, 8-3-76, 8-4-61, 8-5-111, 8-10-85, 9-3-73, 9-6-84
柏木弧矢郎　8-10-45
柏崎武雄　8-2-(6), 9-4-(1), 9-8-(1), 9-9-(3), 9-10-(4), 10-5-(1), 10-9-(4), 11-2-36
梶原礼三郎　4-1-132
片岡清一　10-12-40
片岡鉄兵　8-1-64
片岡春隆（片岡）　2-6-51, 6-5-24, 6-8-96, 8-7-78
片野尚子　6-8-58
片平賢吉　2-2-48
香月　尚　3-5-24, 3-8-46, 3-10-36, 3-11-24, 4-1-45・56, 4-6-58, 4-8-40, 4-9-36, 4-10-22・61, 4-11-54・56, 4-12-14
勝俣　勉　9-4-54
桂　一郎　3-11-41, 4-1-104
桂樟蹊子　8-5-133
葛羅城幽香　7-3-24
加　藤　3-4-75, 3-5-71
加　藤　6-12-52
加　藤　7-2-42
加藤郁哉（→今枝折夫）　2-3-26, 2-6-51, 3-4-24, 3-5-30, 3-8-32, 4-3-31, 4-4-126, 4-6-60, 4-8-14, 4-11-30, 5-6-24, 6-1-20・58, 7-9-102
加藤秀造　9-12-88, 11-2-64, 11-3-64, 11-4-74, 11-5-76
加藤正之助　6-12-(8)・(16), 7-5-36, 7-10-60, 8-4-80, 8-11-60
加藤二郎　6-5-94, 6-7-106
加藤新吉　2-6-49
加藤信也　10-11-22
加藤清九郎　10-12-34
加藤泰次郎　10-5-44
加藤武雄　6-2-23, 7-7-12, 7-9-102
加藤治雄　8-11-12
加藤博吉　6-10-72
加藤芳雄　5-12-67
加藤齢明　8-3-34
門田重行　9-5-28
門原真沢　10-5-49
金井坑三（→青木実、金杉一郎、名倉聞三）　9-3-17, 9-4-21, 9-6-25, 9-11-63, 9-12-57, 10-3-31, 11-4-31, 11-8-9
金池藤太郎　3-10-78
金久保雅　11-8-10
金沢覚太郎　11-7-12
金杉一郎（→青木実、金井坑三、名倉聞三）　9-9-23, 9-10-45, 10-5-39, 10-10-17, 11-5-19, 11-7-25
金丸精哉　1-2-11, 1-3-16, 2-1-48, 4-4-50, 5-2-10, 5-6-52, 6-7-24
金谷一秀　6-11-19
金谷完治　2-3-32
金山清雄　8-11-(2), 9-4-(4), 10-9-(1), 10-12-(1), 11-1-(2), 11-2-(1), 11-4-(1)
兼岩誠二　4-12-49
金勝　久　6-3-42, 6-6-46
金子麒麟草　6-1-50, 6-4-47, 7-8-27, 8-2-45, 9-12-23, 10-3-35, 11-1-35

金子　麟　10-9-16, 11-1-64
金崎　賢　9-11-75, 10-3-73, 11-1-63, 11-2-9, 11-8-6, 11-9-15
金崎正太郎　3-8-74
金田詮造（金田生、金田）　2-6-48, 3-9-18・30, 4-4-38・59, 4-9-58, 5-5-88, 7-1-45, 7-2-42, 7-8-34, 9-2-28
兼常清佐　10-2-54
鎌田　正　8-10-29, 9-3-71, 9-4-52, 9-5-131, 9-6-45, 9-7-51, 9-8-33, 9-9-117, 9-10-21, 9-11-79, 9-12-81, 10-1-43・73, 10-2-41・80, 10-3-71, 10-4-91, 10-5-89, 10-6-73, 10-7-50, 10-8-54, 10-9-41, 10-10-50, 10-11-17, 10-12-33
鎌田正暉　1-1-41
下馬塘駅長　8-8-57
神尾弌春　6-6-38
神尾　茂　8-1-57
上河辺芳涼　8-4-85, 8-8-73
上司小剣　2-1-49
上之薗権太郎　6-8-96, 6-12-24
上村哲弥　4-4-59
神谷天心　7-5-45
神谷　守　3-9-47, 3-10-40, 4-4-74, 4-6-88, 4-7-43, 4-8-58, 4-9-52, 4-10-39, 4-11-45, 4-12-55
神山栄子　10-7-42, 10-12-22
上山草人　2-4-16
嘉村竜太郎　1-3-30, 2-1-81, 2-2-17
禿はじめ　4-11-82, 4-12-75, 5-1-90
亀井樵児　5-3-58
亀井俊彰　3-10-78
亀倉二郎　7-5-26
亀淵竜男　5-1-110
亀山孝平　10-3-73, 10-4-69
加茂俊郎　6-11-82
鴨江花人　7-3-47
鴨江与可　4-8-34
加茂川芳夫　2-6-46
香山白夷　6-5-90
刈田一郎　6-3-98
ガリツン, ウエ・ウエ（ガリツイン、ガリーツイン）　9-1-112, 10-1-60・132
刈米達夫　9-2-58
河　利致　5-8-21
河井繁俊　2-1-49
川内　堯　4-7-40
川上草子　4-8-53
川上太郎　2-3-55
川上虎男　10-2-16, 10-4-64
川上旗男　3-8-72
川喜多長政　8-1-98
川口直樹　9-11-92
川口彦太郎　4-1-122, 4-2-56, 4-4-146, 5-3-91
川久保浩　2-2-49
川越行雄　8-6-56
川崎貞利　7-8-87
川崎寅雄　1-1-12
川崎万博　11-8-58
川崎弘子　3-5-20
川角忠雄　4-4-59
川瀬金次郎　8-2-42
川瀬尊弘　7-1-附14・附21, 7-2-(4), 7-3-(6), 9-6-(4), 10-1-(1),

10-7-(1)
河田育郎　5-9-(14)
河田嗣郎　6-2-12
河津鳴節　10-7-65, 10-8-54, 10-10-50, 10-11-55, 10-12-51, 11-1-47, 11-2-19, 11-3-55, 11-4-47, 11-5-29, 11-7-69, 11-8-15
川西康夫　7-1-附20
河端千代八　9-12-49
川端与吉　9-5-74
川端龍子　5-2-31
川原久一郎　5-5-71
川原与惣右衛門　10-1-96
河　村　1-2-3
河村竜興　3-10-27
河本臣吾　2-6-68
川本戦車　10-7-67
ガン，アナトリー　6-1-122, 6-2-88, 6-3-100
菅健次郎　10-1-68
菅　忠行　10-2-24, 10-10-18, 10-12-74, 11-7-64
関 伯 華　8-5-20
菅　博介　7-9-30, 5-4-(1)
『観光東亜』編輯部→編輯部
関西学生写真聯盟　5-9-36
神崎邦治　10-6-66
神田　清　6-6-28
河南　拓(→陽志郎)　5-1-66, 5-2-表紙・(9), 5-6-(13)・74, 5-9-表紙, 6-5-(15)
菅野正男　7-5-10
神原春造　6-3-40
神戸　悌　6-12-104, 8-5-158, 9-11-28, 10-4-30, 10-9-18, 10-10-54, 11-2-72
紀 若 明　8-4-66
魏 崇 陽　9-3-12
紀井　一　11-4-42
木々田建人　5-6-104
菊地悦郎　7-1-49
菊池和一　5-2-56, 5-3-80, 5-4-110
菊池貞二　10-12-32
木崎　竜(→仲賢礼)　7-11-36
ギザトウリン，アフメチヤ　6-1-20
岸田日出刀　8-7-22
岸野愛子　11-4-62
岸本　一　7-4-42
岸本光男　10-6-48
記　者　4-4-(128), 4-9-98
喜早圭吾　11-7-48
北　一郎　3-4-38
北川清之助　8-1-26, 8-5-108
北川鉄夫　11-8-50
北川房次郎　10-5-56, 10-7-32
北里次郎　6-3-(12)
北郷満洲二　6-2-70
木谷辰巳　5-8-86, 5-9-92, 5-10-90, 5-11-90, 5-12-90, 6-1-100・104, 6-2-78, 6-3-80, 6-4-83, 6-5-109, 6-6-76, 6-7-47, 6-8-41, 6-9-71, 6-10-43, 6-11-43, 6-12-39, 7-1-80, 7-2-27, 7-3-56, 7-4-19, 7-5-17, 7-6-59, 7-7-95, 7-8-72, 7-9-37, 7-10-52・87, 7-11-72, 7-12-72, 8-1-39, 8-2-72, 8-3-31, 8-4-51, 8-5-123, 8-6-67, 8-7-49, 8-8-63, 8-9-55, 8-10-79, 8-11-57,

8-12-63, 9-1-85, 9-2-83, 9-3-95, 9-4-65, 9-5-130, 9-6-55, 9-7-62, 9-8-77, 9-9-125, 9-10-33, 9-11-97, 9-12-101, 10-1-84, 10-2-27, 10-3-41, 10-4-75, 10-5-75, 10-6-63, 10-7-55, 10-8-59, 10-9-19, 10-10-58, 10-11-17, 10-12-33, 11-1-37, 11-2-55, 11-3-41, 11-4-71, 11-5-47, 11-7-69, 11-8-15
北野　人　3-8-55
北林透馬　5-1-43・44, 6-1-34, 6-10-84, 7-1-48・96, 7-9-102, 7-10-90
北原恒造　8-8-22
北村　邦　7-11-77, 8-1-123, 8-2-77, 8-3-76, 8-10-68
北村謙次郎　5-4-114, 8-2-27, 11-9-14
来村琢磨　5-8-64
北村　勝　8-6-(69)
北山弥三夫　3-11-44, 4-2-24, 4-8-44, 4-12-46, 5-8-55
吉林駅長　7-4-43
吉林観光協会　7-4-43
吉林鉄道局営業局旅客係　7-5-50
吉林鉄道局附業課長　6-10-70
木戸　斌　9-10-72, 9-11-64, 9-12-54, 10-2-76, 10-3-62
鬼頭正太郎　2-3-54
城所英一　5-10-26, 6-8-96, 10-6-55
衣川　涙　6-7-76
杵　淵　7-2-42
木下忠三　8-4-36
木下双葉　3-5-21
木畑辰夫　10-6-64
木全徳太郎　8-11-80, 8-12-98, 9-1-136, 9-2-88, 9-3-80, 9-4-78, 9-6-62, 9-7-56, 9-8-66, 9-10-82, 9-11-84
木村五宏　10-3-8, 10-7-28, 10-11-48, 10-12-52
木村梅治　10-12-41
木村鏡平　8-4-92, 8-6-98
木村桂太郎　7-2-32
木村　重　8-1-102
木村毅夫　6-6-94
木村道夫　6-5-38
木村　靖　5-8-43
宮 学 曾　9-1-21
向 培 良　7-5-90
橋頭駅長　7-5-51
協和会中央本部青少年部　11-5-69
清沢　洌　2-1-50
清田年尾　10-8-50
清富忘性強　6-4-30, 6-10-76
清山健一　10-3-50, 11-4-72, 11-5-70
去 来 生　10-2-31
金 小 天　8-4-86
金 静 守　5-3-78, 5-6-30
金 世 昇　8-1-90
吟巻俘安　3-9-70
金州駅長　8-8-56
錦州省民生庁長　9-1-21
錦州鉄道局営業課長　7-4-43
金納美津　2-4-36
草　純二　8-8-76
草　冬馬　2-3-34
日下　熈　6-9-112

草芽　萌　9-6-84
草刈虎雄　11-3-61
鯨　善平　4-4-144, 4-5-87
楠田五郎太　11-3-50
楠　高城　6-4-53
葛原しげる　5-6-50, 5-9-35, 5-12-96, 7-10-28
楠部南崖(南崖)　2-5-53, 3-8-50, 9-10-53, 10-1-72, 10-9-22, 10-12-61
楠村大吉　4-8-89
工藤富雄　10-12-34
国井　真　1-3-38, 2-1-67, 3-5-58
久野福馬　9-5-表紙・(15)
久保　茂　9-10-60
久保正雄　10-11-10
窪川稲子　2-1-50, 9-4-42
久保田貫一郎　7-9-127
久保田宵二　10-10-24, 10-11-42, 10-12-42, 11-2-50, 11-3-62, 11-4-60
窪野逸治　10-9-24
窪野隆男　5-10-54
熊井竹代　11-2-38
熊　谷　1-2-3
久米幸叢　5-1-61, 5-6-55, 5-8-31, 6-1-31, 7-2-69
久米権九郎　6-1-62
倉井幹雄　5-2-31
グラジリーナ　10-1-60
蔵田周忠　5-6-14
倉橋保彦　8-11-12
蔵　本　7-2-42
九里寿喜　5-10-93
栗島すみ子　3-5-22
栗田一朗　6-6-(12)
栗田千足　8-8-53
栗原　信　6-10-(11)
栗谷清一　6-8-96
栗山　博　8-12-(11)
クレンコワ，エム・ペ　10-1-132
黒　川　9-10-110, 9-11-106, 9-12-106, 10-1-142, 10-3-106, 10-4-106, 10-6-108
クロキ・セイコウ　7-4-74
黒木経盛　6-12-27
黒木久之　5-8-44
黒沢謙吉　5-9-54
星沢寿美子　10-2-62
黒沢忠夫　9-9-99, 10-1-44, 10-3-32, 10-11-6
黒沢忠治　10-5-47
黒田記代　3-5-22
黒田源次　4-4-114, 5-12-72, 7-1-(44), 9-1-21
黒田正次　7-1-附16
黒根祥作　4-1-(18)
桑戸文二郎　8-11-88
桑原英児　6-4-81, 7-3-62, 7-10-88, 7-12-76, 8-1-130, 10-2-50
桑原花人　4-8-90
桑原　宏　11-2-64
軍司義男　4-4-60, 5-6-58, 5-7-70, 7-11-24
K　1-1-31, 2-6-44
K　生　4-1-62
K　生　4-10-40
K　生　8-6-68

啓　生　10-4-54
K・I・N　2-5-49
K・S生　2-4-66
K・N生（K・N）→西田亀万夫
K・K生　6-5-58
毛塚璃光　8-3-52
櫟田正東　10-4-53
玄関子　10-8-38
牽牛子　8-2-61
建策生　10-1-76
健二郎　2-5-36
倦生生　4-1-131
呉端華　7-11-66
小生夢坊　4-3-26, 4-5-38, 4-7-38, 4-9-33, 4-10-30, 4-11-64, 4-12-26, 5-1-132, 5-2-58, 5-3-56, 5-4-65, 5-6-62, 5-8-22, 6-3-34, 6-9-58
小石春生　10-1-12
小磯良平　9-2-(6)
小出啓法　9-3-48
黄　炎　7-8-22
高敬賢　10-2-80
黄子明　2-2-34, 2-3-56, 6-5-40
高遵義　8-2-52, 8-10-58
侯俊業　9-4-66
高遵美　7-3-82
高新為　7-12-74
高尊義　9-3-64
剛　力　5-2-48, 6-6-16
上坂　房　6-12-104
公主嶺駅長　7-5-51
幸田　成　6-7-54
幸田高士　6-2-(10)
甲南澄人　8-1-72
河野嘉吉　7-11-46
河野　想　1-1-38・41, 1-2-28・33, 2-4-68
かうの・ひろし　3-4-36
向野元生　4-4-59
上野凌嵱　5-4-36, 6-5-110, 6-12-66, 7-4-100, 7-9-22, 10-1-73, 10-11-34
小馬三吉　11-9-43
鎬矢つね雪　5-1-126, 5-3-32, 5-4-72
光陽一郎　2-4-68
光琳寺襄　3-5-42
郡新一郎　5-12-33
古賀一海　5-8-24, 5-12-68, 7-2-22
古賀残星　2-1-63
古賀甚平　6-9-12, 7-12-44
谷瑞祥　5-4-80
小久保卓雄　6-11-90
小久保獏人　6-2-86, 8-1-110
木暮　寅　3-5-32, 5-5-71, 6-1-71
越路雪夫　8-5-110
小島琴法　2-3-72
小島憲市　8-1-79
小島　博　8-2-68
越山央之助　11-5-64
小杉茂樹　6-7-15
小　谷　7-8-34
小谷澄之　11-8-60
小谷忠義　9-5-40
小谷丹平　8-2-94, 8-8-96
小谷　毅　7-2-48
小寺蘭子　2-1-50
後藤朝太郎　2-3-19, 6-6-86, 8-1-48
後藤和夫　6-6-(12)

後藤金司 8-8-56
後藤辰雄 6-12-52
後藤春吉 8-12-31, 9-11-38
後藤勇助 10-12-34
湖南太郎 6-1-14
小西俊夫 11-2-24
小西文男 6-5-(12)
コネリス 6-11-90
小早川秋声 5-5-46, 8-9-32
小　林 3-4-75, 3-5-71
小　林 7-2-42
小林　栄 10-4-44
小林昇一 1-3-42
小林千代子 10-4-50
小林　勝 1-2-20, 1-3-26, 2-3-40, 3-8-44, 5-5-73, 6-2-38, 7-6-26, 10-1-73
小林　貢 8-6-22
小林　実 8-11-96, 8-12-90, 9-1-122, 9-2-94, 9-3-96, 9-4-94, 9-5-144, 9-11-42, 10-1-72, 10-4-92, 10-9-54, 11-4-64
小林胖生 6-5-(16), 7-7-16, 7-9-80, 7-11-18, 8-3-16, 8-5-46, 8-9-22, 9-4-22, 9-7-16, 9-9-24, 9-12-62, 11-9-32
小林陽之介 6-5-36
小林義雄 10-10-38
小日向和夫 5-9-112
小日山直登 6-1-60
駒井和愛 9-2-48
駒井七郎 6-7-62
小松貞二 9-11-88
小松なつ代 8-8-58
小見山美雄 8-6-36
米谷利夫 6-10-60
小森誠一 6-4-90
小山　明 7-10-66
小山いと子 7-5-18, 7-9-103
小山富士夫 9-1-94
小和口正 7-2-66
今日出海 6-7-12
近藤　斌 8-7-78
近藤一郎 6-10-(8)
近東綺十郎 4-8-92
近藤総草 6-11-84, 6-12-86, 7-9-76
近藤　徹 9-10-49
近藤春雄 6-8-16, 6-9-24, 7-1-48, 7-9-42・103, 9-2-12, 9-9-(12), 10-8-6
近藤日出造 6-1-91・92
近藤　浩 6-2-49, 7-3-48
近藤洋二 6-11-17
近藤義長 1-2-34, 1-3-28, 2-3-42, 2-4-48
近野周蔵 10-12-34
今野万次 2-2-47

《さ》

西条香代子 5-11-111
財団法人東亜交通公社 10-12-前付2, 11-1-前付2
財団法人東亜旅行社 10-1-25
西　東 1-1-23
斎 藤 生 1-1-30
斎藤喜八 1-3-10, 2-6-51
斎藤清衛 10-6-74

斎藤邦造　7-11-46
斉藤兼吉　2-6-48, 6-7-42
斉藤弘二郎　11-8-30
斎藤甚兵衛　10-2-64
斉藤武一　9-10-(6), 10-11-56
斎藤直友　3-10-78, 9-1-21
斎藤　博　2-1-57
斉藤みさを　8-8-96
斎藤茂吉　1-3-(3), 2-1-50, 9-1-(12)
斉藤義治　8-6-60
斉藤芳郎　10-6-94, 10-7-56, 11-7-52, 11-8-76
斎藤　瀏　11-3-36
斎藤林次　6-2-35
済南市長　9-5-101
在包頭の一人　5-12-37
佐伯仁三郎　9-6-49, 10-3-72
佐伯好郎　8-5-94
三枝朝四郎　5-9-(4), 7-1-附11, 7-3-(4)
三枝暢道　9-11-24
嵯峨一郎　8-4-24
さ か ゐ　5-3-113
坂井雅楽頭《うたのかみ》　8-11-67, 8-12-89, 9-1-111, 9-2-87
坂井栄三郎　8-5-58
酒井一馬　6-12-(3)
酒井紫朗　7-5-128
坂井艶司　5-7-110, 6-3-111, 8-3-41
酒井　昇　6-9-54, 8-11-12
佐貝凡茶　8-3-76, 8-10-84, 8-12-64・66, 9-1-117, 9-3-72, 9-4-69, 9-5-153, 9-8-40, 9-9-130, 9-10-86, 10-1-134, 10-3-99, 10-4-100, 10-5-98
酒井美津子　7-3-38
坂木　高　6-9-表紙
阪口秀二郎(阪口涯子)　6-3-81, 6-4-65, 8-2-51
坂 田 生　1-1-18
坂ノ上信夫(坂上信夫)　7-11-66, 8-8-82, 8-9-66, 9-6-40, 9-7-66, 10-4-70, 10-5-70, 10-6-76
坂部源吾　7-4-52, 7-9-73
阪本牙城　7-6-76, 7-7-70, 7-9-120, 7-10-58, 7-11-58, 7-12-67, 8-4-58, 9-3-(2), 9-4-32, 9-8-38, 9-11-58, 10-1-79, 10-5-52, 10-9-55・57, 10-11-47, 11-9-24
坂本克巳(坂本克己)　5-11-(1), 7-1-附15, 8-12-(1), 9-1-(3), 9-4-(8), 9-12-(4)
坂本綱市　8-5-132
坂本虎之助　6-3-39
佐川治夫　7-5-81, 7-6-53, 7-7-94, 7-8-31
佐久木正始　6-1-110
朔北道人　3-11-20, 4-1-52
佐久間晃(さくま・あきら)　5-9-63, 5-10-81, 5-11-53・86・87, 5-12-63, 6-1-49, 6-2-67, 6-6-108, 6-12-77, 7-1-70・116・133, 7-3-58・82, 7-6-96, 7-7-54・78, 9-2-74, 9-3-73, 10-2-98, 11-4-83, 11-5-83, 11-7-83, 11-8-83
桜井忠温　2-1-50
桜井昌輝　8-6-44, 9-12-84
桜町九洲男　2-6-34

佐家能義男　2-1-55
迫　三笠　4-5-80
迫　保雄　9-12-49
佐々木勝造　2-5-60, 8-3-35
佐々木ガン　4-4-144
佐々木孝三郎　2-6-48
佐々木順　5-11-78, 5-12-78
佐々木線子　8-6-29
佐々木茂索　2-1-51
佐々木有風　7-12-33
笹倉正夫　9-9-86
佐竹仲七　10-12-58
貞松恒郎　7-4-42, 7-9-74, 8-12-32
五月信子　3-5-21
佐々弘雄　2-1-51
佐藤　功　4-9-表紙, 5-4-表紙, 5-5-(13), 5-11-表紙, 6-10-31・33, 7-7-(11), 7-9-113, 7-10-72, 7-11-89・94, 7-12-87, 8-3-98, 9-3-(6), 9-4-表紙, 9-5-86, 10-3-88, 10-7-(5)
佐藤岩之進　8-5-130
佐藤五郎　5-2-13
佐藤さん　10-12-34
佐藤潤平　4-6-54
佐藤政二郎　10-12-9
佐藤青水草　8-7-61
佐藤蒼浪　7-11-87
佐藤　巍　5-11-(3)
佐藤武夫　5-7-50
佐藤タダシ(佐藤ただし、佐藤たゞし)　4-8-81, 4-9-80・105, 4-12-74, 5-1-87
佐藤富江　5-12-38
佐藤汎愛　4-1-25, 6-5-52
佐藤彦治郎　7-6-48
佐藤秀士　6-5-32
佐藤眉峰　9-9-123
佐藤正敏　4-8-58・77
佐藤真美　3-9-(80), 4-4-(20), 4-9-48, 5-8-24, 6-1-20・122, 6-2-88, 6-3-100, 6-11-90, 7-1-45, 8-4-36, 9-5-124, 9-12-47
佐藤通男　2-3-44, 4-4-32, 4-7-34, 4-9-32
佐藤　恭　7-11-(1)
佐藤美子　7-6-44
佐藤亮一　9-6-34, 9-7-30
里見　伝　5-1-72
里見　弴　5-2-16
佐内繁雄(佐内泗外生)　2-5-50, 3-8-56
佐　長　8-7-78
実兼直一　8-4-36
佐野一郎　9-3-48
サブーロフ，カー　10-2-86
三溝沙美　5-2-29
沢島英太郎　11-2-20
沢田(沢田生、沢、Ｓ)　4-4-83, 7-4-118, 7-5-174, 7-6-118, 7-7-118, 7-8-110, 7-12-110, 8-2-110, 8-3-110, 8-4-106, 8-5-174, 8-6-110, 8-7-110, 8-8-110, 8-9-86, 8-10-110, 8-11-110, 8-12-110, 9-1-146, 9-2-110, 9-3-110, 9-4-110, 9-5-162, 9-6-94, 9-7-94, 9-8-102, 9-9-158, 9-10-60, 9-11-106, 9-12-106, 10-1-142, 10-2-108,

10-5-106, 10-6-108
沢田信一 7-1-附22
沢田道義 7-8-40, 9-8-46
沢村貞子 3-5-18
佐和山一郎 2-4-46
△ 1-1-22, 1-2-11, 1-3-16
三角洲→渡辺三角洲
三柳子 7-9-137
芝温猴 6-3-46
施蟄存 6-7-98
C・H 4-5-55, 4-11-44
C・Q・M 1-2-36
G・駿平 3-4-56, 3-5-54, 3-8-64, 3-9-66, 3-10-68, 3-11-58, 4-9-118
椎名義雄 11-5-9
椎葉糺民 7-9-123
J・T・B〔ジャパン・ツーリスト・ビューロー〕 6-5-72
J・Y（J・Y生） 3-9-(96), 4-1-112
シエーラー，ジヨセフ・R 4-6-62, 4-7-56
志賀 淳 4-11-29
志賀清一 7-11-62
四方辰治 5-5-69, 7-2-58
而 冠 7-11-50
敷島十一 5-4-16, 6-2-58, 6-3-61
重住文男 7-7-60
重蘭生 6-11-111
重信竹郎 8-1-79
重村聖富 7-2-70, 7-3-54, 7-4-90, 7-5-72, 7-6-94, 8-2-78, 11-7-22
七馬永康 9-7-36
紫藤貞一郎 4-11-25, 5-5-42, 7-1-41, 9-12-19, 10-1-72, 10-10-32
品川鉄摩 9-6-(66)
篠田信二 8-10-62
志波亀次 2-2-(1)
柴田 清 8-8-18
芝田研三 10-2-29
柴田五郎 5-3-(48)
柴田信次 9-1-21
柴田天馬 8-3-84, 9-5-86
柴田直光 9-1-42
柴田博陽 9-3-60
爾飛能美 4-10-28
渋谷三郎 9-1-21
渋谷哲夫 8-6-81, 8-7-68, 8-8-70, 8-9-65, 8-10-60, 8-11-37, 8-12-103, 9-1-77, 9-2-69, 10-1-117, 10-2-103, 10-3-53, 10-4-85, 10-5-65, 10-6-57, 10-7-37, 10-8-44, 10-9-41, 10-10-17, 10-11-41, 10-12-15, 11-1-16, 11-2-27, 11-3-19, 11-4-31, 11-5-19, 11-7-25, 11-8-9, 11-9-26
渋谷 実 8-11-38
渋谷芳蔵 8-4-36
四平街駅長 7-4-44
四平街某 7-1-47
島 二郎 4-5-40
島 之夫 6-3-30
島木健作 6-10-44
島崎恭爾 4-10-108, 6-1-132, 7-3-90
島崎鶏二 7-1-49
島崎貞朝 3-4-64
島田和夫 2-5-46
島田一男 5-1-32, 5-3-38, 5-5-34,

6-9-39
島田貞彦　3-8-16, 5-7-38, 5-12-16, 6-8-42, 6-11-56, 7-1-46, 8-8-12, 9-1-74, 10-7-40
島田のはぎ　6-8-59, 8-4-25, 9-8-35, 9-12-26, 11-7-29, 11-8-8
島田正郎　9-10-38
島田　好　3-10-(20), 4-1-92, 5-1-106, 5-11-62, 6-10-53, 6-11-48, 7-1-48, 7-9-97, 9-1-52
島谷正亮　9-10-37
島津四十起　8-1-77
島守敏夫　9-6-50, 9-7-40
島屋進治　8-1-76
清　水　8-7-78
清水　崑　6-1-96
清水繁雄　9-3-48
清水信一　11-8-62
清水千代太　9-10-34
清水富夫　8-7-36
清水汎愛　5-4-110, 5-7-110, 5-10-107・110, 7-1-126, 7-2-102, 7-7-102, 8-2-88
清水好雄　11-5-66
下島甚三　6-1-76
下田緯作　6-4-32
下田和子　2-3-50
下田三郎　5-11-(12)
下田淳造　7-5-98
下田孝雄　6-8-112
下田吉人　8-4-78
下津春五郎　4-4-58, 9-5-101
下村海南　8-1-65・76
下村千秋　2-1-51
下山只一　3-9-76, 4-9-62
釈 恒 学　8-5-20
爵　青→劉爵青
ジヤパン・ツーリスト・ビユーロー満洲支部　3-11-84
佳木斯駅長　7-5-52
朱　湘　8-11-32
周 世 錚　8-10-21
秋　蛍　9-10-12
祝 子 嘉　8-11-90, 8-12-76
朱　城→三木朱城
首藤　定　8-3-12, 10-3-73
シユメイセル，ミハイル　10-1-110
春 秋 楼　5-21
順 風 耳　7-9-85, 8-2-66
徐 麟 友　7-8-33
省　縁　8-5-20
城　小碓　3-5-22, 10-10-61
章 俊 民　9-1-21
召　水　1-3-42
城島舟礼　3-4-34
昌図洋行　7-8-34
照 太 郎　1-1-16
蕭 竹 生　8-1-76
晶埜ふみ　7-11-37, 11-2-42
荘原信一　10-11-52
浄 牧 生　7-5-124
庄村　辰　4-4-60
庄山俊夫　6-4-44
白石　博　7-6-48, 11-9-8
白樺幹夫　6-8-12, 7-4-84, 7-9-158, 8-7-30
白川　豊　11-7-6
白鳥　洋　8-1-121

白根　晃　7-12-96, 8-1-63, 8-2-93, 8-3-61, 8-4-68, 8-5-57, 8-6-68, 8-7-85
シリニツカヤ，ニーナ（シリニツカヤ）　10-1-60・62
白鳥省吾　2-1-65, 7-9-134
城本　保　8-12-16, 9-7-24, 9-9-62, 10-1-73, 10-4-55, 11-9-16
志和俊陽　7-11-46, 9-12-67, 10-12-28
志和正陽　3-9-18
志和斗史　7-3-40, 9-7-39, 10-1-74
申　9-8-102, 9-9-158, 9-10-110, 9-11-106, 10-2-108
申 基 碩　6-11-32
進淳三郎　1-3-表紙
新 馬 晋　8-6-14, 9-1-33
新乾貞佐　6-5-78
新京観光協会　10-8-24
新京商工公会商工相談所　6-10-71
宍道七郎　7-6-31
新荘　操　6-7-(8)
陣内春夫　5-8-96, 5-12-84, 6-12-77, 7-4-76・106, 7-6-79, 7-7-79, 7-8-78・80, 7-9-144, 7-10-80, 7-11-73, 7-12-73, 8-1-109, 8-10-85, 9-1-116, 9-5-152, 9-8-94
晨風老傖　6-5-55
水明野叟　4-2-30, 4-3-44, 4-4-132, 4-5-46, 4-6-104, 4-7-64
末石休山　11-5-46
末永寂陽　6-1-65
末吉弥吉　11-3-42
須賀ゐさを　9-5-152, 9-6-84, 9-11-98
酉水《すがい》孜郎　8-2-16
菅原策朗　7-4-(2)
菅原達郎　11-3-30
杉　謙亮　9-1-21
杉浦正俊　10-3-26
杉田八太郎　7-2-74, 7-3-61, 7-4-77, 7-5-56, 7-6-78, 8-7-102, 8-8-80, 8-9-60・62, 8-10-84・88, 8-11-75・78
杉野たかし　4-6-80, 4-7-76, 4-8-76, 4-9-81・86, 5-6-79, 5-7-86, 5-8-77, 5-9-80, 5-10-79, 5-11-78, 5-12-79, 6-8-76, 6-11-78, 7-8-79
杉原健太郎　6-12-28
杉原信一　6-8-96
杉原信助　8-6-18
杉村丁甫（→杉村勇造）　4-10-24, 6-5-58, 7-1-(44)
杉村勇造（→杉村丁甫）　4-4-120, 4-5-14, 5-5-50, 10-3-72, 11-1-63
杉本健太郎　8-3-42, 9-8-52
杉山鏡史　6-4-80
杉山新吾　9-3-48
杉山善一　9-10-52
杉山浩彦　6-2-87, 6-4-42
杉山平助　2-1-51
杉山真澄　9-7-84
杉山元治郎　8-11-26
菅生数馬　8-12-60
須佐嘉橘　5-6-18
鈴木　行　9-7-(6), 9-8-(6), 10-5-(4)
鈴木啓佐吉　8-9-72, 9-8-70, 10-4-37, 10-11-21, 11-1-62, 11-9-14
鈴木耕輔　10-1-134, 10-3-99, 10-4-100

鈴木大東　5-7-62
鈴木亜夫《つぎお》　9-11-51
鈴木伝三郎　7-5-138
鈴木直吉　6-11-90, 9-9-120, 10-3-72, 11-1-62
鈴木文治　8-10-39
鈴木道太　10-7-表紙
鈴木もとゐ　8-12-68, 9-1-117
鈴木基靖　8-11-75
鈴木好包　7-8-79
鈴木良徳　11-9-26
鈴木芳郎　11-5-24
鈴来　済　6-9-87
薄田研二　7-8-19
須知善一　1-1-27, 1-2-42, 2-3-24, 2-4-20・44, 2-5-58, 2-6-48, 3-9-58, 4-4-24, 10-3-72
スチエバノフ　10-1-表紙
須藤　滋　5-12-(12)
角　菁果　9-12-70, 10-10-9
角　太郎　4-10-78
角　田　7-8-34
角田壮次郎(角田)　7-2-42・58, 7-6-48
住野銀次郎　7-4-53, 7-9-72
住江《すみのえ》金之　7-5-14
住吉重光　7-2-74, 7-5-56, 7-7-79, 7-9-143
寸賀利助　4-7-52
斉 雀 海　5-3-102, 5-5-102, 5-6-112, 5-8-102, 5-9-106, 9-10-106
清野謙六郎　10-10-6, 11-3-26
青 竜 刀→石原青竜刀
関　7-8-34
関　敏夫(関としを)　7-7-82, 8-10-80, 8-12-34, 9-6-48
石 万 里　6-2-(68), 6-4-(10), 7-11-54
関　平吾　10-7-22
関口英太郎　7-1-附7
関根四男吉　1-1-20
瀬古　確　8-3-40
世窓さぐり　4-7-74
勢多章康　5-5-60, 5-12-30
瀬田川為蔵　8-8-56
瀬藤邦治　2-6-49, 4-4-60, 11-8-34
セリセニノフ, ウエ・ウエ　10-1-114
セレブリヤコフ, ウユ・ウエ　10-1-114
千　平助　4-7-51, 4-10-70, 4-11-84, 6-7-88
全勝ひさし　5-11-72
千里道夫　8-8-77
操　旭　5-6-60
宗　光彦　6-3-39
宗 明 石　2-3-34
素地　暹　2-2-26, 2-5-75
園　冬彦　3-4-56, 3-8-24
園田一亀　4-4-16, 5-9-72
園田一房　5-7-54
園田正文　10-8-51
薗村光雄　9-11-70
園山良之助　2-2-47
染谷保蔵　7-11-46
孫 華 封　1-2-30
孫 高 苑　8-5-20
孫 克 琨　7-8-32
尊 田 是　9-1-21
孫 耀 庭　7-8-33

孫 蘭 運　5-2-41

《た》

多井　元　7-5-152
大尾袈裟助　6-8-96
太 公 望　9-5-154, 9-6-61
大乗寺誠　6-5-28, 7-5-162, 7-6-12
泰来駅長　8-8-56
大栗子駅長　8-8-56
田賀健一郎　10-2-100
高井雄三　6-12-(1), 7-1-附18
高尾憲太郎　3-5-18, 4-1-98
高尾光子　3-5-21
高垣信造　8-4-30
多花樹修　6-4-54
高木勝義　5-3-64
高木喜久蔵　6-1-78
高木恭造　5-4-24, 10-3-74, 10-11-16, 11-1-63
高木クラ　9-10-86
高木友三郎　2-1-51
高倉　正　11-4-15
高崎草朗　7-1-41
高芝愛治　5-8-24, 5-9-98
高島六弥　8-4-36
高須唖三昧　6-6-83, 6-8-81, 6-10-80, 6-12-80
高杉普一郎(→吉野治夫)　2-4-68
高瀬正子　8-4-36
高田憲吉　10-1-118, 10-2-86
高田成志　3-10-48
高妻秀直　7-1-附22
高野与作　5-10-68
たかのり　4-9-53
高橋九蔵　6-3-39
高橋邦太郎　4-10-26
高橋月南　11-2-81, 11-3-83, 11-4-83, 11-5-83, 11-7-83, 11-8-83
高橋精一　11-8-66
高橋猛夫　4-7-28
高橋武夫　6-3-40
高橋　司　9-2-65
高橋房男　9-11-61
高橋ふじ雄(高橋ふぢ雄)　7-10-78, 7-11-76, 7-12-75, 8-1-120, 8-2-76, 8-4-61, 8-5-35・137・139, 8-8-76, 8-9-57, 8-10-85, 8-11-75, 8-12-66, 9-1-116, 9-3-72, 9-4-69, 9-5-153, 9-6-84
高橋源重　9-5-117, 9-12-18, 10-1-72, 10-5-46
高橋よし雄(高橋良雄)　9-8-92, 9-9-130
高橋喜尊　10-3-99
高橋良太郎　7-11-46
高橋老生　5-11-34
高浜年尾　7-11-65
高原一秀　9-6-22, 9-7-34, 9-10-68
高原富次郎　7-3-70, 11-2-32
高松良太郎　6-6-41
田上　東　5-10-46, 10-8-60, 10-9-62, 10-12-68
田上　学　11-8-20
高安慎一　9-1-102
高山勝司　4-4-60
高山謹一　1-1-20, 1-2-38, 1-3-37, 2-3-54, 2-5-42, 2-6-48, 4-4-60,

4-9-28, 5-6-26, 6-5-98, 6-12-52, 8-1-76, 9-4-58, 9-8-16
高山峻峰　1-1-15, 1-2-33, 1-3-37, 2-4-30, 2-6-28, 3-4-51, 4-11-44, 5-1-60・100, 5-2-69, 5-3-87, 5-4-91, 5-5-91, 5-6-87, 5-7-93, 5-8-83, 5-9-93, 5-10-91, 5-11-91, 5-12-91, 6-1-105, 6-2-79, 6-3-83, 6-4-79, 6-5-81, 6-6-27・83, 6-7-111, 6-8-81, 6-9-102, 6-10-80, 6-12-80, 7-1-72, 7-2-111, 7-3-109, 7-4-57・111, 7-5-87, 7-6-111, 7-7-111, 7-8-96, 7-9-167, 7-10-106, 7-11-101, 7-12-106, 8-1-160, 8-2-103, 8-3-97, 8-4-29・91, 8-5-167, 8-6-55, 8-8-103, 8-9-80, 8-10-106, 8-11-104, 8-12-104, 9-1-140, 9-2-102, 9-3-104, 9-4-102, 9-5-156, 9-6-86, 9-7-88, 9-8-96, 9-9-152, 9-10-104, 9-11-100, 9-12-98, 10-1-95・136, 10-3-100, 10-4-102, 10-6-102, 10-7-66, 10-8-68, 10-9-68, 10-10-66, 10-11-60, 10-12-80, 11-1-80, 11-2-80, 11-3-82
高山照二　8-2-65, 9-5-116, 11-2-59
高山塔晴　7-9-79
高山　登　6-4-37, 6-5-48, 6-6-44, 6-7-48, 6-8-92, 6-9-92, 6-10-92, 6-11-100, 6-12-74, 7-2-38
田川肇象　8-2-73, 8-3-73, 8-6-89
滝　庸《いさお》　9-2-60
滝　詩童　3-10-70
滝　遼一　6-2-24, 8-5-52
滝川政次郎　7-3-42, 11-7-44, 11-8-48, 11-9-28
滝口　明　1-1-32
滝口武士　2-3-47, 2-4-30, 3-4-29, 4-10-54, 5-4-30, 5-9-47, 6-3-52
滝沢五郎　6-1-112
滝沢俊亮　4-1-80, 5-7-39, 5-12-58, 6-1-20, 6-8-68, 7-1-12, 7-11-30, 8-5-20, 10-1-72, 10-3-66
田口正人　6-8-表紙, 8-8-表紙, 9-11-(7), 10-3-64, 10-10-表紙, 11-1-72, 11-2-62
田口　稔　2-1-12, 4-5-(13), 6-9-55, 10-3-67, 10-5-26, 10-10-59
工　清定　5-11-106, 7-1-60, 9-3-84, 9-4-82, 9-5-132, 9-6-70, 9-7-72, 9-8-78, 9-9-140, 9-10-92
竹内寒太郎　8-2-76
竹内謙三郎　10-1-16
竹内元平　5-12-32
竹内節夫　4-5-18, 5-5-24, 6-2-53, 6-7-40, 7-6-32, 7-10-36
竹内正一　6-4-108, 7-9-102, 9-1-21, 10-12-43, 11-1-50
竹内好輔　3-10-78, 6-12-52, 7-6-48
武下大介　9-5-64
竹下兆児　6-3-96
竹下豊次　3-5-16
竹下康国　8-9-50, 8-12-46
竹　田　生　4-5-48
武　田　生　4-6-44
武田一路(武田伊知呂、一路)　2-2-38, 2-3-30・52, 2-4-62・64, 2-5-23・67・69, 2-6-41・42,

3-4-58, 3-8-(38)・66, 3-9-74, 3-10-73, 3-11-56, 4-1-125, 4-2-50, 4-3-55, 4-4-39・41・43・45・81, 4-11-108, 5-1-88, 5-5-29・78, 5-6-78, 5-7-87, 5-8-76, 5-10-79, 5-12-79, 6-11-79, 6-12-76, 7-1-71, 7-2-74, 7-5-56, 7-9-143
竹田音助　5-2-(8)
武田尊市　4-1-101
武田南陽　6-5-83
武田雪夫　7-9-130, 7-12-68, 8-1-66
竹田　譲　11-2-44
竹内　亮　8-6-8, 10-7-11, 11-1-20
竹之内安巳　10-4-46
竹 林 生　7-2-85
竹林愛作　5-1-31, 5-3-24, 5-4-48・50・54・56・59, 5-7-72, 5-10-表紙, 6-4-表紙, 6-11-表紙, 7-10-表紙
武原政教　7-5-98, 7-6-102, 8-1-132, 8-3-92
竹久千恵子　3-5-20
武部英治　6-8-96
武村　清　9-1-21
竹森一男　8-1-146
田郷虎雄　6-9-24・32, 7-1-48・84, 7-9-103
田 佐 和　8-1-21
田沢慶子　4-2-26
多治比鷹主　10-3-(7)
田尻末四郎　10-6-58
田代正治　10-1-81
田代　卓　10-1-49
多田等観　8-5-70
多田浩啓　7-7-25, 8-4-(72)
多田弘嘉　5-9-24
多田文男　7-5-134
只野整助　6-3-39
只野凡児　1-3-34, 2-1-78
多々良浜路　3-5-22
立川増吉　2-6-14
橘　香印　9-6-36
辰　9-9-158, 9-10-110
竜田志津江　3-5-20
巽　六郎　10-1-77
伊達禎一　10-5-10
伊達良雄(伊達)　4-7-41, 5-1-(10), 5-8-(12), 5-11-(4), 5-12-(6), 6-9-(1), 6-10-(1), 7-1-附13, 7-10-(4), 8-4-(1), 8-5-(14), 9-1-(10), 11-1-(2)
立野信之　2-1-51
立山陸三　7-4-54
田　所　7-2-42
田所耕耘　8-3-32, 9-12-20, 10-3-73, 10-4-16
田中　芬(田中生)　2-6-50, 3-5-62, 3-8-75, 4-1-110, 4-2-36, 4-3-40, 4-4-59・158, 4-5-43, 4-6-91, 4-8-60, 4-10-44, 5-5-72
田中清子　11-3-56
田中志隅(田中志隈)　8-4-82, 8-12-50
田中順一　10-1-48
田中俊介　10-8-31
田中末吉　5-7-14
田中末治　4-4-59
田中静一　10-11-26
田中総一郎　6-6-102

田中秀雄　5-5-(12)
田中文也　8-11-96, 8-12-90, 9-1-122, 9-2-94, 9-3-96, 9-4-94, 9-5-144
田中正人　7-12-42
田中正己　5-6-43, 5-10-64, 6-1-114
田中美代子　3-4-46, 3-5-36
田中美之　10-12-24
田中鐐四郎　4-10-40
Tanakadate-Aikitu〔田中館愛橘〕　5-1-43
棚木一良　2-2-19, 2-3-55・58, 2-4-39・54, 2-5-41・78, 5-11-37
棚橋直三　9-11-20
田辺　至　9-9-43
田辺利男　6-10-40
田辺　登　7-5-48
谷　捨吉　10-11-58
渓　友吉　5-12-36, 7-1-43
谷口　英　6-11-78, 6-12-76
谷城義弘　9-7-60
谷山静生　8-5-表紙・68
谷山知生　9-1-表紙
太 原 生　8-7-58
田原豊二郎　7-11-103
W　1-1-34, 1-2-12
W・U・T　5-9-68
田部井定雄　3-9-18
玉　兵六　5-8-62
玉井静一　9-3-61, 9-5-121
玉田苓草　8-4-84
玉手三棄寿　10-4-13
玉利貞道　10-7-38
田村広太郎　2-6-50
田村耕太郎　6-7-27
田村実造　7-4-20
田村素莞　9-3-84, 9-4-82, 9-5-132, 9-6-70, 9-7-72, 9-8-78, 9-9-140, 9-10-92, 10-3-表紙
田村泰次郎　6-9-24, 7-3-98, 7-9-46
田村拓也　4-4-57, 4-7-101
田村　剛　7-10-16
田村敏雄　6-10-81
田村光子　5-6-27, 6-2-50, 7-1-58
田山一雄　7-5-47, 9-12-31
檀　一雄　7-8-52
近松秋江　2-1-51
千種虎正　10-3-36
千種峰蔵　2-6-10, 8-11-12
千曲次郎　3-8-76, 3-10-56, 3-11-38, 4-1-106, 4-2-32, 4-3-36, 4-4-134, 4-5-34, 4-6-74, 4-7-66, 4-8-94, 4-9-72, 4-10-58, 4-11-70, 5-9-95, 6-8-63
チステヤコフ, ペ　5-7-70
千田英二　10-6-42
千田止水　2-2-48
千田万三　5-4-60, 5-5-14, 6-1-20, 8-5-78
斉斉哈爾鉄道局附業課長　6-10-72
千歳家今男　7-6-74
千　葉　7-2-42
千葉耕堂　2-1-52
千葉豊治　9-6-12
千葉寅雄　11-9-6
中央防空訓練所　11-7-16
張 赫 宙　9-11-48
張 鴻 鐸　7-8-32
張黄東菊　7-8-33

長 江 陽　8-11-90, 8-12-76
張 水 淇　8-11-44
張 世 謙　9-1-21
張 天 翼　6-8-104
張 徳 純　6-1-20, 8-5-20, 9-10-40
提灯大人　4-5-86・88, 4-9-83, 4-10-73, 4-11-82
朝陽駅長　8-8-57
沈　桜　6-6-108
陳 徳 昌　6-5-82
青島日本商工会議所　9-5-101
塚原平二郎　8-9-56, 8-10-84
築島信司　3-4-17
築地まゆみ　3-5-23
突永一枝　11-5-20
辻　熊郎　2-2-48
辻　忠治　4-12-44, 5-1-22, 5-2-80, 5-7-26, 5-12-54, 7-7-31, 8-5-154, 9-12-46
辻　英武　10-12-30
辻岡利扶　3-10-78
辻野夫人　6-8-96
津島一郎　8-2-82
津田治七　9-3-(11), 9-6-(1)
津田八重子　7-9-77, 8-3-38, 9-8-23, 10-4-47, 11-1-64
土竜之介(→前田昇)　2-6-24, 3-4-34, 3-8-78
土田定次郎　7-12-16
土田拓人　6-7-84
土谷暢生　1-2-26, 1-3-20, 6-12-86, 8-7-50
土屋晴充　4-8-18
筒井俊一　6-2-104, 10-2-81, 10-4-26, 10-9-35, 10-10-16, 11-1-66
筒井新作　5-5-50
筒井雪郎　7-3-37, 9-1-21
都築義雄　7-5-52, 8-8-57
堤　寒三　6-9-20, 7-1-45
堤　耕造　10-12-13
堤真佐子　3-5-19
綱木　守(綱本守)　7-1-附12, 9-1-(2)
恒成照代　8-4-36
常松　栄　11-2-52
津野健平　8-12-45
椿　一平　5-4-57, 6-4-64
坪井　与　4-6-48, 6-8-54, 10-12-26
坪内逍遙　2-1-52
都留国武　7-2-58
鶴田吾郎　5-9-42, 8-4-64, 8-8-(11)
鶴田和平　6-10-112, 9-10-88
T　生　4-8-63
T・I 生　2-4-38
T・S 生　6-2-81
T・N　2-2-48
T O 生　8-4-86
T・T・T　1-2-33
翟 永 恩　7-8-33
出口平吉　10-3-72
鉄 毓 麟　6-1-20, 8-5-20
鉄路総局弘報係　2-1-30
出目三吉　3-9-76
デヤコフ　10-1-60
寺井　武　10-9-27
寺尾知文　10-1-134, 10-2-98, 10-5-98, 10-9-43
寺岡　康　5-9-33, 5-12-80

寺崎良平 5-1-95
寺 沢 生 5-7-33
寺沢石仏 4-4-36
寺島万治 7-1-附2
寺田喜治郎 4-4-58
寺田寅彦 2-1-52
寺田文次郎 6-1-52, 10-7-16
寺 本 生 9-12-51
照井隆三郎 10-8-12
天 三 仏 1-1-13
田 誠 2-1-10, 8-1-78
殿 上 人 11-8-84, 11-9-43
土 井 6-12-52
土井慶吉 5-2-31
土井三三 9-8-20
問山平松 3-9-18
竇 毓 清 9-1-21
東亜観光写真聯盟 9-1-20
東亜旅行社満洲支部 9-3-(10), 9-5-107, 9-6-17・81, 9-7-83, 9-8-15
道家信道 10-6-33
東郷炭吉 3-5-59
東郷雄三 3-8-25
東西南北生 1-2-29
東条向陽 7-4-82, 7-10-24, 10-3-69
東大寺京助 7-4-46
ドウナエフ, イ・エヌ 10-1-85
塔野佐馬 6-8-34
東 満 子 7-1-51
外河武夫 6-1-(13), 8-10-(11)
土岐善磨 2-1-52
斎《とき》 辰雄 10-11-14
時松一夫 8-8-46
徳川無声 7-5-22, 7-9-103
徳永 直 6-2-94, 6-7-44, 7-1-116
特派記者(本紙特派記者) 3-8-82, 4-9-59
戸倉勝人 10-11-46
戸 沢 9-8-102
戸沢辰雄 6-3-84, 6-4-82, 6-5-93・120, 6-6-84・96, 6-7-80, 6-8-80・104, 6-9-80, 6-10-97, 6-11-72, 6-12-72, 7-1-82・96, 7-2-80, 7-3-64・90, 7-4-80, 7-5-60・150, 7-6-80, 7-7-80, 7-10-98, 9-2-107, 9-3-目次・74, 9-4-76, 9-7-85, 10-10-30
杜 詩 生 5-1-70, 5-3-92
杜 雛 坷 5-4-110
戸田政義 6-9-62, 6-10-94, 6-11-94
鳥羽正雄 9-1-22
土肥 嶺 9-1-21
都馬北村 9-3-63
富岡喜夫 8-12-32, 9-1-118
富田砕花 9-9-46
富田 寿 5-1-120, 5-11-42, 6-10-108, 7-11-88, 9-12-47
富田 充 9-7-29
富山 衛(富山まもる、とみやままもる、トミヤマ) 5-11-79, 6-12-77, 7-1-70, 10-9-(5), 11-7-(5), 11-8-(5)・70, 11-9-5・36
外山卯三郎 7-12-56
豊 子(豊)(→三宅豊子、三宅) 10-3-106, 10-5-106
豊島牛之助 10-11-43
豊原幸夫 7-9-122

豊村　紀　7-6-48
鳥山喜一　7-9-86, 9-1-56
トルコ・タタアル民族文化研究所　6-10-90
十八公子　7-5-44
敦化駅長　7-5-51
呑 空 生　10-3-70

《な》

ナ イ ル　6-11-90
ナウーモフ，ゲー　10-1-118
那迦三蔵　4-6-78, 4-7-72, 5-1-116, 8-9-38
奈賀井三　8-8-48
仲　賢礼　5-5-50
中井重義　11-7-30
中尾　彰　6-1-66
中 尾 生　2-5-37
中尾清蔵　8-2-34
長尾宗次　7-9-126
中尾　武　6-5-83
中尾竜夫　6-5-51・82, 6-8-96
永尾竜造　4-1-88, 6-2-30
長岡　優　11-3-53, 11-9-22
中　川　11-8-36
中川恵三　5-4-68
中川蚊巣　9-6-84, 9-12-96
中河与一　7-9-12
長沢英雄　10-2-34
中沢弘光　1-3-9, 9-9-42
中沢不二雄　5-6-30
中島哀浪　4-6-52, 4-7-32
中島　新　8-5-129, 10-7-31, 11-5-12
中島荒登　5-7-34, 5-11-54, 6-3-94, 6-4-54, 7-7-38, 8-2-59, 9-5-70, 9-6-32
中島国雄　6-6-68
中島三郎　8-4-12
仲島忠次郎　11-9-12
中島葉杜子　9-3-59
中島彦九郎　11-8-56
中島光夫　4-5-25
長島　満　8-10-46
中条啓介　8-6-51, 8-9-56, 8-10-85, 8-11-74
中瀬鮎之介　9-5-68
中田司陽　10-11-(1)
奈加田次郎　5-6-23
仲田忠数　4-4-41, 4-11-36
仲田博彦　7-4-78
中　谷　7-2-42
中谷孝雄　8-11-20
中西仁三　6-2-15, 7-4-36, 9-12-82, 10-2-83, 11-3-20
中西友治　6-8-96
中　根　8-4-36
中　野　1-2-3
中野逸馬　7-1-附9
長野勝弘　7-4-(2)
長野啓一　7-5-166
中野吉一郎　11-3-32
永野賀成　6-8-52
長浜哲三郎　5-4-29
永原いね子　8-7-63
永原織治　9-11-74
中原謹司　5-2-31
長原白竜　9-5-152

中平　亮　5-9-32, 5-10-98, 6-1-20, 6-10-48, 8-5-112
永房政地　7-11-(3)
永見　広　7-10-34
中溝新一　2-6-48, 3-5-46, 4-4-59, 5-1-55, 7-5-82, 8-8-58, 9-11-41
中村(中村生)　4-7-100, 7-2-42
中村伊助(中村いすけ)　4-5-88, 4-10-72
中村慶三郎　8-6-40
中村憲一　4-7-85, 4-8-86, 4-9-89, 4-10-82, 4-11-88, 4-12-79, 5-1-94, 5-2-67, 5-3-85, 5-4-94, 5-5-91, 5-6-87, 5-7-92
中村憲吉　2-3-(1)
中村元節　9-10-28
中村孝二郎　11-9-20
中村秀市　6-3-41
中村琢治郎　7-7-37
中村猛夫　4-4-58
中村常太郎　6-12-52
中村　亨　6-4-88
中村篤九　6-1-92・93・95, 7-1-48
中村信夫　6-8-94, 6-12-21, 8-3-82, 9-11-14
中村彦四郎　11-1-26
中村　博　7-9-62, 9-1-108
中村政市　7-11-46
中村真智　11-7-58
中村ミユキ　8-4-36
中村幸雄　11-2-56
中村吉成　6-2-30
中村義人　6-3-53
中　森　7-2-42
中山正三郎　6-10-70
中山助次(なかやますけぢ)　2-3-36, 2-4-34, 2-5-54・65, 2-6-43
中山美之　5-3-114, 6-1-137, 6-11-106, 8-2-94, 8-7-29
中山文雄　9-4-70
長与善郎　4-1-22
名倉聞三(→青木実、金井坑三、金杉一郎)　8-10-35, 9-8-32
ナス，ヴイシワ　6-11-90
夏川大二郎　9-1-71
夏野煤塵子　8-9-44
夏本一人　3-11-66
並木功夫　6-8-74
奈美起生　3-10-62
並木英徳　2-2-20, 3-4-66, 3-9-18・(34), 4-4-46
楢崎敏夫　6-11-28
楢原健三　3-10-38, 6-7-表紙
楢村正直　7-6-48
楢山安三　1-3-36, 2-5-24, 2-6-62, 4-1-(50), 4-9-106, 4-11-67
成田凡十　8-6-43, 11-1-63, 11-3-48, 11-4-44
成島ふみ　8-10-24
名和双葉　5-12-104
縄田一美　9-9-94
南　崖→楠部南崖
南殼北男　4-1-97
南郷竜音　2-1-14
南条三郎　10-2-68
難波宗治　11-4-48
南木成春　7-1-附6
新居　格　9-9-44

新島藤一　5-3-63, 5-4-(14)
新関勝芳　7-10-20, 9-12-50, 11-7-60
新津　靖　10-10-48
新妻伊都子　9-9-40
新帯国太郎《にいのみ》　2-2-10, 2-3-16, 2-6-12, 4-4-64, 5-11-16, 8-4-8, 9-9-32, 10-3-72, 10-5-35
ニールス，E・X　2-2-15
二階堂一種　5-12-65, 10-1-72, 11-8-64
二木田生　5-4-40
ニキチン，エム・イ　10-1-114
西ひとみ　4-12-31, 5-2-76
西内　薫　7-10-37
西尾敏夫　8-3-62
西岡勘一　6-12-48
西方麹呂　10-2-74
西川総一　3-5-17
錦戸善一郎　5-2-74
錦織英夫　10-6-12
西沢　流　8-8-52, 10-9-61
西島武二郎　7-9-表紙, 8-4-83・89
西島武郎　4-2-68, 4-3-78, 4-5-52, 4-7-46, 4-8-20, 4-12-32, 5-1-36, 5-8-46, 6-12-79, 7-1-69, 7-4-76
西田猪之輔　2-4-14, 2-6-49, 4-4-59, 4-11-18, 5-1-43, 5-3-37
西田格武(格武生)　2-4-50, 2-5-32, 2-6-49, 7-4-64
西田亀万夫(西田、西田生、K・N生、K・N)　1-1-28・31, 1-2-3, 1-3-44, 2-1-26, 2-3-28・46, 2-4-72・86, 2-5-72・(94), 2-6-(80), 3-8-52, 4-4-84, 5-8-24, 7-6-48
西田利八　2-6-50
西野幸庵　10-3-69
西野入博　2-6-50
西林楯城　6-1-116
西村真一郎　5-10-110
西村捨也　8-1-70
西村忠雄　6-2-43
西村忠郎　9-5-108
西村好夫　11-7-62
西村楽天　6-6-78
西本春彦　3-11-65, 5-3-58
西森三好　10-4-(4)
二瓶等観　7-12-表紙, 8-9-表紙, 9-7-(11), 10-9-表紙
二里星仙天　6-5-80, 6-8-74
丹羽記一　7-6-48, 9-3-48
温水竹則　8-10-70
布村一男　6-5-68
寧年駅長　8-8-57
根岸寛一　11-1-54
根崎　弘　8-4-36
根津寛一　6-3-54
熱河山人　6-6-90
子　松　10-8-28
根　本　7-8-34
根元武雄(根元)　5-9-44, 6-7-16・78
根本富士雄　8-11-48
拈華堂主人　9-5-91
野上治夫　8-1-112
野上増美　6-7-30, 7-8-82, 8-8-38, 9-10-17, 10-3-46
野川　隆　8-8-55
野　口　1-2-3
野倉　武　11-5-38
野沢重一　10-4-20

野島一朗　9-1-40
野島島人　11-8-67
野副重勝　11-4-20
野田源六　10-8-16, 10-11-55, 10-12-51, 11-1-47, 11-2-19, 11-3-41, 11-4-71, 11-5-47, 11-7-51, 11-8-33, 11-9-15・27
野田　信　9-7-表紙, 10-5-表紙, 11-1-表紙, 11-4-表紙, 11-8-表紙
野田　勝　6-4-57, 6-8-87
野　波　4-10-16
野間口英喜　6-11-90, 7-2-58, 8-6-32, 9-8-91
野間口正人　6-12-52
野村亜佐夫　7-12-28
野元仙吉　5-10-66
野呂三助　4-7-48, 5-4-41

《は》

バ・ジヤン　11-3-80
バ・ルイン　11-3-80
裴 謹 吾　5-4-96, 6-4-76
梅　　娘　10-3-84
バイコフ，N　7-8-98
バイトワ，エヌ・イ　10-1-132
芳賀日出男　6-4-96, 6-12-94, 7-6-96, 8-10-90, 9-7-(4), 9-8-42
萩原広吉　10-3-38
白雲山人（白雲生）　7-2-52, 7-10-48
橋川三郎　5-1-50, 10-8-40, 10-11-30
橋田残丘　6-7-58
橋爪秀一　7-4-(1)・(3)・(4)・(5), 8-5-(6), 9-1-(5)
橋戸馬礼　5-10-72
羽柴増穂　8-12-70
橋本浅夫　9-5-123
橋本喜代治　6-10-58
橋本静風　7-8-94
橋本忠彦　11-7-34, 11-8-44
橋本虎之助　11-7-9
橋本八五郎　3-9-16, 4-4-60, 4-9-26, 7-3-20, 7-6-60, 8-7-59, 10-1-73
橋本　勝　10-11-表紙
橋本良蔵　8-7-60
筈見武夫　7-4-(63), 7-10-56
長谷川巌　4-2-64, 4-3-68, 4-4-154, 4-5-95, 4-6-21・93, 4-7-88, 4-9-112, 4-10-102, 4-11-91, 4-12-85, 5-2-50, 5-4-106, 5-5-62, 5-6-70
長谷川宇一　7-6-30
長谷川兼太郎　9-11-68
長谷川潔　7-9-50
長谷川銀一　7-4-42
長谷川濬　10-9-35, 10-11-70
長谷川時朗　2-2-目次
長谷川伸　2-1-59
長谷川春子　7-4-16
長谷部照正　8-1-32
畑　耕三　5-6-(12)
波多　久　10-11-18
畠中隆輔　9-3-4
八田保男　8-8-57
八東清貫　11-4-57
服部智子　8-4-31
服部信道　9-12-72
服部亮英　9-9-61

花岡史郎　5-2-54
花崎陽子　8-5-111
花菱アチヤコ　7-6-74
花本詩郎　6-8-34, 6-11-74, 8-3-80
花本嗣郎　7-9-152
花柳章太郎　10-5-40
塙雄太郎　8-1-37
花輪義敬　11-4-9
塙田若蘭　9-12-49
馬場射地　4-6-(13), 5-5-50, 5-7-(13), 6-6-22, 7-8-(11), 8-9-(11), 9-8-(11)
馬場春吉　9-5-78
馬場八潮　7-1-附14
羽生秀吉　8-11-12
浜名慶夫　10-1-66
浜名竜三　8-6-63
浜野長正　4-11-表紙
浜本一人　11-3-9
浜谷軍治　9-8-36
羽室（N・H）　3-4-75, 3-5-71, 3-8-97, 3-9-(96), 3-10-96, 3-11-84, 4-1-156
早川和男　10-3-42
早川正雄　8-1-76
林　君彦（→石原秋朗、石原巌徹、石原沙人、石原青竜刀）　3-9-30, 4-8-23, 5-10-58
林　共平　10-4-100
林　孝吉　8-9-42
林　黄太　8-2-92
林　茂夫　2-3-54
林　重生（林）　5-5-50, 5-8-24 , 6-1-20, 7-6-48, 8-4-36, 8-5-20, 8-7-78, 8-11-12, 9-10-60, 11-8-36
林田数馬　6-4-88
林田茂雄　11-1-13
林田竜喜　6-8-55
林家しんご　3-4-54, 3-8-62, 3-9-72, 3-10-64, 3-11-52, 4-3-52, 4-12-72
葉山嘉樹　2-1-64, 10-10-34
原伴二郎　3-9-18
原　真弓　8-12-43
原三千代　10-4-49
原　六児　6-12-52
原　口　7-2-42
バラノフ，イ・ゲ　10-1-114
春野友一　9-12-48
哈爾浜駅長　7-4-44
春山行夫　7-4-12, 7-9-103, 9-2-16
伴　太郎　6-7-50
半田敏治　10-2-8
万代源司　10-9-11, 11-1-48
比天張　7-7-74, 7-8-74, 7-9-138, 7-10-74, 7-11-78, 7-12-78, 8-3-76
B・L・T生　4-5-39
柊　憲二　3-5-36
柊　縫子　1-1-36, 3-4-26
東辺道男　9-12-49
光　生　10-4-55
引田一郎　10-2-55
樋口一夫　4-7-23
樋口次郎　8-6-28
樋口滋朗　9-5-90
樋口成敏　2-1-表紙・目次, 2-3-表紙・目次, 2-4-(13),

2-5-(17), 2-6-(9), 3-4-目次・(13), 3-5-表紙・目次・(13), 3-8-表紙, 3-9-目次, 3-10-表紙, 3-11-表紙, 4-1-(17), 4-2-表紙, 4-3-目次, 4-4-目次・(48), 4-6-目次, 4-8-表紙・目次, 4-9-目次, 4-10-表紙・目次, 4-11-目次, 4-12-目次, 5-1-目次, 5-2-目次, 5-4-(15), 5-5-表紙, 6-3-(15), 6-10-表紙, 7-1-84, 7-3-98, 7-10-(11), 8-1-140, 8-2-表紙, 8-6-82, 8-8-88, 9-5-102, 9-8-70, 9-11-表紙, 10-1-118, 10-2-86, 10-4-92, 10-5-90, 10-6-94, 10-8-(5), 10-11-(5)・62, 11-1-目次・66, 11-2-目次, 11-3-64
彦坂武雄 5-11-74
日高為政 10-1-70
日高 昇 7-2-18
日高万里 8-1-88, 8-7-16
日高 洋 11-8-28
人見順士 8-5-148
日野邦彦 9-10-60
百 穂 2-5-(17)
比屋根安定 8-5-88
馮 涵 清 9-9-83
兵頭青史 5-8-37, 6-4-70, 6-6-48, 6-9-44, 7-9-(11)
兵頭保久 3-9-60, 4-7-94, 6-2-(11)
平井仁八 11-7-26
平泉不二 2-2-33
平川保一 8-11-12
平島 信 5-3-表紙, 6-12-(11)
平田驥一郎 6-10-34
平田小六 6-5-82
平野国臣 10-2-(7)
平野 進 5-2-71
平野博三 1-1-3・16, 1-3-46, 2-5-38, 3-4-22, 3-10-28, 4-1-58, 4-2-38, 4-3-42, 4-4-130, 4-5-44, 4-6-102, 4-7-37, 4-8-62, 4-9-56, 4-10-42, 4-12-54, 5-1-114, 5-10-96, 8-7-78
平林たい子 2-1-52
広瀬市郎 7-11-46
広瀬亥之介 6-3-40
広瀬蟹平 10-2-98, 10-4-100, 10-5-98
広瀬寿助 9-9-82
広瀬 渉 6-7-36
広部永三郎 6-3-41
広松 新 9-10-60
富 杏 城 10-1-79
武 寿 山 4-1-46
風来山人 2-6-16
深江兵次 9-3-48
深沢鉄造 9-11-42
深町敏雄 7-12-65
福 凌 額 8-5-20
福島一郎 6-3-51, 7-12-88
福田勝人 7-6-48
福田義之助 6-12-表紙, 7-3-(11), 7-7-表紙
福田清人 6-8-24, 6-9-24, 7-1-46・126, 7-9-48・103
福田憲六 11-5-60
福田広治 4-6-51, 5-3-51
福田 繁 11-8-47
福田周作 6-1-46

福田窓花　7-7-39, 9-11-60, 10-6-25
福田千代作　8-1-79
福田秀太郎　6-4-71
福田八十楠　5-12-42
福田　連　7-12-20
福富菁生　10-3-72
福原勲雄　3-8-18
福原静男（福原静雄）　5-10-58, 6-3-56
福原麟太郎　2-1-61
福山恭二　6-8-85
福山　徳　8-5-51, 8-8-76
福山治一　9-3-48
福世武次　8-6-90, 8-8-74
福渡七郎　7-8-58, 11-1-22
福家富士夫　5-3-108, 5-12-110, 6-1-80, 9-1-63, 9-7-38
総　公望　3-4-48
藤 井 生　7-5-131
藤井顕孝　7-5-117, 9-11-36, 10-2-14, 10-9-45
藤井貫一　11-1-64
藤井基統　7-8-28
藤井大玄　7-5-140
藤井千鶴子　6-2-52
藤井図夢（フジキ図夢）　1-3-39, 3-4-53・54・55・59, 3-5-53・56・57・59, 3-8-61・62・63・(98), 3-9-36・72・73, 3-10-63・64・65・72, 3-11-51・52・53・56, 4-1-113・122・123・127, 4-2-47・51・56・57, 4-3-51・52・53・54, 4-4-19・37・67・139・144, 4-5-79・80・81・87・88, 4-6-21・77・78・79・83, 4-7-71・72・73・74・76, 4-8-73・74・75・76・80, 4-9-75・76・77・80・83, 4-10-70・71・72・74, 4-11-75・76・77・78・83, 4-12-71・72・73・74, 5-1-85・91・118, 5-4-114, 5-6-78・80, 5-8-74, 5-9-82, 5-10-78, 5-11-81, 6-1-61, 6-7-39, 6-12-78, 7-2-76, 7-3-61, 7-4-75, 7-12-74, 8-3-77, 8-4-85, 8-5-100, 8-6-46, 8-7-56, 8-8-73・78, 8-9-57・58, 8-10-85・86, 8-11-76, 8-12-67, 9-2-75, 9-8-92, 9-10-86, 9-12-96
藤井日出男（藤井日出雄）　5-8-77, 5-10-80, 5-11-80, 5-12-78, 6-4-74, 6-5-84, 6-11-79, 7-2-74, 7-3-61, 7-4-77, 7-8-79, 8-5-51・157, 8-8-77
藤井秀太郎　6-8-96
藤井正彦　10-8-34
藤井正意　8-8-77, 8-9-57, 9-1-116
藤崎俊茂　2-1-52
藤沢由蔵　9-5-44, 9-6-26, 10-8-30
藤田九一郎　7-11-46
藤田謹次　10-9-46, 10-11-24
藤田蓼花　8-3-92
藤田亮策　8-12-36
藤次清二　8-7-78
藤波一郎　5-12-99
藤浪剛一　3-9-48
藤巻伽村　8-9-43, 11-9-42
藤本俊幹　6-3-40

藤本治義 8-2-32
藤森　章 5-6-40, 5-7-66, 7-11-40, 8-11-12, 9-12-52, 10-7-6, 11-1-44・63
藤山一雄 5-7-36, 6-1-27, 6-8-(11), 7-9-26・102, 10-1-26, 11-1-14・62, 11-3-14
撫順駅長 7-4-42
藤原　香 8-10-57, 9-8-62
藤原一男 10-10-14, 10-11-20
藤原欽爾 9-10-60
藤原咲平 7-12-54
藤原　定 8-1-77・126
藤原七郎 5-11-35
復県公署 9-1-21
船山徳輔 6-4-25
麓　路夫 4-8-82, 4-9-85
冬木羊二 4-8-102
ブラザー，ピーター 6-6-(2)・32
古川賢一郎(→何冰江) 2-3-22, 6-1-53, 6-12-12, 7-10-98, 8-6-80, 9-2-84, 9-3-76, 9-4-72, 9-7-52, 9-8-58, 9-9-126, 9-10-80, 10-1-73・82, 10-7-42, 11-1-63
古川忠吉 8-6-72
古河近義 10-10-51
古川哲次郎 2-4-26, 3-11-34
古川　原 10-2-68
古沢幸吉 5-5-22
古久　礼 4-8-88
古海十八 3-9-51
古屋重芳 7-5-30
別宮秀夫 10-7-23, 10-11-18
紅谷嘉一 4-5-56
紅谷美津 10-1-81
ベルグマン，ステン 4-8-66, 4-9-66, 4-10-86, 4-11-98
編 輯 子 7-3-19, 7-5-80
編 輯 部 1-1-42, 1-3-42, 2-1-84・89, 2-2-78, 2-3-80, 2-4-73・86, 2-5-(1)・(94), 2-6-27・70・(80), 3-4-(1)・60・68・75, 3-5-(1)・53・60・64・71, 3-8-(1)・58・68・90・97, 3-9-88・(96), 3-10-(1)・86・90・96, 3-11-74・78・84, 4-1-(1)・86・146・150・156, 4-2-(1)・72・76・82, 4-3-(1)・74・85・88, 4-4-(1)・(107)・176, 4-5-(1)・114・120, 4-6-(1)・120, 4-7-(1)・120, 4-8-116, 4-9-(1)・132, 4-10-(1)・120, 4-11-(1)・122, 4-12-(1)・112, 5-1-(1)・140・144・146, 5-2-(1)・89・92・94・96, 5-3-(1)・122, 5-4-124, 5-5-120, 5-6-(1)・130, 5-7-(1)・122, 5-8-116, 5-9-124, 5-10-122, 5-11-122, 5-12-122, 6-1-152, 6-7-63, 7-10-104, 10-7-68, 11-1-81, 11-8-59
逸見梅栄 8-2-28
甫 李 真 8-8-76
鳳 栄 尚 5-2-41
房 理 家 8-5-20
北条秀一 6-8-31, 11-5-45
北条保平 7-6-48, 8-4-36, 9-2-70

奉天文話会員 6-9-24
伯彦合色格 8-5-20
ポーノソフ，ウエー 10-1-114
帆形呂久郎 8-6-78
沐滑散人 9-5-72
北満〇〇部隊長 7-12-(6)
保坂春治 3-5-56, 5-5-86
保坂文虹 9-4-61
星　直利 10-3-43
保　科 6-12-52
保科喜代次 7-10-44, 8-9-54
細川　清 8-7-62
細川ちか子 3-5-20
細川ミツヱ 10-8-39
細木原青起 9-9-52
細田源吉 2-1-52
牡丹江市長 7-5-50
牡丹江鉄道局営業課長 7-5-52
穂積哲三 6-10-24
浦　醍 1-2-30, 1-3-40, 2-1-32, 2-4-61
ポポフ，ア・デ 10-1-132
堀与太朗 6-5-44
堀内一雄 5-5-50
堀江清子 3-5-19
堀江清司 10-8-37
堀尾貫文 10-11-51, 10-12-34・36
堀切秀夫(ほりきり) 5-4-51, 6-2-102
堀口大学 2-1-52
堀口晴弥 9-3-48
堀越喜博 5-7-96, 7-1-(44), 9-4-59
堀出一雄 2-1-(8), 2-2-(8)
堀野正雄 6-12-(6), 9-9-(2)
堀部三郎 11-3-34
博倫図色 8-5-20
ホワート，エヌ 7-12-84
本渓湖駅長 7-5-50
本紙特派記者→特派記者
本多　篤 5-9-29
本田善吉 6-3-72, 8-4-32
本田親邦 9-1-(9)
本田善夫 7-11-82
奔 馬 生 6-8-82
本間　猛 6-8-21
本竜高則 4-9-23

《ま》

前川千帆 6-9-18, 7-1-33・47, 9-9-51・60
前沢一夫 6-6-表紙, 7-1-108, 7-7-96, 8-1-152, 8-9-72
前田かほる 7-10-79, 8-2-77, 8-4-61, 8-9-56
前田政治郎(前田生) 6-10-71, 10-1-79
前田武次 6-3-41
前田俊雄 8-10-(6), 9-1-(2)・(8)・(11), 9-2-44, 9-4-48, 9-12-32, 10-5-30
前田　昇(→土竜之介) 3-4-40・75, 5-8-24 , 7-1-26, 7-9-108
牧島金三郎 5-9-34
槙田満男 5-7-106
牧野周一 11-8-36
牧野信一 2-1-53
牧野正巳 7-7-36
正木　烈 2-4-66
まさみ・はし 2-5-80
正宗得三郎 2-1-9, 2-2-14

増尾忠則（増尾生）　4-1-102, 4-2-63, 4-5-51, 4-7-42
益倉　初　6-5-82
増　田　8-7-78
増野忠則　4-12-55
増満繁雄　9-5-66
増本　巌　8-4-36
町田新太郎　4-7-2
町原幸二　4-11-108, 7-1-63, 7-12-86, 10-11-39, 11-1-10, 11-9-15
松　井　6-12-52
松井五郎　7-2-58
松井繁松　4-2-40, 4-8-28, 4-11-53
松井太郎　5-12-102, 6-1-59, 7-7-34, 7-9-102
松井保治　8-3-25
松浦喜久太郎　10-5-61
松浦嘉三郎　7-8-12
松尾武幸　7-2-58, 7-3-30, 7-4-26, 7-5-38, 7-6-82
松尾津代史　4-12-42, 7-7-64, 7-12-24
松尾正信　6-10-71
松尾呂青　8-8-54, 11-2-37
松岡茂雄　9-5-101
松岡しげる　5-3-108, 5-5-87・108
松岡しみる　6-12-77, 7-2-75, 7-3-58, 7-4-76, 7-5-57
松山亀城　9-11-44
松川平八　3-10-78
松川幹郎　6-5-120
松崎鶴雄　3-9-31
松崎　勝　5-1-(12)
松沢喜策　5-1-110
松下寛一　11-8-46
松下源次郎　3-10-78
松田三郎　8-7-15, 10-2-71
松田芳助　7-5-50
松平　晃　7-6-47
松永只雄　6-11-34
沫　南　10-5-82
松野　伝　8-9-12
松畑優人　10-12-16
松原一枝　11-7-70
松原雅弘　10-1-54
松原　亮　2-4-24
松　宮　3-4-75
松宮吉郎　5-12-24
松村勇夫　10-1-73
松村英一　2-1-53
松村行蔵　7-3-39
松村三柳子　8-9-36
松村松次郎　7-9-160, 8-4-(7), 8-7-94, 9-1-128, 9-10-(11), 10-1-126, 10-3-74, 10-10-10, 11-1-68
松村松年　9-3-54
松村天籟　8-1-(15)・80
松村三春　9-12-48
松本一洋　7-11-60
松本喜久子　2-1-43
松本定敏　7-2-96
松元時夫　7-8-54
松本豊三　4-4-58, 7-1-45
松本光庸　4-8-30
松森正博　3-9-18
松山哈爾男　10-1-53
松山基範　8-12-22
真鍋一郎　4-4-31
馬淵てふ子　2-1-40

摩耶勲平　9-11-73, 10-8-45
馬屋原勝　2-6-49
丸　一平　3-10-70, 3-11-62, 4-1-120, 4-2-58, 4-3-60, 4-4-150, 4-5-90, 4-6-86・87, 4-7-84, 4-8-85, 4-9-88, 4-10-81, 4-11-87, 4-12-78, 5-1-93, 5-2-66, 5-3-84
丸岡敏夫　5-11-24
丸木雀夫　10-3-88
丸子千代松　10-12-34
丸重洋行　7-8-34
丸茂藤平　3-4-16
丸本十九瓶　8-7-44, 9-4-62
丸山海介　9-11-45
丸山定夫　7-8-16
丸山修一郎　11-1-56
丸山晩霞　2-2-30
丸山勇一　9-11-38
丸山義二　9-10-42
満空呑空　3-10-42
満洲観光聯盟　4-10-14, 5-11-104, 5-12-92
満洲国通信社写真部　10-11-(4)
満洲電信電話株式会社　10-8-52
満洲漫画家協会　4-4-148, 4-7-78, 5-8-72
満洲里駅長　7-5-50
満鉄弘報係　2-2-表紙
満鉄旅客課　11-7-19
三浦亀忠　2-2-13, 4-7-47
三浦　淳　6-10-71
三浦武美　7-5-43, 10-1-67
三浦　浩　5-7-76, 5-11-98, 6-4-22, 7-7-44
三浦夫人　6-8-96
三浦義臣　7-7-26
三浦よづる　7-2-74, 7-3-61, 7-6-78
三上次男　9-1-78
三木朱城(朱城)　6-3-71, 8-11-56, 9-5-119, 9-11-40, 10-9-53, 11-1-64, 11-4-82, 11-5-82, 11-7-82, 11-8-82
三木照雄　2-1-74
三木藤四郎　8-11-63, 10-2-72
御酒伴太　4-3-46, 5-2-20
三木彦四郎　8-9-46
三木　実　6-12-94, 7-4-(11), 9-10-70
水落　巌　4-12-80
水上　頁　1-1-21, 2-1-34, 2-4-40
水上　貴　6-9-88
水上義雄　6-4-(10)
水島爾保布　6-9-21, 7-1-32・47, 7-5-58, 9-8-(4), 9-9-58
水野忠二　5-7-(12)
水穂正泰　6-6-50
三田正揚　2-3-26
三田俊雄　5-10-(12)
三谷　清　9-9-84
道岡太郎　9-4-16
道端良秀　9-5-23
三井三吉　8-11-84
三井実雄　6-2-51, 6-8-46, 9-1-73, 9-5-118, 9-12-30・44, 10-1-73, 10-10-37, 11-4-46
三井正登　5-1-表紙, 9-4-(11), 9-9-表紙
三井良太郎　4-4-123, 4-5-32, 4-6-表紙

光岡蘆月　4-1-60
光川京子　3-5-22
みづたに・れいこ　2-4-67
光　安　8-7-78
緑川　哲　8-10-84, 9-4-69, 9-9-130
湊　朝夫　7-10-38, 8-4-48, 9-11-71
南　桂華　9-1-120, 10-2-59
南　伸子(南伸)　8-12-66, 9-2-74, 10-1-134
南　正樹　9-9-81
峰　一雄　9-11-90
峰　節翁　7-11-46
嶺坂好之　8-4-36
三原重俊　3-9-18, 5-5-69
三原芳信　8-5-63, 8-12-12
宮井一郎　7-9-160, 7-10-57, 8-7-94, 11-1-62
宮尾公望　4-3-67, 6-8-96
宮尾しげを　7-2-84・85, 9-9-56
宮川善造　6-12-56
宮川　靖　4-6-108
宮城敬三　11-9-40
宮城調明(宮城)　8-4-36, 8-7-78
三　宅(→豊子、三宅豊子)　9-8-102, 9-9-158, 9-10-110, 9-11-106, 9-12-106, 10-1-142, 10-2-108
三宅邦子　3-5-22
三宅俊成　5-4-100, 6-8-48, 6-12-42, 7-1-16, 8-11-68, 9-2-52, 9-9-74, 9-12-8, 10-1-86
三宅豊子(→豊子、三宅)　4-5-106, 4-12-17, 5-10-28, 8-5-102
三宅久夫　6-12-52
三宅　博　9-11-40
三宅宗悦　7-1-(44), 7-3-12
宮坂好安　9-7-12
宮崎千博　6-3-39
宮崎益観　7-5-146
宮沢千代咲　7-12-40, 8-2-39, 8-5-144, 9-10-46
宮下　茂　6-11-62
宮田栄松　5-11-33
宮武竜三郎　7-2-77, 7-4-74, 7-12-74, 9-4-68
宮地一元　6-10-98
宮地嘉六　2-1-60, 2-2-52
宮津敏之(宮津敏)　7-6-65, 8-4-17
宮永嗣郎　5-11-70
宮野照子　3-5-18
宮林照葉　9-11-72
宮原国雄　7-7-60
宮原熊次郎　6-2-64
宮本政夫　9-10-60
宮脇西猿子　7-5-156
三好成雄　8-9-18, 10-1-74
三好正直　7-1-(11), 7-4-表紙, 7-11-表紙, 7-12-(11), 8-2-(11), 8-3-(11), 9-6-表紙, 10-1-72, 10-8-表紙
ミランドフ，イ・ア　10-1-114
向井　章　6-11-16
六笠陸三　4-3-82
無　九　伝　8-9-62, 9-3-23
椋　十　3-10-82
村井忠生　5-8-58
村井藤十郎　11-2-13
村井東輔　7-4-58
村井博介　4-7-20

村井弘光　5-8-20, 6-1-58
村岡楽童(楽童生)(→叢丘水到)　5-1-62, 5-4-45・58
叢丘水到(→村岡楽童)　5-4-94, 5-5-92, 5-6-89, 5-7-92, 5-8-84, 5-9-90, 5-10-88, 5-11-88, 5-12-88, 6-1-102, 6-2-76, 6-3-82, 6-4-107, 6-5-74, 6-6-85, 6-7-57, 6-8-78, 6-9-72, 6-10-106, 6-11-81, 6-12-93, 7-1-132, 7-2-72, 7-3-81, 7-4-81, 7-5-71, 7-6-91, 7-7-87, 7-8-97, 7-9-136, 7-10-55, 7-11-103
村上国平　10-1-69
村上賢三　11-1-60
村上捨己　8-1-44
村上次也　6-3-50, 8-4-表紙
村上知行　2-1-19, 4-1-32, 5-1-26, 5-3-14, 9-1-86
村川五郎　6-2-60
村椙兵義　7-7-84
村田嘉久子　3-5-18
村田慤磨　4-4-58, 5-1-43, 6-10-18, 7-1-47, 7-9-102
村田治郎　5-8-16, 5-12-20, 7-9-103, 8-5-38, 9-1-16
村田知栄子　3-5-19
村野民夫　10-5-80
村松繁樹　8-4-56
村松魔古刀　8-3-97
村松道弥　11-4-47, 11-5-29
村山醸造　11-1-38
室井一郎　3-8-34
室町三郎　11-1-37, 11-2-55, 11-3-55, 11-4-40, 11-7-51, 11-8-33, 11-9-27
米良　晃(米良) 1-2-3, 4-4-80, 4-5-28, 4-6-70, 4-7-14, 4-8-54, 4-9-38, 4-10-64, 4-11-46, 4-12-56, 5-1-14
毛利　卓　10-9-32
毛利元良　2-6-52
木 弁 生　5-4-33
木薬禅道　3-4-64
望　月　1-2-3
望月勝海　8-4-(52)
望月太八郎(望月大八郎)　7-1-附10, 8-2-(4)
望月百合子　11-1-62
望月　竜　7-5-50
本池祐二　6-6-44・96, 6-7-48, 6-8-20, 7-3-20, 7-4-38, 7-10-35, 8-4-34, 8-12-50, 9-8-56, 10-3-45, 10-4-57
本山桂川　7-5-30
本山正義　3-10-78
籾山一郎　11-8-36
桃北好澄　9-2-63・66
森　7-2-42
森　一男　6-3-97
森五味子　8-10-25, 9-7-33, 10-8-19
森　定雄　8-12-56
森　静子　8-9-34
森　脩　5-3-68
森　譲治　7-6-48
森　常雄　10-12-64
森　東也　9-5-112
森　豊城　6-2-表紙
森比呂志　8-7-86, 9-7-86, 9-10-86,

10-2-61
森　陸奥　5-12-34
森岡俊介　2-6-50, 6-12-52
森 門 生　7-3-63
森崎暁光　6-12-(5)
森崎章治　4-3-34
森崎陽一　6-3-40
森田清一　2-4-42
森田鉄次　6-1-73
森田富義　1-2-46, 1-3-40, 3-5-40, 3-10-34, 5-3-94, 5-4-76, 6-4-102
守中　清　7-2-58, 11-3-46
森元三樹三　4-4-162, 4-7-(13), 5-11-(15)
森谷ち江子　10-12-34
守安新二郎　6-12-18, 7-4-68, 7-8-48, 7-11-50, 8-1-112, 8-3-78, 8-10-26
母里山正夫　7-12-70
森脇国男　4-12-64
森脇襄治　3-4-18, 4-1-138, 4-9-24, 4-12-94, 6-7-87, 9-12-22, 10-2-13
諸富進一　7-11-(3)
紋太十(紋多十)　3-9-70, 3-10-66, 3-11-60, 4-1-118, 4-3-58, 4-4-140, 4-5-82, 4-7-82, 4-9-78
門司　勝　7-6-102, 8-6-94, 8-10-96, 9-11-76, 10-1-72・78
門奈喜三郎　4-5-102, 5-5-96

《や》

矢追万里　6-10-74, 8-8-44, 8-10-42, 9-6-82
八　木　8-7-78
八木奘三郎　9-1-44
八木敏夫　6-12-79
八木虎之助　3-9-18・36
八木杜朗　1-2-24, 2-2-41, 2-5-39, 3-11-28, 4-4-44, 5-1-72, 7-2-34, 8-2-62, 8-10-54, 9-2-26
八木橋雄次郎　2-4-50, 4-5-22, 4-9-44, 5-2-82, 5-5-45, 10-7-10, 11-5-56
柳生昌勝　7-11-19, 11-9-21
薬師神栄七　11-3-28
矢崎高儀　7-7-46, 7-8-56, 10-12-18, 11-9-14
矢崎千代二　6-12-29・31
矢沢邦彦　5-9-30
矢島舷一郎　8-3-74
安井弘行　7-4-(4)
安田新造　8-4-36
安田ひさ子　10-8-38
安永静史　5-10-30
安原堯宣　8-1-78
矢田津世子　4-11-16, 6-1-40, 7-1-108
野 陳 場　4-2-24
耶止説夫　7-7-96, 8-6-98, 10-2-90
矢留千秋　4-1-76, 4-9-107・108
柳川草八　4-1-126, 4-2-52, 4-3-54, 4-5-86・88, 4-6-80, 4-7-80, 4-8-78, 4-10-69, 5-1-89
柳　武夫　8-7-90
柳沢　健　1-2-(5)
柳田　泉　6-2-18
柳家権太楼　11-8-36
梁瀬成一　5-8-85, 5-9-91, 5-10-89,

6-1-103, 6-2-77
矢野三四郎 4-2-60
矢　部 1-2-3
矢部英二 8-7-78
矢部久夫 7-8-32
山内忠三郎 10-1-36
山内李亜味 5-9-103, 6-7-94
山岡信夫 2-3-14
山県千樹 10-6-20
山川　清 8-11-103
山岸守永 10-8-26
山口海旋風 5-7-37, 6-1-118, 9-3-18, 10-1-76
山口　清 10-9-28
山口啓三 6-5-82
山口清治 11-7-36
山口青邨 8-2-36
山口　正 11-4-32
山口　忠 8-5-158, 8-7-(7)
山口晴康 2-5-46
山口本生 10-2-10
山口もと子 7-5-42
山越　音 3-5-58・59, 4-9-(17)
山崎貞直 8-1-78
山崎静男 6-2-82, 8-7-21
山崎末次郎 9-1-21
山崎元幹 5-8-19, 5-11-64, 7-1-39・46, 7-9-102, 9-9-81, 10-3-66, 11-1-12
山崎芳雄 6-3-39
山路ふみ子 3-5-20, 7-6-45
山　下 1-2-3
山下岸柳 9-12-98, 10-1-136, 10-2-100, 10-3-100, 10-4-102, 10-5-100, 10-6-102, 10-8-69, 10-9-69, 10-10-67, 10-11-61, 10-12-81
山下泰蔵 5-12-64, 7-2-58
山下藤次郎 8-8-51, 8-11-51
山下永幸 7-11-46
山下　寛 7-9-129
山下　火 2-5-34, 2-6-18
山城香甫 4-4-62, 5-4-55
山城竹次 5-8-表紙, 8-12-表紙
山城　守 10-3-106, 10-5-106
山添三郎 8-5-82
山　田 6-12-52
山 田 生 4-11-104, 4-12-68
山田秋義 9-12-58
山田健二 4-4-162, 4-9-18, 4-10-34, 4-11-38, 4-12-38, 5-1-76, 5-2-38, 5-8-38, 5-11-38, 5-12-80, 7-5-48
山田源次 4-9-91, 4-10-50, 5-9-58
山田紅一 9-11-80
山田左久良(ヤマダサクラ) 7-11-77, 8-1-121, 8-4-50, 8-5-155, 8-9-57, 8-10-84, 8-11-74, 9-5-152, 9-7-86, 9-11-98
山田章栄 5-12-93
山田清三郎 7-7-102, 10-1-126, 10-7-24, 10-9-35, 11-1-64
山田崇夫 6-5-(12)
山田武彦 6-12-34
山田汎野 10-12-34
山田文英 5-5-50, 6-5-86, 6-6-24, 7-5-62, 7-6-66, 8-3-70, 8-5-32
山田　湊 1-1-38
山高しげり 9-9-49

山手　洸　4-5-88, 4-6-80, 4-8-83, 4-9-81・82
山中映村　5-6-90
山中忠雄　8-11-54, 10-1-51
山中胤次　10-5-48
山　根　2-1-(3)
山根順太郎　7-9-16
山根信吉　7-1-附6
山根基成　7-1-附18
山部珉太郎　5-9-50
山村守男　5-4-43
山　元　7-8-34
山本和夫　7-12-98
山本邦之助　4-2-14
山本成子　10-4-52, 10-5-66, 10-7-52, 10-8-48
山本澄江　5-4-52
山本たかし　9-8-92, 9-11-98, 10-1-134
山本富夫　9-12-96, 10-3-99, 10-4-100
山本友一　7-12-19
山本虎一　9-3-48
山本　登　4-4-54
山本半平　2-1-37
山本義三　6-10-62
山谷三郎　5-2-44
弥吉光長　9-9-68, 9-12-24, 10-10-26, 11-1-62
鑓田研一　8-10-36, 9-4-46
ヤレコフ, エム・エム　10-1-132
湯浅克衛　6-1-28, 6-9-24・36, 7-1-47, 7-9-44・103, 9-12-40, 11-4-54
湯浅三二郎　11-1-46
裕　徳　齢　6-12-88, 7-1-52, 7-2-92, 7-3-66, 7-4-96, 7-5-76, 7-11-90, 7-12-92, 8-2-88, 8-3-89, 8-12-82, 9-2-78, 9-6-56
結城清太郎　7-4-42
結城令聞　8-5-118
征山晋介　10-10-64
遊佐幸平　8-10-12
湯下誠一郎　5-11-32
湯野紀六　2-6-22
陽　志郎(→河南拓)　6-4-69, 6-5-75, 6-6-57, 6-7-105, 6-8-79, 6-9-81, 6-10-107, 6-11-53, 6-12-81, 7-1-56, 7-3-107, 7-4-45
楊　進　之　6-1-20, 8-5-20
楊　任　農　8-2-46
葉　浅　予　6-4-59, 6-5-104, 6-6-62, 6-7-52, 6-8-64, 6-9-100, 6-10-68, 6-11-88, 6-12-46, 7-1-78, 7-2-64, 7-3-52, 7-4-86, 7-5-66, 7-6-70
横井太郎　6-1-60
横内友之　10-3-12
横川一成　8-6-64, 8-11-49, 9-6-46, 10-2-58
横川清美　10-3-99
横川信夫　7-9-54
横瀬花兄七　7-2-16
横瀬末数　7-7-37
横田一路　6-7-41, 7-1-38, 7-10-48
横田しげる　7-8-90
横田　秀　5-8-92, 7-4-92, 7-5-74, 7-6-92, 7-7-92, 7-8-92
横田文子　11-1-11, 11-9-15
横山エンタツ　7-5-54
横山繁行　5-6-表紙, 6-4-(13), 7-2-(11), 7-6-表紙, 8-10-表紙,

9-4-(2), 9-6-(11), 10-2-表紙, 10-3-16, 11-2-表紙, 11-5-表紙, 11-7-表紙
横山敏行 10-1-73
横山博一 6-12-52
横山隆一 6-1-93・94, 7-1-45
吉井一男 7-2-102
吉　岡 7-8-34
吉岡金六 6-7-81, 6-9-98, 6-10-104, 6-11-70, 6-12-102, 7-1-73, 7-2-41, 7-3-65, 7-4-72, 7-5-35, 7-6-72, 7-7-72, 7-8-51, 7-9-125, 7-10-97, 7-11-102, 7-12-97, 8-1-124, 8-2-67, 8-3-57
吉川英治 5-1-43
吉川是康 7-11-46
吉川文夫 7-8-98
吉阪俊蔵 2-5-20
吉住重光 7-1-71
吉　田 1-2-3
吉　田 8-7-78
吉田公平 9-4-12
吉田　潤 4-3-49, 4-4-(70), 4-5-58, 4-6-69, 4-8-64, 4-9-63, 4-10-(46), 4-11-43, 4-12-(50)
吉田庄三郎 8-11-12
吉田森助 9-3-48
吉田忠雄 10-2-56
吉田長次郎 3-8-14, 3-9-52, 3-10-60, 3-11-32
吉田博祐 9-8-92, 9-10-86, 9-11-98, 9-12-96, 10-1-134, 10-2-98, 10-3-99, 10-5-98
吉田政乗 8-8-57
吉田無堂 5-3-65
吉野治夫(→高杉普一郎) 3-8-24, 4-5-23, 5-8-96, 7-1-65, 7-4-106, 7-9-102, 8-5-93, 11-1-9
吉野雅重 7-11-46
吉原一三 11-9-15
吉村次郎 5-6-29
吉村　拓 5-3-(12)
吉村忠治 3-9-18
予　且 10-4-86
吉屋信子 7-12-50
米内山震作 4-4-58
米岡規雄 1-2-31
米田健次郎 11-4-26
米田　富 9-3-66
米田正文 7-8-66
米野豊実 4-4-58
寄本司麟 8-11-(11), 10-2-(7)

《ら》

ラ　オ 6-11-90
ラクシメパチ 6-11-90
ラヂガエフ, ゲ 10-1-132
ラドマン, ゲ・ゲ 10-1-114
ラム, ラリア 6-11-90
李 恩 権 7-8-32
李 金 香 5-2-41
李 秀 山 2-5-78
李 文 権 2-1-33
李 平 和 7-3-60
劉 栄 楓 5-12-表紙, 6-5-18, 8-3-表紙
劉　傑 7-8-32

劉 爵 青(爵青)　8-3-92, 10-11-62
隆　恕　9-3-38
劉 徳 明　6-5-82
遼東太郎　3-4-52, 3-5-63, 3-8-60
遼陽駅長　7-4-44
旅 行 係　7-2-82
『旅行雑誌』編輯部→編輯部
『旅行満洲』編輯部(編輯係)→編輯部
旅　子　10-3-67
旅順駅長　7-4-42
林 申 五　2-6-58
林 石 眠　4-12-12
リンチエン・ハモ　10-8-40
ルードラア　6-11-90
ルーフ, アマニ　10-1-61
ルカーシキン, エー・エス(ルカーシキン)　2-1-67, 4-10-16
冷　歌　10-8-14
レズニコーワ, ナターリア　10-1-102
六所文三　6-10-70
ロンドン, ジヤツク　7-6-102

《わ》

Y　生　8-10-47
和歌英一　9-12-49
和歌浦小浪　3-5-19
若杉正次　6-12-52
若松富男　9-3-48
若山喜志子　7-1-25・45
和木清三郎　2-1-53
脇田　宏　3-8-66, 3-9-75, 3-10-(44), 4-1-114・124, 4-3-64, 4-5-48, 4-6-41, 4-7-44, 5-1-96, 5-3-88, 5-4-84, 5-6-82, 5-7-84
和久井登　9-5-102
和気律次郎　8-10-48
鷲田成尾　7-8-33
和田章蔵　6-3-41
和田次衛　6-5-83
和田　伝　10-9-6
渡辺　厳　1-2-22, 1-3-15, 2-1-24, 2-2-24, 2-4-22, 2-5-62, 2-6-32, 3-5-39, 5-4-18, 6-3-22
渡辺和俊　8-8-76
渡辺洪一郎　8-11-53
渡辺三三　6-4-48, 6-11-40, 7-1-48, 9-1-64, 10-1-72, 10-2-42, 10-3-54, 10-4-76
渡辺重吉　2-6-48, 4-4-59
渡辺伸吉　6-4-98
渡辺善四郎　8-10-22
渡辺哲弥　10-12-34
渡辺輝夫　1-3-(3)
渡辺三角洲《デルタ》(三角洲)　1-1-24・41, 1-2-16, 1-3-11・41, 2-4-58, 5-1-39, 5-8-52, 7-8-55, 8-1-16, 8-2-20, 8-7-26, 9-4-40, 9-12-28, 11-1-77
渡辺　透　7-6-48
渡辺寿男　6-4-43
渡辺　昇　9-6-84
渡辺万次郎　8-2-12
渡辺美知夫　8-6-62, 10-12-11, 11-2-22
渡辺泰臣　11-5-34
渡辺柳一郎　1-1-39
渡会貞輔　8-9-41